杠杆交易实战指引

周培仁 著

Ganggan Jiaoyi
Shizhan Zhiyin

SPM
南方出版传媒
广东经济出版社
·广州·

图书在版编目（CIP）数据

杠杆交易实战指引 / 周培仁著 .—广州：广东经济出版社，2015.6

ISBN 978 - 7 - 5454 - 3974 - 8

Ⅰ. ①杠… Ⅱ. ①周… Ⅲ. ①股票交易 - 基本知识 Ⅳ. ①F830.91

中国版本图书馆 CIP 数据核字（2015）第 079001 号

出版发行	广东经济出版社（广州市环市东路水荫路 11 号 11 ~ 12 楼）
经销	全国新华书店
印刷	佛山市浩文彩色印刷有限公司 （广东省佛山市南海区狮山科技工业园 A 区）
开本	787 毫米 × 1092 毫米　1/16
印张	12.25
字数	261 000 字
版次	2015 年 6 月第 1 版
印次	2015 年 6 月第 1 次
印数	1 ~ 5 000
书号	ISBN 978 - 7 - 5454 - 3974 - 8
定价	68.00 元

如发现印装质量问题，影响阅读，请与承印厂联系调换。

发行部地址：广州市环市东路水荫路 11 号 11 楼

电话：（020）38306055　37601950　邮政编码：510075

邮购地址：广州市环市东路水荫路 11 号 11 楼

电话：（020）37601980　邮政编码：510075

营销网址：http：//www·gebook. com

广东经济出版社常年法律顾问：何剑桥律师

前　言

随着全球经济杠杆化的发展，外汇、国内期货、贵金属等都采用了杠杆交易，说明国内投资者对杠杆交易有了极大的需求，并慢慢去接受杠杆模式。但是，仍有大部分人不知道杠杆的真实价值，即便是有一些认识，但也不清楚如何巧用杠杆在降低风险的同时再扩大收益。为了让大众投资者更透彻地认识并了解杠杆模式、更稳健地巧用杠杆带来的倍增收益，让更多的人接受杠杆并懂得管理风控的知识。本书分上下两篇，上篇杠杆交易基础知识将介绍目前市场上常见的融资融券、伞形信托、股票配资、大宗商品现货白银、现货原油等杠杆交易品种，并讲解裸 K 技战术中最为常见的趋势转折点插入线、反包线等如何在杠杆中运用、如何在杠杆交易中运用 K 线高低点、颜色的变化控制风险等。下篇杠杆交易技术基础将采用图文结合的框架，一图一招，将实战中最管用的操盘暴利套路做细致讲解，从空间位置相对低位、相对中位、相对高位三个方面详细介绍每个位置实盘中常用的做多、做空定式。目前市场上杠杆交易书籍较少，笔者为了让投资者更加深入地了解杠杆并巧妙地运用杠杆，遂耗费精力加班加点将笔者所学毫无保留地展示给投资者，因为水平有限加之时间仓促，本书还没达到完美的程度，请读者诸君在阅读和使用的过程中把发现的瑕疵记录下来，发给我，以便进一步完善。联系 QQ 是 737217151，培仁在此感激不尽。学习是一个异常枯燥乏味的过程，本书上篇理论知识较多，目的是为了让投资者透彻了解目前市场上常见的杠杆品种以便理性选择。俗话说，多一分了解多一分安全，望读者在细致阅读本书后再根据自身实际情况做出合理选择。下篇从最致命的原始杀手 K 线开始撰写，貌似平凡却奇峻，招招暗藏杀机，是笔者多年实战所用之精华，是广大投资者杠杆交易谋取暴利的有力武器。限于篇幅，更为详细的现货实战技术将在《现货裸 K 技战术》和《现货分时图技战术》中讲解，股票实战技术将在《看图炒股系列丛书》中讲解。在学习和使用本书的过程中，如果遇到什么问题，可以联系笔者，寻求援助；如果需要更多的学习资料，也请 QQ 联系。

周培仁

2015 年 1 月 18 日写于广州

目 录

上篇：杠杆交易基础知识

下篇：杠杆交易技术基础

杠杆
交易
实战指引

杠杆
交易
实战指引

【上篇】

杠杆交易基础知识

第一章　认识杠杆的原理

第一节：以小搏大

杰西·利弗莫尔，生于美国农村，父亲逼其子承父业故愤而离家出走，中学没毕业就进场了，故彼得林奇说：小学毕业就能炒股。他从 5 美元开始直至身价超过 1 亿美元，是华尔街历史上无人能及的传奇。

14 岁时（1891 年）他离家前往波士顿在一家股票经纪行当行情报价员。利弗莫尔在学校只学习了三年算术，然而却对数字很敏感，心算尤为出色。每天行情报价后，利弗莫尔都要做大量心得笔记。15 岁时，在对赌行（不进行股票实际交易只买卖数据行情）赚到了第一个 1000 美元。因为善于在对赌行赚钱，人们给他取了个绰号叫“投机小子”。利弗莫尔 20 岁时在对赌行赚到了第一个 10000 美元，如果按 5% 贴现与现在 204 万美元相当。利弗莫尔盈利完全靠经验、灵感、直觉，或者说是天赋。

由于当地再没有对赌行让利弗莫尔交易，21 岁时（1898 年）利弗莫尔带着 2500 美元独自前往纽约。仅仅 6 个月，在股票实际交易中输光了全部资金。原因是买卖实际交割比行情数据传递慢，不能像在对赌行那样即时交割。游戏规则的不同，原有经验无济于事。短线交易的利弗莫尔为经纪行贡献了不少佣金。不甘心就此认输的利弗莫尔向经纪行老板借了 500 美元，特意到圣路易斯对赌行交易，两天内赚了 2800 美元。圣路易斯对赌行意识到擅于赚钱的年轻人非“投机小子”莫属，拒绝再让利弗莫尔交易。回到纽约，利弗莫尔立即归还了 500 美元借款。稍后，利弗莫尔在对赌行又赚了 5100 美元，担心被对赌行的人认出引起不必要的麻烦，他让其他人出面按其指令交易，在对赌行又赚取了 2800 美元。

1901 年 5 月 9 日，利弗莫尔拥有了 5 万美元。当时两大金融巨头正在多空搏杀，市场震荡剧烈。利弗莫尔惊人地预料了行情演变，然而却赔光了。又是由于场内成交与行情报价不同步所造成的。为什么不限价报单呢？利弗莫尔懊恼极了。秋天，利弗莫尔返回了家乡。“投机小子”是无法进入当地对赌行的。利弗莫尔故伎重演，让朋友替他进行交易。很快，当地对赌行发现了利弗莫尔的秘密。不能在对赌行赚钱，利弗莫尔只好到一家以侵吞客户保证金的骗子经纪行进行交易，利弗莫尔有意多次小额输钱使骗子们放松了警惕。利弗莫尔特意买了部电报机指令纽约场内买卖一只流动性极差的小盘股，利弗莫尔的虚拟交易立即获利颇丰。利弗莫尔马上跑到交易大厅在人群中大喊大叫要求兑现盈利。担心骗局戳穿，骗子们违心地极不情愿地付给了利弗莫尔盈利。一年后，利弗莫尔又回到纽约。

1906 年，利弗莫尔拥有的资金已经可以随意花销了。利弗莫尔喜欢研究股市行情，对交易报价、铁路收支及各种金融和商业统计感兴趣，仔细研究了 1906 年的形式。利弗莫尔认为资金市场前景堪忧。因为国外有几个地方在打仗，国内旧金山大地震以及其他灾难，到处需要资金。他认为做空无疑是正确的选择。股市跌了又涨，当再跌的时候利弗莫尔就果断入场了。不料，股市只是稍微下跌后，竟然来了个大反弹。无奈，利弗莫尔只好平了空头头寸。否则，只能清仓出局。利弗莫尔只剩下微薄的保证金。终于，股市再一次暴跌，利弗莫尔倾囊投入。老头再一次开了个玩笑，股市又一次反弹。这回，利弗莫尔破产了。趋势！还是趋势！让利弗莫尔终生刻骨铭心。多年的信誉，利弗莫尔知道经纪行还会给他一次交易机会。利弗莫尔在市中心广场散步时无意间看到了两家蓝筹铁路增发股票的公告，竟然允许投资者分期付款——资金匮乏的信号！机会是否来临？几天后，有人拿一家新股发行的告示，交款时间要比已经宣告的两家蓝筹铁路股还要早——意味着市场资金匮乏确凿无疑，利弗莫尔毫不犹豫地行使了唯一的交易权。无论是否偶然，转瞬间利弗莫尔恢复了声誉和信用。在以后的空头交易中，利弗莫尔赚了 75 万美元。

1907 年 9 月，利弗莫尔的股票保证金有 50 万美元。当时的情景，资金越来越紧张，贷款利率越来越高，股票价格越来越便宜。1907 年 10 月 24 日，资金市场挤满了拆借资金的人们，利弗莫尔握有大量空单并有数额不少的保证金，在其他人拆借资金无门的情况下有人愿借款给利弗莫尔。只要利弗莫尔再轻轻一击，多头将全部破产，股票市场将陷入瘫痪。有德高望重的资深人士善意规劝利弗莫尔，不要再出击了。然而，出人意料的是利弗莫尔已经悄然回补。利弗莫尔的回补行为立即使市场价格回升。利弗莫尔仅仅赚了一百多万美元，要知道这次时机原本可以赚上千万美元。在以后的 9 个月里利弗莫尔再也没有做空。在这次由亨茨操纵联合铜矿股票引发的金融危机事件中，利弗莫尔认为：最大的收获并不在于赚了多少钱，而是摆脱了赌博游戏，学会了如何计划，能理智地交易。

杰西·利弗莫尔在 14 岁与人凑了 5 美元进场，15 岁赚到人生第一个 1000 美元，21 岁赚到第一个 1 万美元，24 岁赚到 5 万美元，29 岁身价 100 万美元，30 岁身价 300 万美元，52 岁身价 1 亿美元。

杰西·利弗莫尔用 5 美元赚了 1 亿美元，他用实际行动告诉世人如何以小搏大，如何用杠杆完成了 5 美元赚取 1 亿美元的神话。

第二节：信用交易

所谓信用交易又称“保证金交易”或垫头交易，是指证券交易的当事人在买卖证券时，只向证券公司交付一定的保证金，或者只向证券公司交付一定的证券，而由证券公司提供融资或者融券进行交易。

融资交易案例：

投资者小李信用账户中有现金 50 万元作为保证金，经分析判断后，选定证券 A 进行融资买入，假设证券 A 的折算率为 0.7，融资保证金比例为 50%。小李先使用自有资金以 10 元/股的价格买入了 5 万股，这时小李信用账户中的自有资金余额为 0，然后小李用融资买入的方式买入证券 A，此时小李可融资买入的最大金额为 70 万元（现金 50 万元×折算率 0.7÷保证金 50%＝70 万元），如果买入价格仍为 10 元/股，则小李可融资买入的最大数量为 7 万股。

至此小李与证券公司建立了债权债务关系，其融资负债为融资买入证券 A 的金额 70 万元，资产为 12 万股证券 A 的市值。如果证券 A 的价格为 9.5 元/股，则小李信用账户的资产为 114 万元，维持担保比例约为 163%（资产 114 万元÷负债 70 万元＝163%）。

如果随后两个交易日证券 A 价格连续下跌，第三天收盘价 7.8 元/股，则小李信用账户的维持担保比例降为 134%（资产 93.6 万元÷负债 70 万元＝134%）。已经接近交易所规定的最低维持担保比例 130%。

如果第四天小李以 8 元/股的价格将信用账户内的 12 万股证券 A 全部卖出，所得 96 万元中的 70 万元用于归还融资负债，信用账户资产为现金 26 万元。

融券交易案例：

投资者小王信用账户中有现金 50 万元作为保证金，经分析判断后，选定证券 B

进行融券卖出，假设融券保证金比例为50%。小王可融券卖出的最大金额为100万元（50万元÷50%=100万元）。证券B的最近成交价为10元/股，小王以此价格发出融券交易委托，可融券卖出的最大数量为10万股（100万元÷10元/股=10万股）。

至此小王与证券公司建立了债权债务关系，其负债为融券卖出证券B数量10万股，负债金额以每日收盘价计算，资产为融券卖出冻结资金及信用账户内现金。若证券A当日收盘价10.5元/股，小王的负债金额为105万元（10.5元/股×10万股=105万元），维持担保比例为143%（资产150万元÷负债105万元=143%）。

如果随后两个交易日证券B价格连续上涨，第三天收盘价12元/股，小王信用账户的维持担保比例为125%（资产150万元÷负债120万元=125%），低于交易所规定的最低维持担保比例130%。因此，证券公司在日终清算后向小王发送追加担保物通知，要求其信用账户的维持担保比例在两个交易日内恢复至150%以上。

如果第四天小王以12元/股的价格买券还券10万股，买入证券时先使用融券冻结资金100万元，再使用信用账户内自有现金20万元。买券还券成交后，小王的信用账户内融券负债清偿完毕，资产为现金30万元。

第三节：经济杠杆学

在经济学里，杠杆有广义和狭义之分，狭义的指“财务杠杆”，即一个企业在自有资金不足的情况下，通过借贷筹集资金，投入生产，获得更多的收益。但这样风险也大，如果生意赔了，亏损大过自有资金的量，就成了资不抵债。一般企业都会找到一个合适的平衡点，既能多挣钱，又保证可控的风险，指标就叫作“资产负债率”。

广义的杠杆涵盖所有“以小搏大”的经济行为，但核心还是借贷。比如加息减息。加减0.1%的利息率看起来是很少的，但资金流动不是一次性的，而是反复多次的，所以效用会放大很多倍。比如从银行借钱，可以去商场购物，而商场到了晚上就把钱又存进银行。银行又有可以把钱借出去，借出去的钱又可以存到银行。银行的钱还是那么多，只是多了几层债务关系。

发现杠杆原理的力学家阿基米德曾经说过“给我一个支点，我将撬动整个地球。”因为阿基米德知道，如果利用杠杆，找到支点，就能用一个最小的力，就能把任何重量的东西举起来，只要把这个力放在杠杆的长臂上，而让短臂对重物起作用。

杠杆原理亦称“杠杆平衡条件”。要使杠杆平衡，作用在杠杆上的三个力（动力点、支点和阻力点）的大小跟它们的力臂成反比。动力×动力臂＝阻力×阻力臂，可以看出，欲使杠杆达到平衡，动力臂是阻力臂的几倍，动力就是阻力的几分之一。

从2009年至今，房地产市场经历了“最严厉、最具争议、最长时间”的宏观调控，但效果不如预期，有的地区甚至出现越调控越上涨的情况。这几年房地产政策的变化，需要有更系统的、更科学的解决办法。房价上涨的动力主要取决于房地产商和购房者的贷款是否来得容易，即动力臂最大。

银行贷款是每个房地产商开发地产项目的主要资金来源，加上先预售后完工的运作手法，使地产商能先从业主手中得到预付房款再建房，地产商基本不用自己投多少资金，这种运作的结果是银行成了最大的风险承担者。开发商的自有资金比例如果由35%下降至20%，杠杆就由2.9倍上升到5倍。如投资2.5亿元的楼盘，开发商只要5千万元自有资金。对买房者而言，原来首付是40%，如果现在降到了10%，杠杆由2.5倍增加到10倍，如果上面提到的投资2.5亿元的楼盘销售额为5亿，那么购房人只要付首付5000万，贷款4.5亿元。开发商用5000万撬动了5个亿的销售。银行呢，开发商先借了2亿元，买房人又借了4.5亿元，共借出6.5亿元。可以说是银行自己在玩房地产的泡沫。

撬动房地产庞大市场的杠杆支点在哪里？显然在银行。所以要宏观调控，只要调整货币供应量大小与国民经济增长速度之间的相关政策。紧缩货币供应，加大阻力，在现阶段毫无疑问会对信贷规模依赖程度最大的房地产业有带来巨大的影响，只有这样，才能有效控制房价上涨。这就是杠杆在经济学中最常用的案例。

第二章　认识市场杠杆类型

第一节：民间借贷

一、定义及政策

民间借贷是指公民之间、公民与法人之间、公民与其他组织之间借贷。只要双方当事人意思表示真实即可认定有效，因借贷产生的抵押相应有效，但利率不得超过人民银行规定的相关利率。民间借贷分为民间个人借贷活动和公民与金融企业之间的借贷。民间个人借贷活动必须严格遵守国家法律、行政法规的有关规定，遵循自愿互助、诚实信用原则。狭义的民间借贷是指公民之间依照约定进行货币或其他有价证券借贷的一种民事法律行为。广义的民间借贷除上述内容外，还包括公民与法人之间以及公民与其他组织之间的货币或有价证券的借贷。现实生活中通常指的是狭义上的民间借贷。全国首部金融地方性法规《温州市民间融资管理条例》及《实施细则》将于2014年3月1号正式实施，目前正在公开向社会征求意见。“单笔借款金额300万以上”、“借款余额1000万以上”“涉及的出借人30人以上”等情形，借款人应当向管理部门报备。这些具体规则的制定实际上是宣告了民间借贷的合法化。

二、操作流程

（一）订立协议

现实生活中，有的出借人往往因对方是亲朋好友，碍于情面或出于信任，借贷时没有出具书面字据。这样，一旦借款人否认，出借人就很难保障债权。即使诉至法院，也会因无法举证而陷入败诉的结局。因此，出借人必须与借款人订立书面借贷协议，载明借贷双方的姓名、借款种类、币种、数额、时间、期限、用途、利率、还款方式、保证人和违约责任等条款，签字画押，双方各执一份，妥善保存。

（二）提供担保

对于数额较大或存有风险的借款，应履行担保和抵押手续，要求借款人提供具有一定经济实力的第三人为其担保，或要求借款人以存单、债券、机动车、房产等个人财产作为抵押物，并都应订立书面借贷协议。有些财产抵押，还应到有关部门办理抵押物登记手续。这样，借款人一旦出现无法偿还债务的情况，可以向保证人追索借款或合法地以抵押物抵偿借款。

（三）签订合同

民间借贷大多以“借据”的形式代表合同，一般来说这也是可以的。但由于借据过于简单，如果发生纠纷很难凭此处理。因此借贷双方最好签订正式的借贷合同，详细确定当事人的权利义务，以免留下后患。当然，如果当事人之间确实没有书面借据或合同的，但双方都承认借贷一事的，可以确认双方借贷关系存在。

三、注意事项

（一）借贷要合法

合法的借贷关系才能受到法律的保护。如果明知借款人借款用于诈骗、贩毒、吸毒等非法活动，仍予以出借的，国家法律不予保护，出借人不仅得不到债权，还会受到民事、行政乃至刑事法律的制裁。若一方乘人之危，或用欺诈、胁迫等手段使对方违心借贷的，则属于无效民事法律行为，有责任的出借人只能收回本金。

注意考察借款人的信誉和偿还能力。首先要看借款人的固定资产、经济收入等情况，判断其是否具备偿还能力；其次要看借款人平时为人怎样，信誉程度如何，

如果借款人曾有过“有借无还”的不良信用“纪录”，就要坚决拒绝。切莫因碍于面子、听信花言巧语或接受小恩小惠而盲目借款，不然，最终吃大亏的还是自己。

（二）利率应合法

借贷双方可以根据借款的用途及其收益，共同约定一个合理的利率。利率可适当高于银行同类同期的贷款利率，但最高不得超过银行同类贷款利率的 4 倍（含利率本数），超过部分的利息法律不予保护。如因利率约定不明而发生争议，可比照银行同类同期的贷款利率计算利息。对于“利滚利”的复利借贷和预扣高额利息的借贷，法律不予保护，只能收回本金。

（三）及时催收

按照《民法通则》第 135 条规定，出借人向人民法院申请债权保护的诉讼时效期间为 2 年。如借款期满后又经过 2 年，出借人不能证实期间曾经催收过的，法律不予保护。为了防止超过诉讼时效，出借人应在时效届满前，让借款人写出还款计划，诉讼时效就可以从新的还款期限起重新计算。

（四）运用法律

如果借款人不讲信誉，逃账赖账，债权人切莫采取扣押人质、强抢货物等过激的违法行为，要正确运用法律武器来维护自己的合法权益。必要时，法院可以施行强制执行措施。

谨防“非法集资”式的民间借贷。一些个体企业或业主利用人们贪图高利的心理，抛出高利息诱饵，在同地域或熟人之间进行地下非法集资。这类集资经营者不是挥霍过度、无力偿还，就是金蝉脱壳、卷款而逃，使债权人血本无归。这种“变味”的民间借贷风险最大，应引起大家的高度重视。

（五）利息约定

在民间借贷中，借贷双方最易产生矛盾的是利息。法律对此有明确规定：

1. 借贷双方对有无约定利率发生争议，又不能证明的，可以参照银行同类贷款利率计息。

2. 当事人约定了利率标准发生争议的，可以在最高不超过银行同类贷款利率的 4 倍的标准内确定其利率标准。

3. 在有息借贷中，利率可适当高于银行利率，但不得超过银行同类贷款利率的 4 倍，即不得借高利贷。如果超过 4 倍（按现行利率，4 倍约为 29%）也没关系，最

多有纠纷时，法院不保护超出部分，但没有纠纷时，就可以获得更高收益。说明这条规定不具备惩罚性。

4. 出借人不得将利息计入本金计算复利，否则不受法律保护。这条规定在司法实践中具备一定的惩罚性，如果违反了该规定，有可能被法院判定为同期贷款利率支付利息，那么，你当初约定的倍数，本来可以主张要回的也可能要不回了。

5. 当事人因借贷外币、台币等发生纠纷的，出借人要求以同类货币偿还的，可以准许。借款人确无同类货币的，可以参照偿还时的外汇牌价折合人民币偿还。出借人要求支付利息的，可以参照中国银行的外币储蓄利率计息。

（六）注意诉讼时效

民间借贷由于大部分发生在亲朋好友之间，很多人并没有对它给予应有的重视。殊不知一些无赖之徒正好钻了这个空子，采取赖账、久拖、回避的方式，以逃避债务。在此提醒大家：还款期限届满之日起 2 年，是法律规定的诉讼时效。在此期间，你必须向借款人主张债权，2 年之后，法院对你的债权不予保护；如果没有写明还款日期，适用最长诉讼时效 20 年。

四、优点和缺点

（一）优点

与银行贷款相比，民间借贷具有以下优势：

1. 手续简便。民间融资不像银行贷款需要提供营业执照、代码证书、会计报表、购销合同、负责人身份证件、验资报告等一大堆材料，也不用经过签订合同、办理公证等程序，一般只需考察房产证明及还贷能力等并签订合同即可。

2. 资金随需随借。按银行的正常贷款程序，企业从向银行申请贷款到获得贷款，期间大约需要一个月，即使是长期合作客户，最快也需要 10 天左右；而民间借贷一般仅需要 3～5 天甚至更短的时间即可获得所需资金。

3. 获取资金条件相对较低。中小企业贷款风险大、需求额度小、管理成本高，银行在发放贷款时普遍要求中小企业提供足够的抵押担保物；而民间借贷普遍门槛低，显然更加适合于小企业。

4. 资金使用效率较高。银行贷款期限一般以定期形式出现，而民间借贷可以即借即还，适合小企业，资金使用效率较高。

（二）缺点

1. 民间借贷投机性极强。随着房地产热退去，投机性资金已大量涌入民间借贷。

2. 银行等正规金融机构的信贷资金在民间借贷中存量非常大。沿海地区各省市已有大概三万多亿银行资金进入民间借贷领域。

3. 民间借贷资金去处成问题。大量的资金进入中小企业，但房地产领域绝对脱不了干系。有些民间借贷活跃的地区，其规模已经超过了银行信贷，甚至是两倍到三倍。

第二节：P2P 网贷

一、定义及政策

（一）定义

网贷，又称 P2P 网络借款。P2P 是英文 peer to peer 的缩写，意即“个人对个人”。网络信贷起源于英国，随后发展到美国、德国和其他国家，其典型的模式为：网络信贷公司提供平台，由借贷双方自由竞价，撮合成交。资金借出人获取利息收益，并承担风险；资金借入人到期偿还本金，网络信贷公司收取中介服务费。P2P 网贷最大的优越性，是使传统银行难以覆盖的借款人在虚拟世界里能充分享受贷款的高效与便捷。

由于 P2P 网贷在我国尚属新兴产业，因此，国家尚没有对其有针对性地进行监管。毋庸置疑的是，P2P 网贷业务对解决中小微企业的资金问题是有帮助的，作为民间借贷的一种，尽管贷款成本较高，但资金到账时间快、贷款门槛相对银行更低，这些都是企业喜欢网贷的原因，特别对解决短期临时性资金周转有很大意义。

（二）政策

法律法规关于借款协议的规定：

《最高人民法院关于人民法院审理借贷案件的若干意见》第十条：一方以欺诈、胁迫等手段或者乘人之危，使对方在违背真实意思的情况下所形成的借贷关系，应认定为无效。

《最高人民法院关于人民法院审理借贷案件的若干意见》第十一条：出借人明知借款人是为了进行非法活动而借款的，其借贷关系不予保护。

法律法规关于对借款提供担保的规定：

《合同法》第一百九十八条订立借款合同，贷款人可以要求借款人提供担保。担保依照《中华人民共和国担保法》的规定。

《最高人民法院关于人民法院审理借贷案件的若干意见》第十三条：在借贷关系中，仅起联系、介绍作用的人，不承担保证责任。对债务的履行确有保证意思表示的，应认定为保证人，承担保证责任。

《合同法》第211条：“自然人之间的借款合同对支付利息没有约定或约定不明确的，视为不支付利息。自然人之间的借款合同约定支付利息的，借款的利率不得违反国家有关限制借款利率的规定”。最高人民法院《关于人民法院审理借贷案件的若干意见》第6条：“民间借贷的利率可以适当高于银行的利率，各地人民法院可以根据本地区的实际情况具体掌握，但最高不得超过银行同类贷款利率的四倍（包含利率本款）。超出此限度的，超出部分的利息不予保护”。

《合同法》第二十三章“居间合同”中明确规定，居间人提供贷款合同订立的媒介服务，可依法向委托方收取相应的报酬。因此，贷款服务机构的存在和服务费的收取都是符合法律规定并受法律保护的。

（三）监管思路

2011年8月23日，银监会办公厅下发了《关于人人贷有关风险提示的通知》，明确了应该合理设定业务边界的四条红线：

1. 要明确平台的中介性。

2. 要明确平台本身不得提供担保。

3. 不得搞资金池。

4. 不得非法吸收公众存款，并且在实现行业规范之后，银监会与银行或第三方支付机构或将开展资金托管鉴于P2P网络借贷行业鱼龙混杂、泥沙俱下，省级监管部门可借鉴现代信息技术，建立相关电子登记、资金托管制度，并做好专项治理工作，方能推动网贷平台健康发展。

二、操作流程

（一）传统 P2P 模式

在传统 P2P 模式中，网贷平台仅为借贷双方提供信息流通与交互、信息价值认定和其他促成交易完成的服务，不实质参与到借贷利益链条之中，借贷双方直接发生债权债务关系，网贷平台则依靠向借贷双方收取一定的手续费维持运营。在我国，由于公民信用体系尚未规范，传统的 P2P 模式很难保护投资者利益，一旦发生逾期等情况，投资者将血本无归。

因此，P2P 网贷在不断的探索实践中，建议信用贷款方面引入亲朋进行联保，其他贷款方面则引入抵押或质押进行反担保。同时，企业贷款项目引进第三方融资担保公司对项目进行审核和本息担保，并要求其担保规模要与担保方的担保额度相匹配，担保方也要加强自身的风控管理。

（二）债权转让模式

债权转让模式能够更好地连接借款者的资金需求和投资者的理财需求，主动地批量化开展业务，而不是被动等待各自匹配，从而实现了规模的快速扩展。它与国内互联网发展尚未普及到小微金融的目标客户群体息息相关，几乎所有 2012 年以来成立的网贷平台都是债权转让模式。因为信用链条的拉长，以及机构与专业放贷人的高度关联性，债权转让的 P2P 网贷形式受到较多质疑，并被诸多传统 P2P 机构认为这“并不是 P2P，出了风险会影响 P2P 行业”。债权转让模式又分如下几种。

1. 纯平台模式和债权转让模式

根据借贷流程的不同，P2P 网贷可以分为纯平台模式和债权转让模式两种。在纯平台模式中，借贷双方关系的达成是通过双方在平台上直接接触，一次性投标达成的；特点：纯信息中介平台＋无担保无抵押。

在债权转让模式中，则通过平台上的专业放贷人介入借贷关系中，一边放贷一边专访债权来连通出借人和借款人，实现借贷款项从出借人手中流入借款人手中。

2. 无担保平台模式和有担保平台模式

无担保模式保留了 P2P 网贷模式的原始面貌，平台仅发挥信用认定和信息撮合的功能，提供的所有借款均为无担保的信用贷款，由出借人根据自己的借款期限和风险承受能力自助选择借款金额和借款期限。

有担保模式又可分为第三方担保模式、平台自身担保模式和平台自身担保模式。

3. 纯线上模式和线上线下相结合模式

在纯线上模式中，用户开发、信用审核、合同签订、到贷款催收等整个业务主要在线上完成。

绝大多数 P2P 公司也采用线上线下结合的模式，即 P2P 网贷公司将借贷交易环节主要放在线上，在线上主攻理财端，吸引投资人，并公开借贷业务信息以及法律相关服务流程，而主要将借款来源、借款审查和待后管理这样的环节放在线下，按照传统的审核及管理方式进行。

三、优点和缺点：

（一）优点

1. 年复合收益高

普通银行的存款年利率只有 3%，理财产品、信托投资等，一般在 10%以下，与网贷产品动辄 20%以上的年利率是没法相比的。

2. 操作简单

网贷的一切认证、记账、清算和交割等流程均通过网络完成，借贷双方足不出户即可实现借贷目的，而且一般额度都不高，无抵押。对借贷双方都是很便利的。

3. 开拓思维

网贷促进了实业和金融的互动，也改变了贷款公司的观察视野、思维脉络、信贷文化和发展战略，打破了原有的借贷局面。

（二）缺点

1. 无抵押，高利率，风险高

与传统贷款方式相比，网贷完全是无抵押贷款。并且，央行一再明确：年复合利率超过银行利率 4 倍不受法律保护。也增加了网贷的高风险性（一般是银行利率的 7 倍甚至更高）。

2. 信用风险

网贷平台固有资本较小，无法承担大额的担保，一旦出现大额贷款问题，很难得到解决。而且有些借款者也是出于行骗的目的进行贷款，而有些贷款平台创建者目的也并不单纯，携款潜逃的案例屡有发生。

3. 缺乏有效监管手段

由于网贷是一种新型的融资手段，央行和银监会尚无明确的法律法规指导网贷。对于网贷，监管层主要是持中性态度，不违规也不认可。但随着网贷的盛行，相信有关措施会及时得到制定和实施。

第三节：伞形信托

一、定义及政策

伞形信托是借鉴伞形基金的产物。伞形信托，是指同一个信托产品之中包含两种或两种以上不同类别的子信托，投资者可根据投资偏好自由选择其中一种或几种进行组合投资，满足不同的投资需要。

二、操作流程

根据具体情况，伞形信托下的子信托主要有下列类型和情况：其一，各个子信托的资金运用于同一个企业，运用方式相同，但信托期限与预计收益率不同；其二，各个子信托的资金运用于不同的多个企业，每个企业的资金信托期限与预计收益率不同；其三，每个子信托的资金运用方式不同，运用对象、期限可以相同，也可以不同。

（一）产品概要

属于结构化证券投资信托的创新品种。在一个主信托账号，通过分组交易系统设置若干个独立的子信托，每个子信托便是一个小型结构化信托。信托公司通过其信息技术和风控平台，对每个子信托进行管理和监控。虽然共用一个信托账号，但每个子信托都是一个完全独立的结构化信托产品，单独投资操作和清算。

券商筛选劣后投资者（资金融入方），银行提供优先投资者（资金融出方－对接银行理财的资金池），劣后投资者获得剩余收益（总投资收益扣除优先投资者的固定收益和所有费用），后由优先投资者获得固定收益。

（二）产品结构

伞形结构化产品的主要设计思路：在原有的股东账户和信托账户下（一级母账户），通过设立二级虚拟子账户的方式，来为多名资金量有限的投资者（劣后受益人）提供结构化的证券投资的融资服务。

三、优点和缺点

（一）优点

劣后投资者门槛相对低，500 万元或以上即可，按每 10 万递加，原则不超过 2 亿；个人投资者可以做劣后，融资的总成本低。

年化收益：11.5%～13%左右；

融资比例灵活，分为三档：①1∶1 ②1∶1.5 ③1∶2；

投资期限灵活：有 6 个月、12 个月两个轮动品种；投资范围广泛，除“＊S＊ST、SST，受托人关联公司”等股票不能投资外，其他股票都可以投资。持仓比例相对灵活，单只股票最高为单个信托单元资产的 30%；但单个信托单元内的单只股票不得超过整个信托计划资产的 20%，不得超过上市公司流通股本的 5%。劣后投资者收益可提前适度兑现，也可延长合同期限。

（二）缺点

伞形信托蕴含着较大风险。

一方面是因为部分民营信托公司在开展此项业务时比较激进，另一方面是整个行业对这块业务没有一个准确的定位。如果定位为融资类业务，则应该按照目前信托公司作为融资类业务的一般风格，切实降低项目风险，尤其是对于结构化产品，应该在劣后方的准入方面和增信方面做较多安排；如果定位为事务管理类业务，则应该在管理过程中恪尽职守，对止损线、警戒线等严格执行。但是，就目前部分信托公司的现状来看，由于定位不清，可能达不到以上要求，就此埋下了风险隐患。当信托计划单位净值达到预警线或止损线的水平时，受托人将要求次级进行补仓或直接进行止损等操作。预警线需覆盖子信托单元优先级信托资金及信托收益。止损线也称平仓线，即当 T 日盘中时点受托人估算的信托单位估算值小于或等于止损线时，无论劣后级投资者是否正在追加信托资金，或是信托单位值是否能恢复至止损线之上，受托人将拒绝劣后级投资者的任何投资建议，并对信托计划持有的全部证券资产按市价委托方式进行变现，该止损操作是不可逆的，直至信托财产全部变现为止。而预警线和止损线可根据劣后级投资者和优先级投资者信托资金的比率进行浮动，在黄文博提供的产品说明书中就显示，如结构比率为 1∶1，则预警线为 70%，止损线为 65%；如果比率为 1∶2.5，则预警线上升到 95%，止损线上升到 90%。

如果直接投资股票的伞形结构化信托，这类产品适合于对市场有趋势性判断的投资者，如果是投资于证券投资基金的伞形结构化信托，则要求投资者对基金经理的投资能力有所了解，可以搜索基金过往投资范围和投资业绩。而最重要的是，伞形信托存在一定的杠杆融资需求，追逐高于普通股票型基金以及一对多专户、指数基金的平均收益率，需要投资者具备一定的风险承受能力。

第四节：融资融券

一、定义及政策

融资融券交易（securities margin trading）又称证券信用交易或保证金交易，是指投资者向具有融资融券业务资格的证券公司提供担保物，借入资金买入证券（融资交易）或借入证券并卖出（融券交易）的行为。包括券商对投资者的融资、融券和金融机构对券商的融资、融券。从世界范围来看，融资融券制度是一项基本的信用交易制度。2010 年 03 月 30 日，上交所、深交所分别发布公告，表示将于 2010 年 3 月 31 日起正式开通融资融券交易系统，开始接受试点会员融资融券交易申报。融资融券业务正式启动。

融资融券交易，又称信用交易，分为融资交易和融券交易。通俗地说，融资交易就是投资者以资金或证券作为质押，向券商借入资金用于证券买卖，并在约定的期限内偿还借款本金和利息；融券交易是投资者以资金或证券作为质押，向券商借入证券卖出，在约定的期限内，买入相同数量和品种的证券归还券商并支付相应的融券费用。总体来说，融资融券交易关键在于一个“融”字，有“融”投资者就必须提供一定的担保和支付一定的费用，并在约定期内归还借贷的资金或证券。

2008 年 4 月 23 日国务院颁布的《证券公司监督管理条例》对融资融券做了如下定义：融资融券业务，是指在证券交易所或者国务院批准的其他证券交易场所进行的证券交易中，证券公司向客户出借资金供其买入证券或者出借证券供其卖出，并由客户交存相应担保物的经营活动。

二、交易区别

融资融券交易，与普通证券交易相比，在许多方面有较大的区别，归纳起来主要有以下几点。

1. 保证金要求不同

投资者从事普通证券交易须提交 100％的保证金，即买入证券须事先存入足额的

资金，卖出证券须事先持有足额的证券。而从事融资融券交易则不同，投资者只需交纳一定的保证金，即可进行保证金一定倍数的买卖（买空卖空），在预测证券价格将要上涨而手头没有足够的资金时，可以向证券公司借入资金买入证券，并在高位卖出证券后归还借款；预测证券价格将要下跌而手头没有证券时，则可以向证券公司借入证券卖出，并在低位买入证券归还。

2. 法律关系不同

投资者从事普通证券交易时，其与证券公司之间只存在委托买卖的关系；而从事融资融券交易时，其与证券公司之间不仅存在委托买卖的关系，还存在资金或证券的借贷关系。因此，还要事先以现金或证券的形式向证券公司交付一定比例的保证金，并将融资买入的证券和融券卖出所得资金交付证券公司一并作为担保物。投资者要偿还借贷的资金、证券、利息及其他费用，并扣除自己的保证金后有剩余的，即为投资收益（盈利）。

3. 风险承担和交易权利不同

投资者从事普通证券交易时，风险完全由其自行承担，所以几乎可以买卖所有在证券交易所内上市交易的证券品种（少数特殊品种对参与交易的投资者有特别要求的除外）；而从事融资融券交易时，如不能按时、足额偿还资金或证券，还会给证券公司带来风险，所以投资者只能在证券公司确定的融资融券标的证券范围内买卖证券，而证券公司确定的融资融券标的证券均在证券交易所规定的标的证券范围之内，这些证券一般流动性较大、波动性相对较小、不易被操纵。

4. 与普通证券交易相比

投资者可以通过向证券公司融资融券，扩大交易筹码，具有一定的财务杠杆效应，通过这种财务杠杆效应来获取收益。

5. 交易控制不同

投资者从事普通证券交易时，可以随意自由买卖证券，可以随意转入转出资金。而从事融资融券交易时，如存在未关闭的交易合约时，需保证融资融券账户内的担保品充裕，达到与券商签订融资融券合同时要求的担保比例，如担保比例过低，券商可以停止投资者融资融券交易及担保品交易，甚至对现有的合约进行部分或全部平仓。另一方面，投资者需要从融资融券账户上转出资金或者股份时，也必须保证维持担保比例超过300%时，才可提取保证金可用余额中的现金或充抵保证金的证券部分，且提取后维持担保比例不得低于300%。

三、股票质押融资

融资融券业务对资本市场最主要的影响在于实现了杠杆交易和卖空机制。它在

西方国家有着悠久的历史。股票质押融资则是用股票等有价证券提供质押担保获得融通资金的一种方式。

由两者的定义可以看出，融资融券和股票质押融资的联系在于，两者都是一种融资手段，都需要一定的担保物，在大多数情况下，两者都是用股票作质押，同时，两者对证券市场资金流会产生显著影响。在以前证券市场尚不成熟的时候，有的人甚至对融资融券中的“融资”与股票质押融资不加区分，互相代用。随着国家股票质押融资和融资融券制度的规范，市场才逐步对这两个概念有了明确分辨。

融资融券和股票质押融资的主要区别有以下几点。

（一）融得的标的物不同

融资融券顾名思义，可以融得资金，也可以融得证券，融得的资金再买股票就增强了多方力量，融券则增强了空方力量。因此，融资融券是一种即可做多也做空的双刃剑。股票质押融资只能融得资金，无法做空。

（二）融得资金的用途不同

这点可能是两者最大的区别。融资融券中的融资，获得的资金通常必须用来购买上市证券，增强了证券市场的流动性，在一定条件下加快了证券市场的价值发现功能。股票质押融资则不同，融得的资金可以不用来购买上市证券，当然，针对具体的融资主体，国家对其融得资金的用途会有一定的要求。例如，证券公司通过股票质押融资取得的资金只能用来弥补流动资金不足，不可移作他用。由此可见，融资融券与资本市场联系更紧密，股票质押融资可能既涉及资本市场，也直接涉及实体经济。另外，与股票质押融资有个相类似的概念是股权质押融资，主要是指用非上市公司股权提供担保以融通资金。

（三）担保物不同

融资融券和股票质押融资都是对融入方的授信，故都需要担保物。融资融券中，担保物既可以是股票，也可以是现金。股票质押融资则不同，它主要是以取得现金为目的。因此，担保物不可能再用现金，它的主要担保物是有价证券，例如，上市公司股票、证券投资基金以及公司债券等。

（四）资金融出主体不同

融资融券在各国采取了不同的运作模式。例如，在美国市场化分散授信模式和日本专业化模式下，融出资金的中介有证券公司和证券金融公司，但最终的资金融出方通常是银行。我国当前采取的运作模式则规定资金融出的直接主体是证券公司，即证券公司以自有资金、证券向客户融资融券；同时，确立了证券金融公司向证券公司提供转融通的制度。股票质押融资一般由银行、典当行等机构办理，资金融出主体与融资融券有明显区别。

（五）杠杆比例与风险控制不同

一般而言，融资融券相比股票质押融资而言，风险可控程度更高。由于融资融券所获得的资金或证券都有专门的账户记录，因此，监控其市值变化、测算风险程度和要求追加保证金相对都是比较容易的。并且，融资融券的杠杆比例可以根据情况调整，在市场整体风险不大时可适当放大杠杆比例，反之则可收紧。股票质押融资实质是质押贷款，其资金用途虽然可能会有限制，但监控难度显然大得多，当股票市值下跌时，借款债权的风险就随之增加。

（六）产品属性不同

融资融券是一种标准化的产品，在交易规则和合约细节上，都有比较明确具体的安排或规定。例如，融资融券在中国证券登记结算公司和第三方存管银行分别有专门的账户登记相关的股票和资金并可方便地查询，股票和资金来龙去脉一目了然，融资融券可采用的杠杆比例有统一的规定，融资的资金借出成本不得低于同期金融机构的贷款利率，融资用来购买的股票或者融券可获得的股票都在一定范围之内，等等。股票质押融资则不是一种标准化产品，在本质上更体现了一种民事合同关系，在具体的融资细节上由当事人双方合意约定。

（七）对机构投资者的影响不同

就个人投资者而言，如果融资的目的是用于购买股票，融资融券和股票质押融资都可以取得相同的效果，但两者对机构投资者的影响就不一样了。例如，对于证券公司而言，融资融券拓宽了业务收入渠道，是一个基于创新产品的盈利增长点，而股票质押融资对于券商来说盈利能力没有改变，融来的资金只能用于补充流动资金不足。

四、股指期货

（一）融资融券业务本身对证券市场可发挥积极的影响

首先，它可以发挥价格稳定器的作用，即当市场过度投机或者坐庄导致某一股票价格暴涨时，投资者可通过融券卖出方式沽出股票，从而促使股价下跌；反之，当某一股票价值低估时，投资者可通过融资买进方式购入股票，从而促使股价上涨。

其次，推出融资融券，将对促进股指期货期现套利交易、平抑过度投机，进而保证套期保值功能、促进股指期货乃至我国资本市场的健康发展起到关键作用。针对香港市场的研究表明，在开放融券卖出机制以后，股指期货偏离现货的幅度与次数均明显减少。如果融券机制缺位，将使反向期现套利几乎不能进行。而投机者更有可能利用这个制度缺陷，借助利空消息全力做空期货进行逼仓，而不会受到套利交易的阻力。

再次，股指期货推出对于融资融券的发展也有推动作用。特别是对机构投资者而言，如果没有股指期货，进行大量的融券抛空业务，风险也是极大的。

另外，股指期货的价格发现功能可以实现对融资融券业务的有效引导，避免融资融券变成一种纯粹的高风险投机行为。

（二）操作流程

第一步：投资者需确定拟开户的证券公司及营业部是否具有融资融券业务资质。

证券公司开展融资融券业务试点，必须经中国证监会的批准，未经证监会批准，任何证券公司不得向客户融资融券，也不得为客户与客户、客户与他人之间的融资融券活动提供任何便利和服务。而且，证券公司对其下属营业部开展融资融券业务也有资格规定，不一定所有营业部都可办理融资融券业务。

第二步：投资者需确定自身是否符合证券公司融资融券客户条件。

融资融券业务对投资者的资产状况、专业水平和投资能力有一定的要求，证券公司出于适当性管理的原则，将对申请参与融资融券业务的投资者进行初步选择。投资者在办理融资融券业务开户手续前，需评估、确定自身是否满足证券公司的融资融券客户选择标准。

第三步：投资者需通过证券公司总部的征信。

证券公司在向客户融资融券前，将对申请融资融券业务的投资者进行征信，了解客户的身份、财产与收入状况、证券投资经验和风险偏好，并以书面和电子方式予以记载、保存。

证券公司将根据投资者提交的申请材料、资信状况、担保物价值、履约情况、市场状况等因素，综合确定投资者的信用额度。

第四步：投资者需与证券公司签订融资融券合同、风险揭示书等文件。

投资者与证券公司签订融资融券合同前，应当认真听取证券公司相关人员讲解业务规则、合同内容，了解融资融券业务规则和风险，并在融资融券合同和风险揭

示书上签字确认。投资者只能与一家证券公司签订融资融券合同，向其融入资金和证券。

对融资融券合同的如下内容，投资者应当特别关注和了解：（1）融资、融券的额度、期限、利（费）率、利息（费用）的计算方式；（2）保证金比例、维持担保比例、可充抵保证金证券的种类及折算率、担保债权范围；（3）追加保证金的通知方式、追加保证金的期限；（4）投资者清偿债务的方式及证券公司对担保物的处分权利；（5）担保证券和融券卖出证券的权益处理等。

第五步：投资者在开户营业部开立信用证券账户与信用资金账户。

1. 开立信用证券账户

投资者与证券公司签订融资融券合同后，证券公司将按照证券登记结算机构的规定，为投资者开立实名信用证券账户。投资者信用证券账户是证券公司客户信用交易担保证券账户的二级账户，用于记载投资者委托证券公司持有的担保证券的明细数据。投资者用于一家证券交易所上市证券交易的信用证券账户只能有一个。投资者信用证券账户与其普通证券账户的开户人的姓名或者名称应当一致。

信用证券账户独立于普通证券账户，是新开的证券账户。投资者在进行融资融券交易前，需将用于担保的可充抵保证金证券从普通证券账户划转至信用证券账户。融资融券交易了结后，投资者可以将担保证券划转回普通证券账户。在融资融券交易期间，经证券公司同意，投资者可将超过维持担保比例300%以上部分的担保证券划转回普通证券账户。

2. 开立信用资金账户

投资者在与证券公司签订融资融券合同后，需与证券公司、商业银行签订客户信用资金第三方存管协议。证券公司应当通知第三方存管银行，根据投资者的申请，为其开立实名信用资金账户。投资者信用资金账户是证券公司客户信用交易担保资金账户的二级账户，用于记载投资者交存的担保资金的明细数据。投资者只能开立一个信用资金账户。

经过以上步骤，投资者在证券公司的开户手续已经办妥。当投资者提交了足额的担保物之后，就可以开始进行融资融券交易了。

（三）优点

1. 有利于为投资者提供多样化的投资机会和风险回避手段

一直以来，我国证券市场属于典型的单边市场，只能做多，不能做空。投资者要想获取价差收益，只有先买进股票然后再高价卖出。一旦市场出现危机时，往往又出现连续的"跳水"，股价下跌失去控制。因此，在没有证券信用交易制度下，投资者在熊市中，除了暂时退出市场外没有任何风险回避的手段。融资融券的推出，可以使投资者既能做多，也能做空，不但多了一个投资选择以赢利的机会，而且在遭遇熊市时，投资者可以融券卖出以回避风险。

2. 有利于提高投资者的资金利用率

融资融券具有财务杠杆效应，使投资者可以获得超过自有资金一定额度的资金或股票从事交易，人为地扩大投资者的交易能力，从而可以提高投资者的资金利用率。例如，投资者向证券公司融资买进证券被称为“买空”。当投资者预测证券价格将要上涨，可以通过提供一定比例担保金就可以向证券公司借入资金买入证券，投资者到期偿还本息和一定手续费。当证券价格符合预期上涨并超过所需付的利息和手续费，投资者可能获得比普通交易高得多的额外收益。但这种收益与风险是对等的，即如果该证券的价格没有像投资者预期的那样出现上涨，而是出现了下跌，则投资者既要承担证券下跌而产生的投资损失，还要承担融资的利息成本，将会加大投资者的总体损失。

3. 有利于增加反映证券价格的信息

信用交易中产生的融资余额（每天融资买进股票额与偿还融资额间的差额）与融券余额（每天融券卖出股票额与偿还融券间的差额）提供了一个测度投机程度及方向的重要指标：融资余额大，股市将上涨；融券余额大，股票将下跌。融资融券额越大，这种变动趋势的可信度越大。因此，在融资融券正式推出以后，公开的融资融券的市场统计数据可以为投资者的投资分析提供新的信息。

（四）缺点

1. 杠杆交易风险

融资融券交易具有杠杆交易的特点，投资者在从事融资融券交易时，如同普通交易一样，要面临判断失误、遭受亏损的风险。由于融资融券交易在投资者自有投资规模上提供了一定比例的交易杠杆，亏损将进一步放大。例如，投资者以 100 万元普通买入一只股票，该股票从 10 元/股下跌到 8 元/股，投资者的损失是 20 万元，亏损 20%；如果投资者以 100 万元作为保证金、以 50%的保证金比例融资 200 万元买入同一只股票，该股票从 10 元/股下跌到 8 元/股，投资者的损失是 40 万元，亏损 40%。投资者要清楚地认识到杠杆交易高收益、高风险的特征。

此外，融资融券交易需要支付利息费用。投资者融资买入某只证券后，如果证券价格下跌，则投资者不仅要承担投资损失，还要支付融资利息；投资者融券卖出某只证券后，如果证券的价格上涨，则投资者既要承担证券价格上涨而产生的投资损失，还要支付融券费用。

2. 强制平仓风险

融资融券交易中，投资者与证券公司间除了普通交易的委托买卖关系外，还存在着较为复杂的债权债务关系，以及由于债权债务产生的担保关系。证券公司为保护自身债权，对投资者信用账户的资产负债情况实时监控，在一定条件下可以对投资者担保资产执行强制平仓。

投资者应特别注意可能引发强制平仓的几种情况：

（1）投资者在从事融资融券交易期间，如果不能按照合同约定的期限清偿债务，证券公司有权按照合同约定执行强制平仓，由此可能给投资者带来损失。

（2）投资者在从事融资融券交易期间，如果证券价格波动导致维持担保比例低于最低维持担保比例，证券公司将以合同约定的通知与送达方式，向投资者发送追加担保物通知。投资者如果不能在约定的时间内足额追加担保物，证券公司有权对投资者信用账户内资产执行强制平仓，投资者可能面临损失。

（3）投资者在从事融资融券交易期间，如果因自身原因导致其资产被司法机关采取财产保全或强制执行措施，投资者信用账户内资产可能被证券公司执行强制平仓、提前了结融资融券债务。

3. 监管风险

监管部门和证券公司在融资融券交易出现异常或市场出现系统性风险时，都将对融资融券交易采取监管措施，以维护市场平稳运行，甚至可能暂停融资融券交易。这些监管措施将对从事融资融券交易的投资者产生影响，投资者应留意监管措施可能造成的潜在损失，密切关注市场状况、提前预防。

（1）投资者在从事融资融券交易期间，如果发生标的证券暂停交易或终止上市等情况，投资者将可能面临被证券公司提前了结融资融券交易的风险，由此可能会给投资者造成损失。

（2）投资者在从事融资融券交易期间，如果证券公司提高追加担保物和强制平仓的条件，造成投资者提前进入追加担保物或强制平仓状态，由此可能会给投资者造成损失。

（3）投资者在从事融资融券交易期间，证券公司制定了一系列交易限制的措施，比如单一客户融资规模、融券规模占净资本的比例、单一担保证券占该证券总市值的比例等指标，当这些指标到达阈值时，投资者的交易将受到限制，由此可能会给投资者造成损失。

（4）投资者从事融资融券交易的证券公司有可能因融资融券资质出现问题，而造成投资者无法进行融资融券交易，由此可能给投资者带来损失。

4. 其他风险

（1）投资者在从事融资融券交易期间，如果中国人民银行规定的同期金融机构贷款基准利率调高，证券公司将相应调高融资利率或融券费率，投资者将面临融资融券成本增加的风险。

（2）投资者在从事融资融券交易期间，相关信息的通知送达至关重要。《融资融券合同》中通常会约定通知送达的具体方式、内容和要求。当证券公司按照《融资融券合同》要求履行了通知义务后即视为送达，如果投资者未能关注到通知内容并采取相应措施，就可能因此承担不利后果。

（3）投资者在从事融资融券交易期间，如果因信用证券账户卡、身份证件和交易密码等保管不善或者将信用账户出借给他人使用，可能遭受意外损失，因为任何通过密码验证后提交的交易申请，都将被视为投资者自身的行为或投资者合法授权的行为，所引起的法律后果均由该投资者承担。

（4）投资者在从事融资融券交易期间，如果其信用资质状况降低，证券公司会相应降低对投资者的信用额度，从而造成投资者交易受到限制，投资者可能遭受损失。

投资者在参与融资融券交易前，应认真学习融资融券相关法律法规、掌握融资融券业务规则，阅读并理解证券公司融资融券合同和风险揭示条款，充分评估自身的风险承受能力、做好财务安排，合理规避各类风险。

第五节：股票配资

一、定义及政策

配资英文名（With funding）分配资金的缩写，包括股票配资，期货配资，股指配资，权证配资等等。配资主要有三大类：期货配资、股票配资和权证配资。现在黄金配资也在兴起。

配资是指配资公司在你原有资金的基础上按照一定比例给你资金供你使用。他们和你签订的是《账户委托协议》等类似文本，如果你配资则必须用他们公司给你的账户操作。当然，你也可以选择使用自己的账户，但是需要你给他们抵押物，如房子、车子之类的抵押物。他们也会随时监督你的账户亏损情况，当亏损达到你本金的一定金额时，会先通知你补仓或者是减仓，这时称为警戒线，当账户持续亏损

时他们就会强行平仓，如果你想继续做就需要再向他们交纳风险保证金，因为配资行业是完全根据市场经济供求产生的市场，没有任何业内标准，配资公司的生存根本在于自律及诚信，在进行配资时，要选择诚信、保障、专业的公司。

比如，某某有 10 万本金，配资公司一般按 1：4 到 1：6 的配资比例，配资公司会给某某配 40 到 60 万，某某一共有 50 万到 70 万可以使用。本质上就是配资公司帮某某融资扩大操作资金。

股票配资随着金融市场的发展也应运而生，股票市场上资金持有者和资金需求者通过一定的模式结合起来，共同发展，逐渐就形成了期货配资这个新型的融资模式。

很多人可能都认为进行股票配资，放大了交易的比例，扩大了风险，所以认为股票配资不可行。这种认识很片面，首先，股票配资使一部分缺少资金的人能抓住有利的进场时间迅速获利；其次，股票配资可以使那些正做其他生意的人不至于因为把资金投入期货市场、股票市场而耽误生意的运营；再次，股票配资，需要由出资方监督，这样对股票配资者来说就是一种提醒，使股票配资者能及时止损，使他们不会把资金全部投入以至于亏完，通过阶梯式的资金投入也一定程度上限制了投资者的赌博心理，为调整操作思路赢得了时间。

股票等电子化的金融投资方式本身对大部分中国投资者来说就是一个比较新型的东西。在中国发展起来的时间不是很长，但由于其突出的优势，这几年发展速度惊人，可以说股票基本上已经达到全民皆股的规模。股票配资模式只要运作合理，是有一定好处的，同时也提高了资金的使用效率，对合作双方来说都是比较有利的。

二、操作流程

（一）了解期货配资并确定合作意向

交易者在办理期货配资前，应首先对配资的操作方式（使用出资方账户）、交易限制以及交易风险（杠杆比例再放大）进行全面的了解。

此后，交易者需要选择配资比例并决定配资额。配资比例并非越大越好，交易者应当根据实际需要选择配资比例，配资比例越高，行情向不利方向发展时对您自有资金的危害也越大。当您确定了配资比例以及配资额后，就可以联系客服人员为您准备期货资金合作协议了。

（二）签署期货资金合作协议

收到合作协议后，请您务必仔细阅读协议条款，尤其是关于账户风险监控细则

的条款。正确理解风险监控细则对于配资交易者是至关重要的，如您对这部分内容存在疑问，请务必在协议签署前与客服人员联系。

（三）存入风险保证金

账户查验无误后，交易者按合同约定金额及账号支付风险保证金。

（四）正式开始交易

确认到款后，账户正式交付给交易者进行交易。

三、注意事项

（一）配资注意事项

1. 检验公司是否正规，非常重要，可以到 114 查询公司详细信息，可到当地的工商局查询公司是否注册，也可到实地进行考察。

2. 配资前，请确认合同上的条款是否符合业内的法律。可以拿到当地律师事务所进行核实、确认配资合同是否符合操作规则，确定后再签订。

3. 入金前，请确认入金账户是公司账户，不是私人账户。千万不要把配资保证金打到私人的账户上。

（二）选择技巧

配资公司的选择是很难选择的，因为客户用的账户不是自己的，是配资公司的，资金的安全性是客户最大的顾虑。配资公司卷款潜逃的可能不是没有，资金被占用也有可能，而且不少配资公司采用的是打款到私人账户的做法，安全性很没把握。怎么才能选择一家尽可能安全的配资公司呢？有以下几个建议。

1. 亲临现场，眼见为实。亲自去公司现场看看，公司存不存在，有多少人，有无营业执照，注册资本多少（几十万的就有些小了，可信度也会受影响）。

2. 客户口碑，成立时间。看有没有配资老客户，口碑怎么样。还要看下公司成立多久了，往往成立时间较久的公司，“人间蒸发”的可能性小些。

3. 入场实操，安全可靠。最好的办法就是自己去配资公司办公室操盘，配资公司都允许客户驻场操作。这样客户可以紧盯配资公司，减少资金存放风险（不用担心配资公司跑掉）。

4. 快进快出，落袋为安。配资公司的资金都可以过夜的，客户甚至可以操作完后马上退出，把资金打回自己账户。这是最安全的，当然，也是最累的。

（三）买卖事项

1. 购买单只股票仓位不得超过总资金的 60%（由于股票上涨的原因除外）

2. 不得买入首日上市的新股及停牌恢复交易首日无涨跌幅限制的股票。

3. 不得买入创业板、权证、S（未股权分置改革）、ST 类股票、当日跌幅在 8% 以上的个股、连续跌停或跌停后首次打开跌停板的股票（打开跌停的全日，无论反弹幅度大小，均不可买入）、非沪深 A 股的交易品种（备注：如果乙方已经买入的股票变成禁止的类型，例如：股票变成 ST）。

四、优点和缺点

（一）优点

1. 股票交易将会得到充足的资金支持。

2. 配资公司不提取盈利分成，客户可以得到足够的盈利。

3. 交易盈利部分全部属于投资者所有，当然亏损也全部由投资者承担，股票配资公司不承担交易风险。如果产生亏损，在投资者交纳的保证金里扣除。股票配资公司只收取一定的利息，不收取交易佣金、会员费等任何费用。

（二）缺点

1. 无形中扩大了配资杠杆比例，增加了交易风险。

2. 激进的投资者选择配资，可能会出现重大失误被套牢、股票停牌等亏损严重的现象，需要投资者摆正心态，稳健操作。

第六节：金融衍生品

一、现货黄金

现货黄金（也叫国际现货黄金和伦敦金）是即期交易，指在交易成交后交割或数天内交割。现货黄金是一种国际性的投资产品，由各黄金公司建立交易平台，以杠杆比例的形式向坐市商进行网上买卖交易，形成的投资理财项目。通常也称现货黄金是世界第一大股票。因为现货黄金每天的交易量巨大，日交易量约为 20 万亿美元。因此，没有任何财团和机构能够人为操控如此巨大的市场，完全靠市场自发调节。现货黄金市场没有庄家，市场规范，自律性强，法规健全。

（一）黄金投资

实物金：以 1∶1 的形式，即多少货币购买多少黄金保值，只能买涨，不能买跌，投资额大，手续和费用复杂。纸黄金：也称实物金存折，以 1∶1 的形式，同样只能单向买涨，但如果国际黄金下跌，则失去增值作用。

黄金 T+D：以杠杆比例 1∶10～1∶15 交易分三个时间段（上午 9：00～11：30，晚上 9：00～2：00），双向买卖。动用资金大，一手一千克要 4.5 万元。

天通金：以杠杆比例 1∶12.5（节假日有调整），T+0 做市商制度，双向 24 小时交易，时间灵活，资金小，风险小。双向买涨买跌的交易模式，同时可以设止盈止损。

期货金：以杠杆比例约 1∶10 且以合约时间限定的形式，双向买涨买跌，资金大，风险大，买远期，有交割期，适合想一夜暴富一夜的穷人。

现货金：以杠杆比例约 1∶100 且无时间限制，T+0 形式，24 小时可交易，双向买涨买跌的交易模式，资金小，动用总资金百分之 1～10%在操作，剩余资金抗风险，同时可以设止盈止损。

（二）盈利模式

由于现货黄金是既可以买涨又可以买跌的 T+0 交易方式的理财产品，这给我们的交易提供了极其灵活的可操作性。

（三）投资特点

1. 金价波动大：根据国际黄金市场行情，按照国际惯例进行报价。因受国际上各种政治、军事、经济、供求因素，以及各种突发事件的影响，金价经常处于剧烈的波动之中，可以利用其波动差价进行黄金买卖。

2. 交易时间长：每个公司结合不同的情况，经营时间有所不同，最长为每天 22 小时交易，涵盖主要国际黄金市场交易时间。（夏令制从星期一 8：30～星期六 02：30；冬令制星期一 8：30～星期六 03：30）

3. 资金即时结算：T+0 交易规则，允许当日平仓，随进随出，投资者在市场趋势允许的情况下，可进行多次交易。

4. 交易方便，操作简单：主要采用网上交易系统下单委托，也可以电话委托下

单，交易软件简单易学，公司另外提供行情分析系统以及行情分析报告。

5. 双向交易：金价涨，做多，赚钱；金价跌，做空，也赚钱。（股票只能单边操作）。

6. 风险可控：可设止盈止损，还可预先进行限价交易，以此把握赢利，控制亏损。

7. 资金杠杆交易：以小博大，交易时保证金自动扩充 100 倍进行交易，从而提高资金利用率，降低交易门槛。

8. 无庄家控盘：投资的是国际市场，而不是上市公司企业，市场日交易额大，机构无法控盘，因此无法坐庄。

9. 交易手续费低。

10. 趋势良好：个人黄金投资在国内才刚刚兴起，未来将成为最大投资市场，从技术面看黄金正处于牛市行情。

（四）交易细则

报价：以国际计价单位美元/盎司为单位，以美元形式结算，人民币兑换美元按银行汇率。（1 盎司＝31.1035 克）

交易时间：工作日 24 小时交易，周末停盘，开盘时间（周一 07：00～周六 4：00）夏至收盘为 4：00，冬至收盘为 4：00，欧洲盘夏至日为 16：00～23：30，美洲盘夏至日为 20：20～01：30

合约单位：1 手＝100 盎司最低波幅为 0.01 美元/盎司

合约规格：标准单为 1 手＝100 盎司，合约定金为 1000 美元（即 1000 美元可买 1 手），每个交易商保证金不同，相对来讲保证金越高对投资者在风险管理方面有利。

合约总值：现货黄金价×100（盎司）×6.64（美元兑人民币即时汇率）。

机制：入市时可给此单同时设定止损、止盈限价单。

买涨（做多）：在低价买进、高价卖出的盈利。

买跌（做空）：在高价先卖出、低价再买进以盈利。

交易形式：T＋0 形式即随买随卖，双向操作，以首付款（定金）形式。

手续费做一手是 100 美金点差。

点差是由交易商收取的，因为是保证金形式的交易，所以手续费是前端收费的，在每手单成交时扣除，所以在所有单成交后看到的亏盈都是负值。

二、现货白银

现货白银，又称国际现货白银或者伦敦银，是利用资金杠杆原理进行的一种合

约式买卖。它不像我们通常所说的一手交钱一手交货，而是要求在交易成交后 1～2 个工作日内完成交割手续，但有些投资者并不在交易后进行白银的实际交割，而只是到期平仓以赚取差价利润。现货白银交易以美元为货币单位，以盎司为合约单位，价格随市场的变化而变化。交易重量以 1 盎司为单位，即为 1 手，交易以 100 盎司或其倍数为交易单位，投资者可利用 1 盎司的价格购买 100 盎司的白银的交易权并利用这 100 盎司的白银的交易权进行买涨卖跌，赚取中间的差额利润。

（一）做市商制

做市商制度交易，也经常称为“分散式柜台交易”。做市商制度在国外是完全合法的制度。好比在银行进行人民币和美元的外汇兑换。只要持有者按照报价，都可以买入美元和卖出美元，但两者有个汇差。这部分利润被银行赚取了。现货白银交易采用做市商制度，也无可厚非，通过这种不断买卖来维持市场的流动性，满足投资者的投资需求，做市商通过买卖报价的差额及收取交易费来获利。做市商监管机制和法律在国内几乎完全是空白，无法保证做市商的健康发展。而国内所谓的做市商几乎全部为民营企业，没有一家专业的银行或者期货机构，不具备足够抗风险实力和经验。

一方面是由于做市商天生交易机制的缺陷容易被利用，另一方面也在于长期以来的监管不到位所致。早在 2011 年国家第 38 号文件就出台《国务院关于清理整顿各类交易场所切实防范金融风险的决定》，就明确禁止各类交易市场采用做市商制度了。

（二）撮合制

撮合交易是指卖方在交易市场委托销售订单/销售应单、买方在交易市场委托购买订单/购买应单，交易市场按照价格优先、时间优先原则确定双方成交价格并生成电子交易合同，并按交易订单指定的交割仓库进行实物交割的交易方式。

君泰贵金属交易中心（以下简称“交易中心”）成立于 2011 年 7 月。在工商行政管理局登记注册，实行自律性管理的公司制法人。位于富庶的长三角中心——江苏省无锡市，是一家大型专业的贵金属交易中心。

交易中心实行会员制组织形式，会员由在中华人民共和国境内注册登记，从事贵金属业务的金融机构、从事白银等贵金属及其制品的生产、冶炼、加工、批发的企业法人、并具有良好资信的单位组成。

交易中心依托贵金属现货专一经营的理念，配置专业的管理运营团队，采用科学交易模式服务于中国地区广大客户，提供适合中国特色的贵金属现货交易专业化

的服务，采取最新模式完全一对一挂牌成交，交易时间及交易价格与国际市场接轨。

交易中心根据《中华人民共和国公司法》、《中华人民共和国合同法》《中华人民共和国电子签名法》等国家法律、法规，参照中华人民共和国《大宗商品电子交易规范》。以银行对资金实行第三方监管，利用电子商务平台，通过互联网直接在线报价、配对，以网上销售、电子购物的方式实现交易。遵循“合法经营，真诚守信”的原则组织白银等贵金属现货及电子交易。

君泰白银现货就是购入一份白银合约来获取盈利，可以双向交易，就是可以买涨，也可以买跌，是全天 24 小时 T+0 交易，杠杆比例 1∶10 就是把你资金放大 10 倍交易（10%的保证金交易）

君泰银以国际现货白银实时报价为参考，撮合交易，以人民币形式标价。以英制盎司为计量单位。1 盎司＝31.1035 克交易盘面中的标价为 1 盎司白银的报价。

采用保证金交易制度，利用合约买卖交割的价差获取利润。区别于其他白银投资的关键在于，可以补足差价提取实物白银，是资金增值避险的最佳选择。

君泰银的报价是根据国际现货白银的价格乘以汇率 6.4（实行固定汇率，减少因汇率变化导致的客户资金的流失），以人民币计价的方式体现出来。

君泰银以国际现货白银实时报价为准，以人民币形式标价。1 盎司＝31.1035 克交易盘面中的标价为 1 盎司白银的报价。例如：大盘标出 220 的数字，即表示当时的白银价格是 220 元每盎司

（三）特点

1. 操作简单，界面清晰

股票上千只，须参考国家政策，上市公司背景，业绩，庄家动向等，选择难度大，而白银品种单一，影响因素集中，非常方便选择交易方向和时间。君泰银新的挂牌软件界面更清晰，成交速度更灵活。

2. T+0 交易

君泰银属于撮合交易，建仓与平仓没有合约期限，而且每天均可以多次交易，无次数限制。

3. 可以双向操作，既可以买涨也可以买跌

交易者只需要就当时点位判断出后市会涨还是会跌，相应建仓就都有机会获利。所以不管白银的价格过高还是过低，都是最好的获利机会，严格地说只要行情在动，就可以赚钱。所以在君泰银投资方案中，不存在高点和低点的概念。

4. 交易时间长（20 小时交易）

20 小时行情不间断。君泰银报价与国际白银市场接轨，所以 24 小时行情不间断，

不会出现行情跳空，即股市里高开低开的状况。(结算时间：凌晨 4：00～8：00)

5. 保值强

什么是保证金？保证金交易又称虚盘交易、按金交易，就是投资者用自有资金作为担保，从银行或经纪商处提供的融资放大来进行现货白银交易，也就是放大投资者的交易金。融资的比例大小，一般由银行或者经纪商决定，融资的比例越大，做同等交易量占用的保证金越少，融资比例越小，占用保证金越多。

(1) 1 手 100 盎司；

(2) 每手保证金 2000 人民币；

(3) 每手交易收客户佣金是买卖双方各 20 元，既每手 40 元的佣金；

(4) 杠杆：1∶10；

(5) 交易时间：T+0，24 小时即时交易；

(6) 报价方式：人民币/盎司；

(7) 交易量：最小 1 手，最多无限制；

(8) 波动：最小 0.01 元；

(9) 延期费：1 元/天·手，持仓过次日凌晨 4：00 收取；

(10) 挂单有效期：24 小时；

(11) 止损止盈：既可设置止盈，也可设置止损（止盈有效时间是一天，止损有效期是一个星期）；

(12) 资金托管方：中国工商银行、中国农业银行、中国建设银行。

(13) 交易品种暂时为白银，后期会增加其他贵金属品种。

(14) 计算公式：

盈（亏）值：(卖出价－买入价) ×盎司数×买入数量－延期费－手续费

例子：王先生在某天早上，通过君泰贵金属平台，买入 3 手君泰银（100 盎司），买涨，投入保证金 6000 元，买入君泰银价格为 149.02，在第二天早上君泰银价格为 157.23 的时候挂牌平仓，那么王先生盈利分析如下：

盈利值：(157.23－149.02) × (100×3) － (1×3) － (40×3)

(四) 产品优势

1. 开户门槛最低，自由出入金。

2. 利用 10 倍杠杆，用小资金博取较大的利润。既可买涨，也可做跌，双向操作，碰到熊市也不怕，只要看准趋势就能赚钱。

3. 24 小时交易，不间断报价。

4. 真正做到无点差，无滑点。

5. 无庄家操控，真正实现公开、公平、公正。
6. 资金银行第三方托管，安全可靠。
7. 交易盘中的君泰银，可以直接兑换成实物，手续费低。

三、现货原油

（一）原油投资简介

原油投资，即石油投资，是国际上重要的投资项目。国内个人参与原油投资主要通过与石油交易所的机构会员合作进行投资，交易所一般不支持个人投资。国际上主要有四种投资方式：现货投资、期货投资、期货指数化投资以及能源股类投资，国内主要支持现货投资和期货投资两种方式。2014 年 2 月 14 日，北油所成品油现货交易正式上线，标志着国内首家融合成品油批发与零售交易的线上交易平台正式运营，首期交易品种为国Ⅳ93＃汽油。

（二）投资石油产品

六大品种：成品油、燃料油、润滑油、原油、燃气、综合类化工产品。

主要可供投资的石油品种为成品油。

成品油是指汽油、煤油、柴油及其他符合国家产品质量标准、具有相同用途的乙醇汽油和生物柴油等替代燃料，是用量最大的轻质石油产品之一，是引擎的一种重要燃料。

根据制造过程可分为直馏汽油、热裂化汽油、催化裂化汽油、重整汽油、焦化汽油、叠合汽油、加氢裂化汽油、裂解汽油和烷基化汽油、合成汽油等。

根据用途可分为航空汽油、车用汽油、溶剂汽油等三大类。

（三）石油现货投资

石油现货投资实行的是 T＋0 交易制度，每天可以反复做多手。具有杠杆作用，提高投资者资金利用率，具有买涨买跌的双向交易机制，无论价格上涨还是下跌，都有投资机会。最大的优点就是风险更小，行情容易把握，获利机会更多，最适合追求稳健风格的投资者。这一投资方式早前主要用于大机构之间，从 2014 年，深圳石油化工交易所开通了个人进行现货投资的渠道后，个人可以通过与深油所内部的机构会员合作进行投资。

石油现货交易是指买卖双方出自对实物石油的需求与销售实物石油的目的，根据商定的支付方式与交货方式，采取即时或在较短的时间内进行实物石油交收的一

种交易方式。在现货交易中，随着商品所有权的转移，同时完成石油实体的交换与流通。因此，石油现货交易是石油商品运行的直接表现方式。石油现货交易是国际上广泛使用且备受关注的交易方式，尤其是在经济发达的国家中。

石油现货交易是大银行之间，以及大银行代理大客户之间的交易，买卖约定成交后，最迟在两个营业日之内完成资金收付交割，但交割的时间可以不断做延期。

（四）石油期货投资

石油期货投资是相对于石油现货交易而言的一种交易方式，它是在现货交易的基础上发展起来的。通过在期货交易所买卖标准化的期货合约而进行的一种有组织的交易方式。期货交易的对象并不是商品（标的物）本身，而是商品（标的物）的标准化合约，即标准化的远期合同。

这一投资方式普通投资者也可以采用，主要是做直接的期货交易。优点是可以杠杆操作，可以做多或做空，操作灵活，流动性好。缺点是风险巨大，资金量使用较多，需要投资者有足够的经验。因此，期货投资的方式在国内逐渐走下坡路。

第三章　杠杆交易的精选技巧

第一节：插入线

一、趋势的定义

什么是趋势？趋和势就是趋势。所有的技术分析，要弄清楚的就是趋，然后看势。趋势从技术的角度来讲，趋指的是归向，方向，即朝哪里去，到哪里去，这个是根本。趋发生在哪里呢？每日的开盘价和收盘价指向哪里呢？弄清楚了，就明白了趋，知道了趋，就知道如何下注了。趋是方向，势是力度，趋势就是方向加力度。趋指方向，方向难测，只可以观察，不要预测。见微知著，这个成语，讲的就是趋势，微，可以理解为最小的波动，波动持续就构成趋向，势在其中，价格的位移始于开盘价，终于收盘价，波动区间涉及到最高价和最低价，这两个价就涉及到日内交易的利差大小。因此，笔者认为研究趋势就是研究当日 K 线与前一根 K 线、开盘价与开盘价、收盘价与收盘价、最低价与最低价、最高价与最高价之间的变化，研究当日 K 线与前一根 K 线高低点的变化以及颜色的变化，而不是市面上所说的趋势形成后在主升浪里面寻找机会。断于阴末、止于阳极，越是在主升阶段，越是加速赶顶阶段去寻找操作机会，就越容易被套在最高点。这也是大多数投资者出现亏损的原因。尤其是在杠杆交易中，本身杠杆交易在放大收益的同时也放大了风险，因此，笔者认为，在趋势转折点处潜伏操作才是杠杆交易的真谛，也是将风险降到最小最有效的方法。

二、概述分类

插入线根据 K 线插入的程度分带入线、切入线、插入线、刺透线等，限于篇幅，本书对插入线的具体分类不做详陈，以上形态统称为插入线。

插入线是非常经典的趋势转折点的信号。所谓插入线，是指当日的收盘价在前一日 K 线的实体内，并且和前一日 K 线颜色相反的 K 线。

如果是上涨趋势转折点，那么插入线是指当日阳线的收盘价高于前日阴线的最低价；如果是下降趋势转折点，那么插入线是指当日阴线的收盘价低于前日阳线的最高价。根据插入前日 K 线实体的程度可分为强势插入和弱势插入。

三、操作技术

（一）上涨趋势转折点

如果是上涨趋势转折点，那么插入线是指当日阳线的收盘价高于前日阴线的最低价；根据插入前日 K 线实体的程度可分为强势插入和弱势插入。

1. 弱势插入

（1）定义

弱势插入是指未插入前日 K 线实体至插入前日 K 线实体 1/2 之间。如果是上涨趋势转折点，那么弱势插入是指当日阳线的收盘价小于前日阴线收盘价至当日阳线的收盘价小于前日阴线 1/2 开盘价与收盘价之和。

（2）实战运用

弱势插入是比较常见的趋势转折点信号，插入前日 K 线实体越多，转势的信号越强烈；相反插入前日 K 线实体越少，转势的信号越弱。如果是上涨趋势转折点，弱势插入后第二天会收出不创新低但是创新高的阳线，此为非常明确的转势信号。如果持有空单，应止损出局；如果是空仓，可逢低建仓多单；如果持有多单，可适当逢低加仓多单。

（3）技术图谱

弱势线图解 1：未插入前日 K 线实体如图 3－1 所示。

弱势线图解 2：插入前日 K 线实体如图 3－2 所示。

弱势插入线图解 3：插入前日 K 线实体如图 3－3 所示。

现货白银 日线 下 20150327 周五 开17.072 高17.197 低16.836 收16.939 涨 -0.130 -0.76% 量39772 额577574 6533
K线图
33.280
33.60
33.40
33.20
33.00
32.80
32.60
32.40
32.20
32.00
31.80
31.60
31.40
31.20
31.00
30.80
30.60
30.40
30.20
30.00
29.80
弱势插入线，阳线未插入前日阴线实体，是比较常见的上涨趋势转折点。
2012
4

图 3—1

现货白银 日线 下 20120315 周四 开32.090 高32.860 低31.930 收32.510 涨 +0.350 1.09% 量9739 额314409 5746
K线图
33.280
31.000
33.40
33.20
33.00
32.80
32.60
32.40
32.20
32.00
31.80
31.60
31.40
31.20
31.00
30.80
弱势插入线，阳线插入到前日阴线的实体部分但未插入至阴线实体的1/2位置，插入的阳线带有长下影线，这是非常强势的上涨趋势转折点。
2012
4

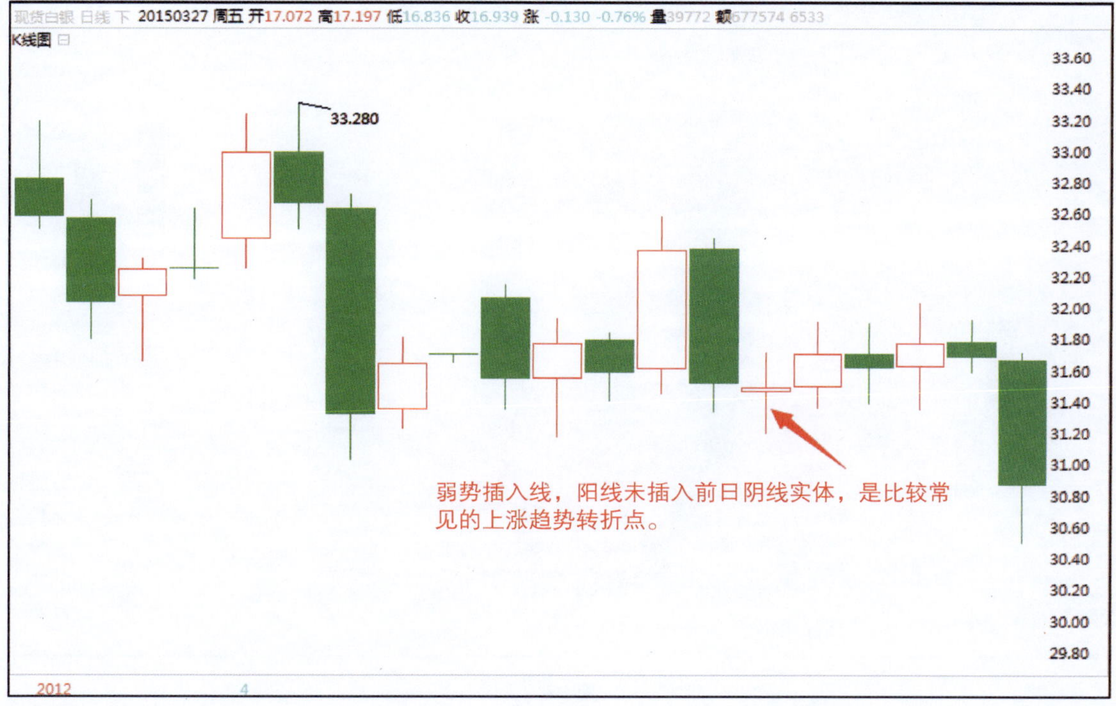

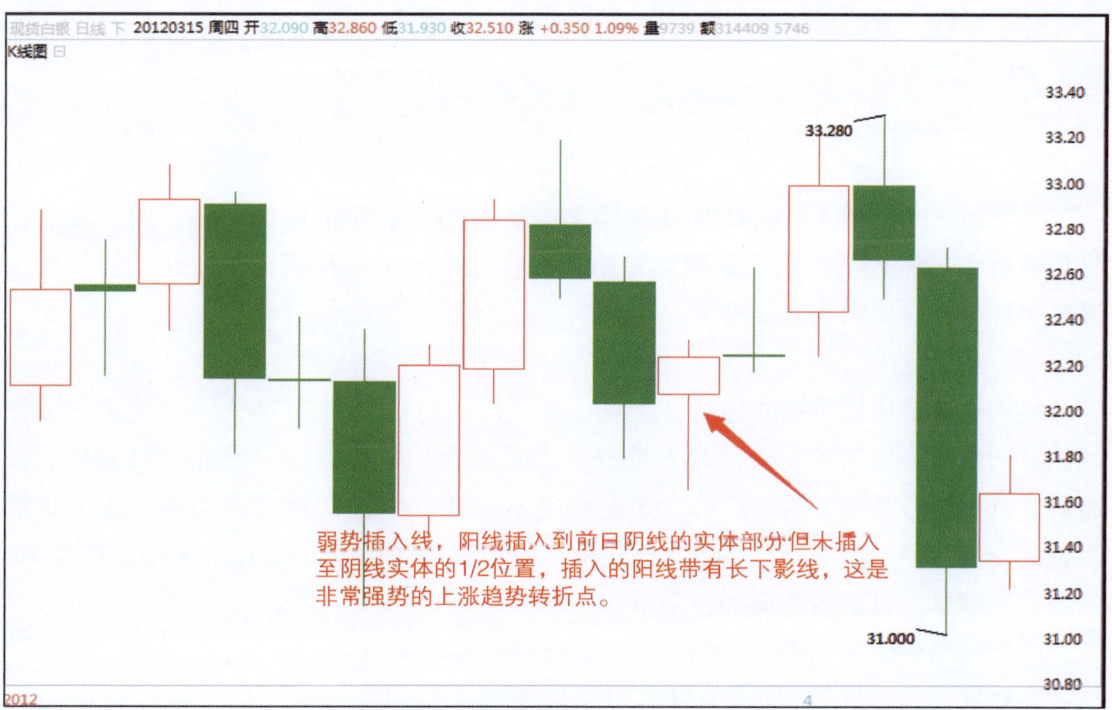

图 3—2

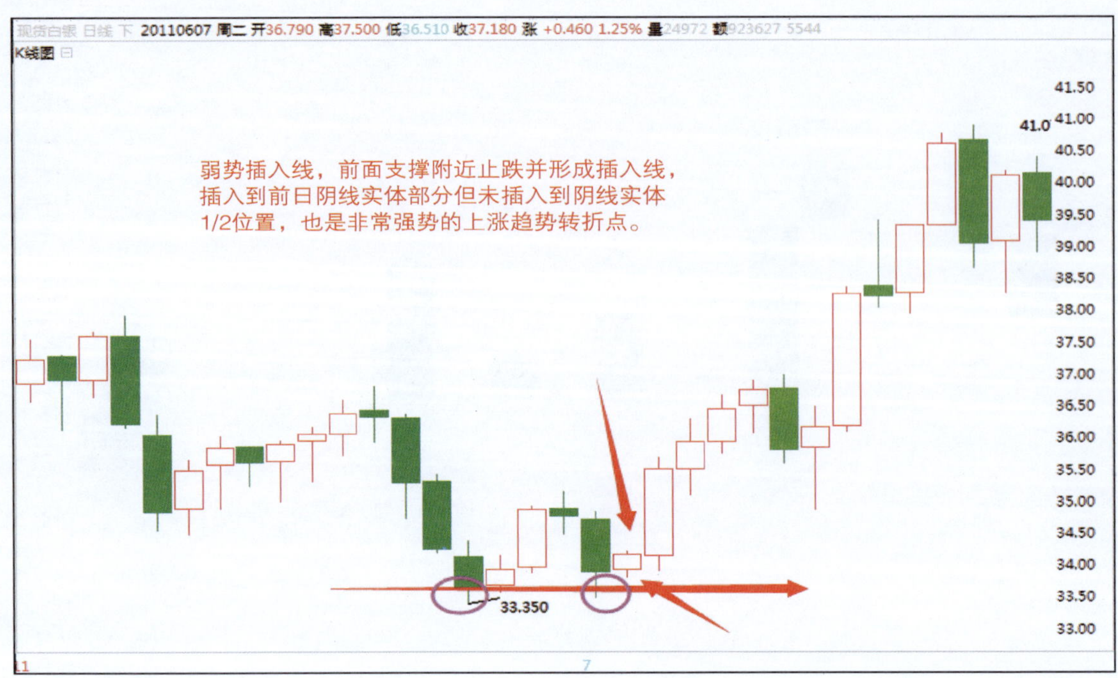

图 3—3

自我训练：

打开招行一金通行情分析软件，在原油连续日线图中找出 2014 年 8 月 1 日以来有多少根弱势插入线？

2. 强势插入

(1) 定义

强势插入是指插入到前日 K 线实体 1/2 但未反包住前日 K 线实体。如果是上涨趋势转折点，那么强势插入是指当日阳线的收盘价大于前日阴线 1/2 开盘价与收盘价之和且小于前日阴线的开盘价。

(2) 实战运用

强势插入是比较明显的趋势转折点信号，插入前日 K 线实体 1/2 处越多，转势的信号越强烈；相反插入前日 K 线实体 1/2 处越少，转势的信号越弱。如果是上涨趋势转折点，那么强势插入后第二天会收出不创新低但是创新高的阳线，此为非常明确的转势信号。如果持有空单，应止损出局；如果是空仓，可适当逢低建仓多单；如果持有多单，可适当逢低加仓多单。

(3) 技术图谱

强势插入线图解 4：插入前日 K 线实体如图 3—4 所示。

自我训练：

打开招行一金通行情分析软件，在原油连续日线图中找出 2014 年 8 月 1 日以来

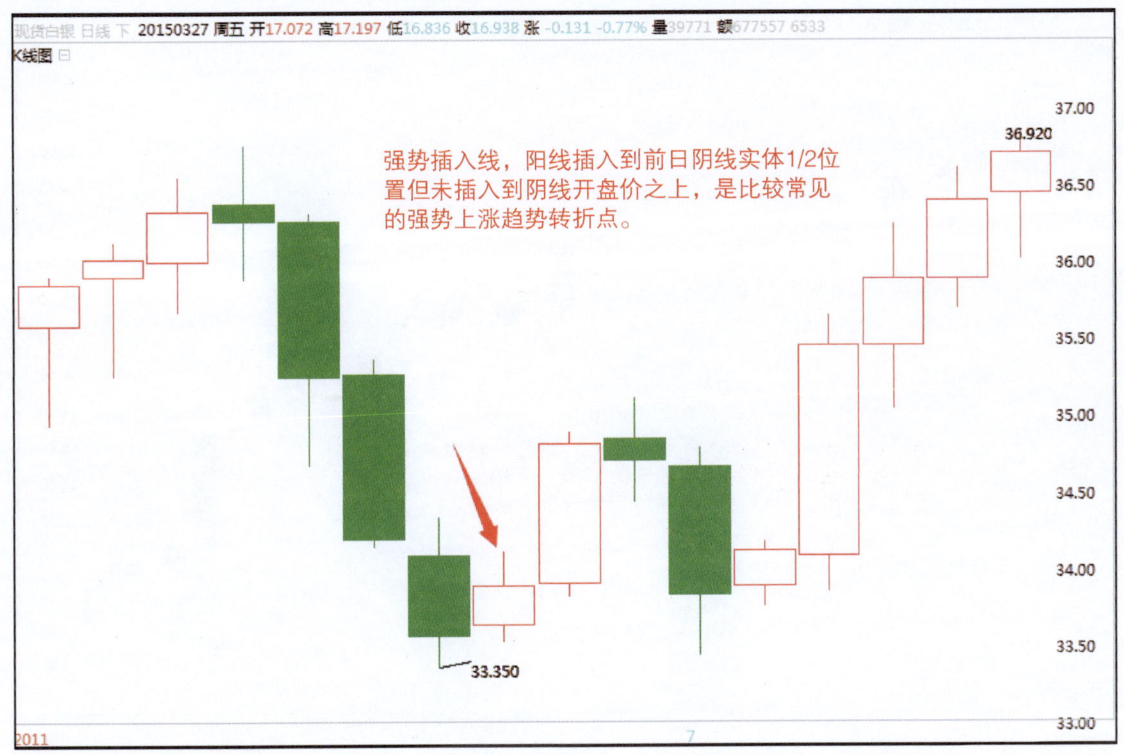

图 3－4

有多少根强势插入线？

（4）注意事项

①弱势插入后第二天收出创新低但没创新高的阴线，此为插入失败，是下跌途中的弱反弹。如果持有多单，应止损出局；如果是空仓，可逢高建仓空单；如果持有空单，可适当逢高加仓空单。

弱势插入线失败图解 5：未插入前日 K 线实体第二日收出创新低阴线如图 3－5 所示。

自我训练

打开招行一金通行情分析软件，在原油连续日线图中找出 2014 年 8 月 1 日以来有多少根弱势插入线是失败的？

②强势插入后第二天收出创新低但没创新高的阴线，此为插入失败，是下跌途中反弹。如果持有多单，应止损出局；如果是空仓，可逢高建仓空单；如果持有空单，可适当逢高加仓空单。

强势插入线失败图解 6：插入前日 K 线实体第二日收出创新低阴线如图 3－6 所示。

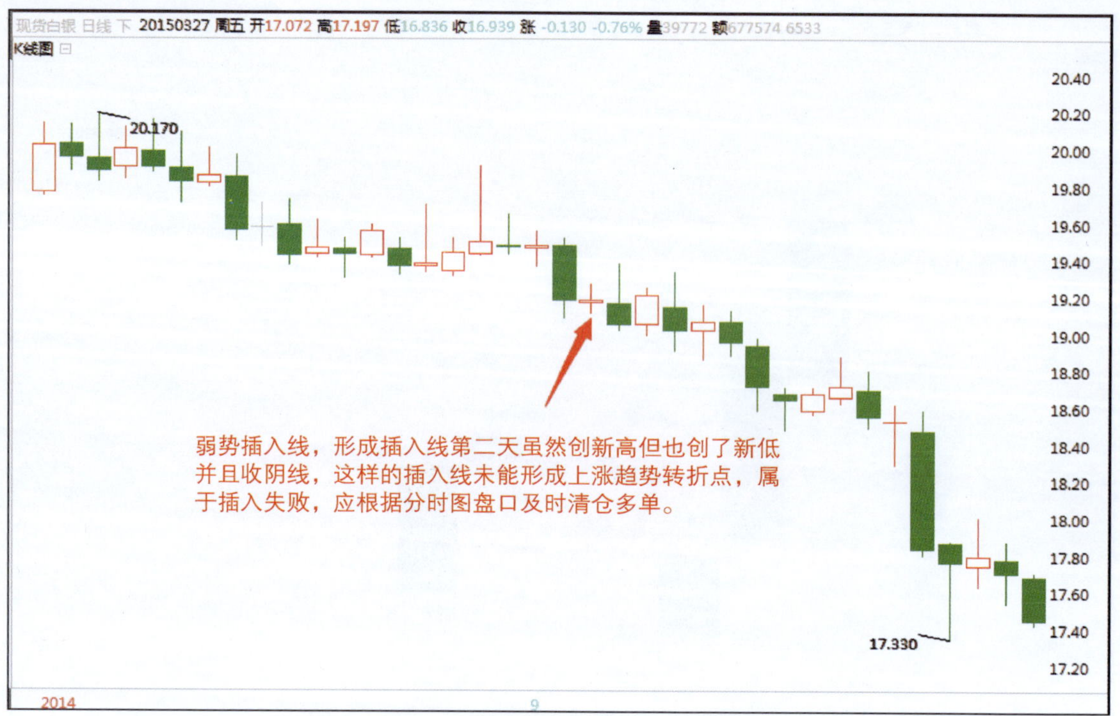
现货白银 日线 下 20150327 周五 开17.072 高17.197 低16.836 收16.939 涨 -0.130 -0.76% 量39772 额677574 6533
K线图
20.170
17.330
弱势插入线，形成插入线第二天虽然创新高但也创了新低并且收阴线，这样的插入线未能形成上涨趋势转折点，属于插入失败，应根据分时图盘口及时清仓多单。
2014
9

图 3—5

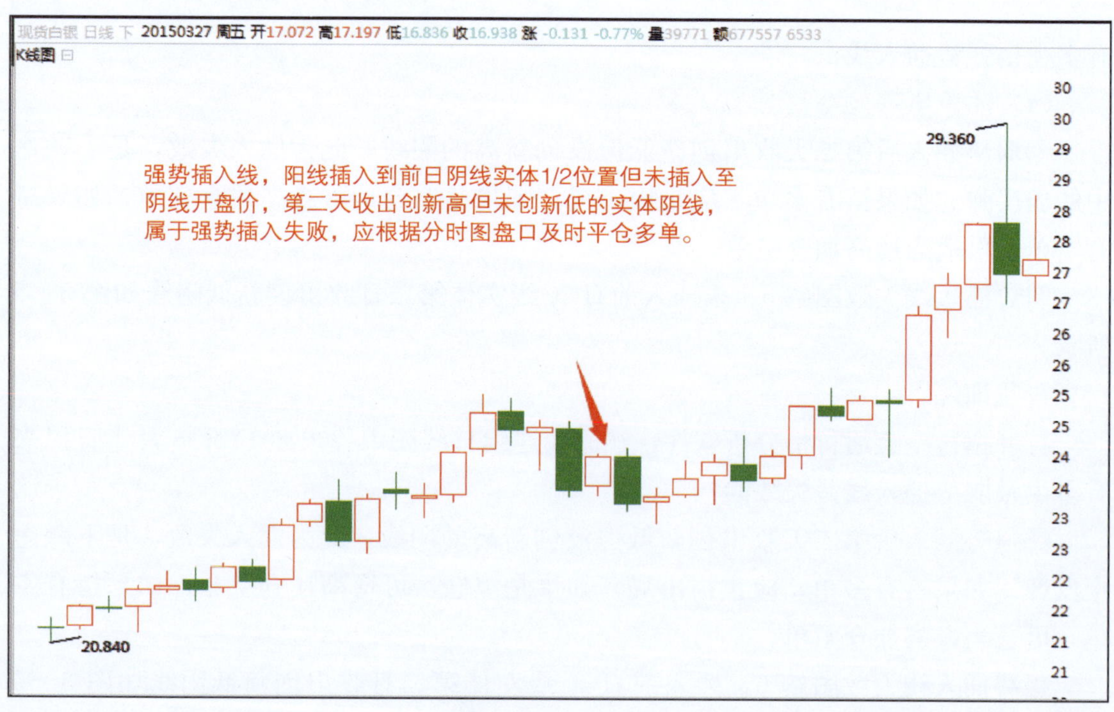
现货白银 日线 下 20150327 周五 开17.072 高17.197 低16.836 收16.938 涨 -0.131 -0.77% 量39771 额677557 6533
K线图
29.360
20.840
强势插入线，阳线插入到前日阴线实体1/2位置但未插入至阴线开盘价，第二天收出创新高但未创新低的实体阴线，属于强势插入失败，应根据分时图盘口及时平仓多单。

图 3—6

自我训练

打开招行一金通行情分析软件，在原油连续日线图中找出 2014 年 8 月 1 日以来有多少根强势插入线是失败的？

（二）下跌趋势转折点

如果是下降趋势转折点，那么插入线是指当日阴线的收盘价低于前日阳线的最高价。根据插入前日 K 线实体的程度可分为强势插入和弱势插入。

1. 弱势插入

（1）定义

弱势插入是指未插入前日 K 线实体到插入前日 K 线实体 1/2 之间。如果是下跌趋势转折点，那么弱势插入是指当日阴线的收盘价大于前日阳线收盘价至当日阴线的收盘价大于前日阴线 1/2 开盘价与收盘价之和。

（2）实战运用

弱势插入是比较常见的趋势转折点信号，插入前日 K 线实体越多，转势的信号越强烈；相反插入前日 K 线实体越少，转势的信号越弱。如果是下跌趋势转折点，弱势插入后第二天会收出不创新高但是创新低的阴线，此为非常明确的转势信号。如果持有多单，应止损出局；如果是空仓，可逢高建仓空单；如果持有空单，可适当逢高加仓空单。

（3）技术图谱：

弱势插入线图解 7：插入前日 K 线实体如图 3—7 所示。

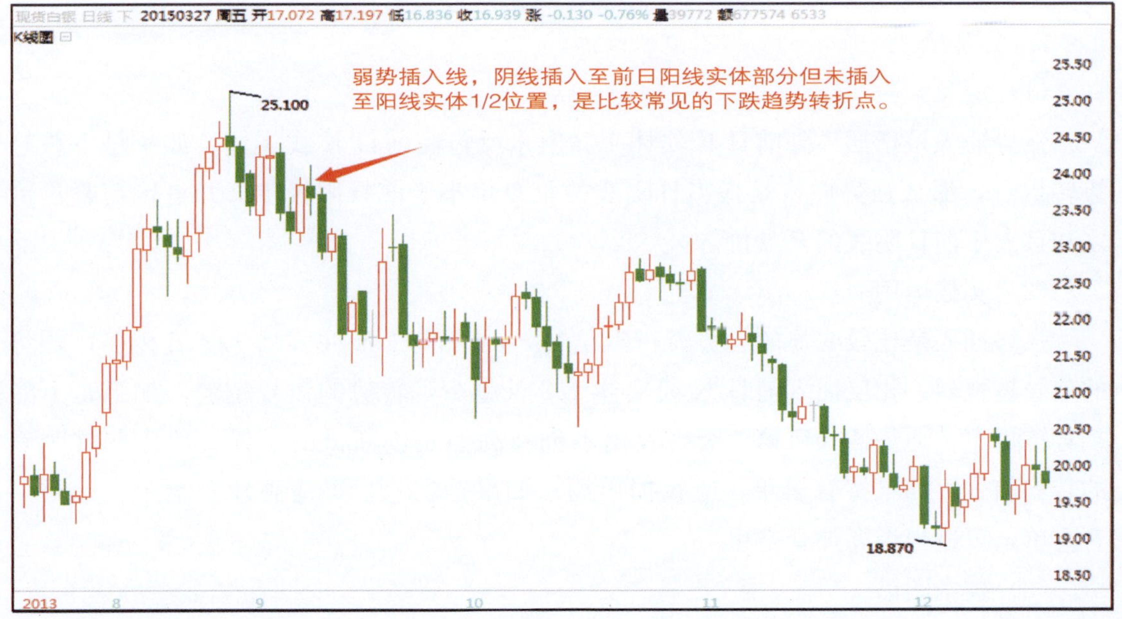

图 3—7

弱势插入线图解 8：插入前日 K 线实体如图 3－8 所示。

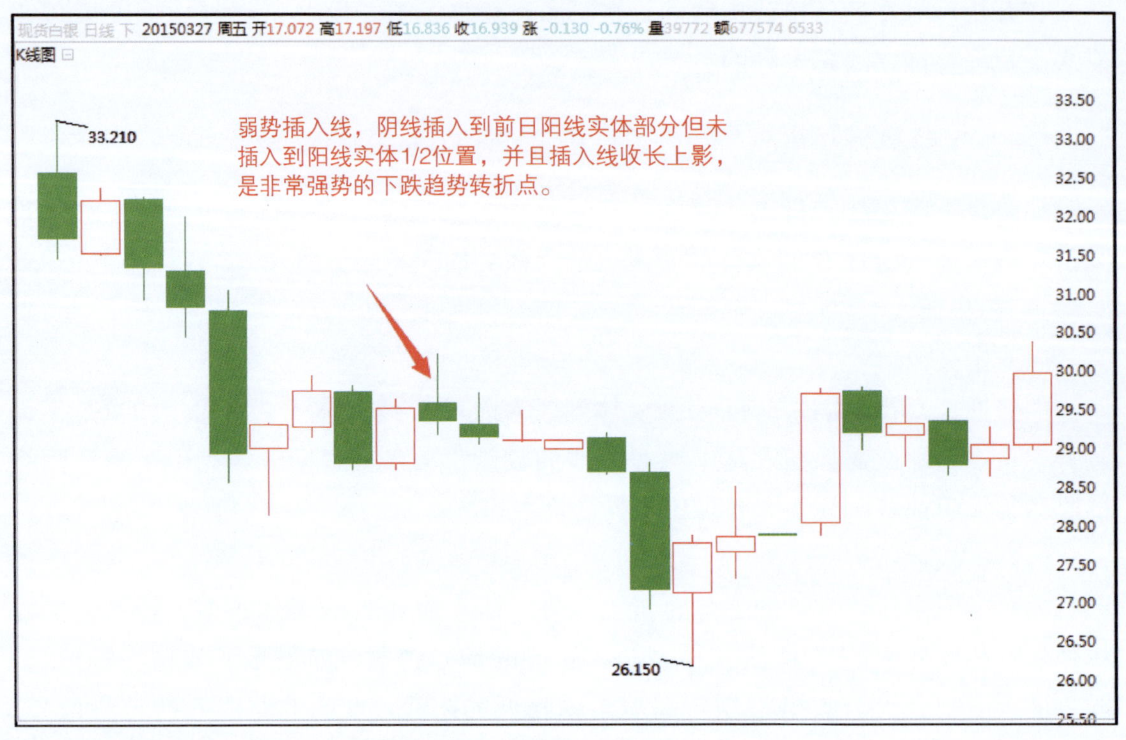

图 3－8

自我训练：

打开招行一金通行情分析软件，在原油连续日线图中找出 2014 年 2 月 1 日以来有多少根弱势插入线？

2. 强势插入

(1) 定义

强势插入是指插入到前日 K 实体 1/2 但未反包住前日 K 线实体。如果是下跌趋势转折点，那么强势插入是指当日阴线的收盘价小于前日阳线 1/2 开盘价与收盘价之和且大于前日阴线的开盘价。

(2) 实战运用

强势插入是比较明显的趋势转折点信号，插入前日 K 线实体 1/2 处越多，转势的信号越强烈；相反插入前日 K 线实体 1/2 处越少，转势的信号越弱。如果是下降趋势转折点，强势插入后第二天会收出不创新高但是创新低的阴线，此为非常明确的转势信号。如果持有多单，应止损出局；如果是空仓，可逢高建仓空单；如果持有空单，可适当逢高加仓空单。

(3) 技术图谱

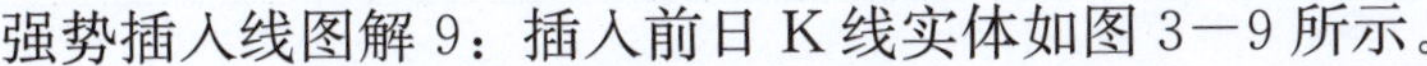

强势插入线图解 9：插入前日 K 线实体如图 3—9 所示。

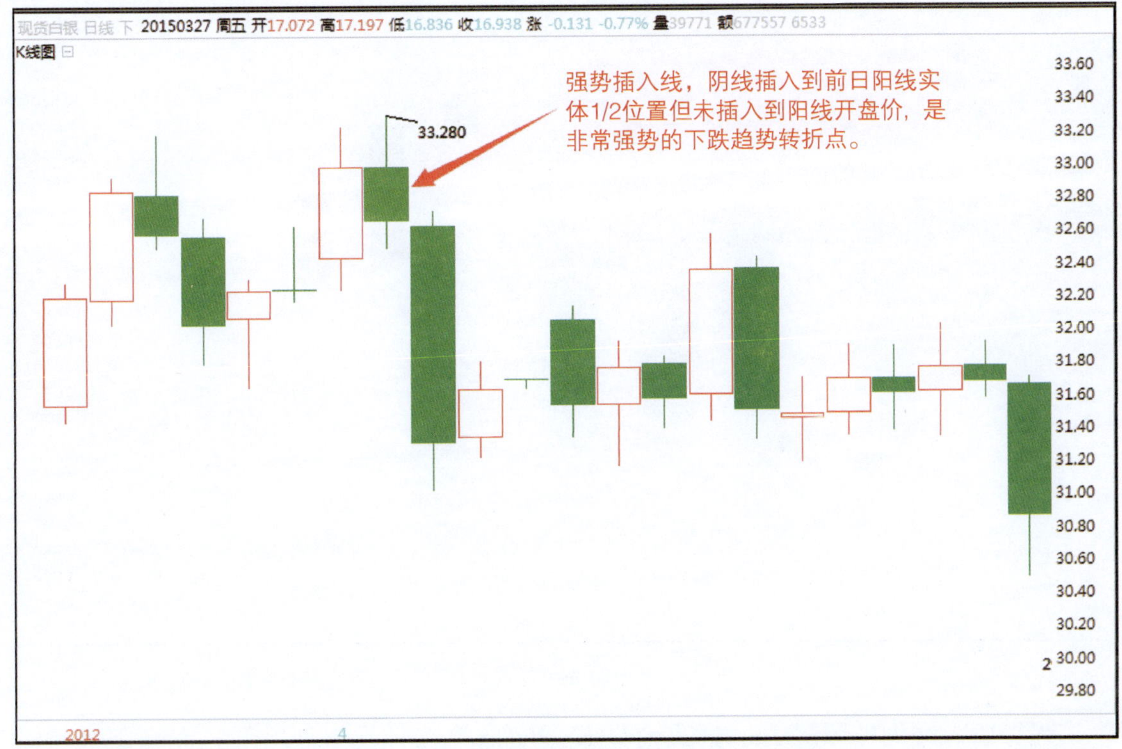

图 3—9

自我训练：

打开招行一金通行情分析软件，在原油连续日线图中找出 2014 年 2 月 1 日以来有多少根强势插入线？

（4）注意事项

弱势插入后第二天收出创新高但没创新低的阳线，此为插入失败，是上涨途中回踩。如果持有空单，应止损出局；如果是空仓，可逢低建仓多单；如果持有多单，可适当逢低加仓多单。

弱势插入线失败图解 10：未插入前日 K 线实体，第二日收锤头小阳线如图 3—10 所示。

自我训练：

打开招行一金通行情分析软件，在原油连续日线图中找出 2014 年 2 月 1 日以来有多少根弱势插入线是失败的？

强势插入后第二天收出创新高但没创新低的阳线，此为插入失败，是上涨途中回踩。如果持有空单，应止损出局；如果是空仓，可逢低建仓多单；如果持有多单，可适当逢低加仓多单。

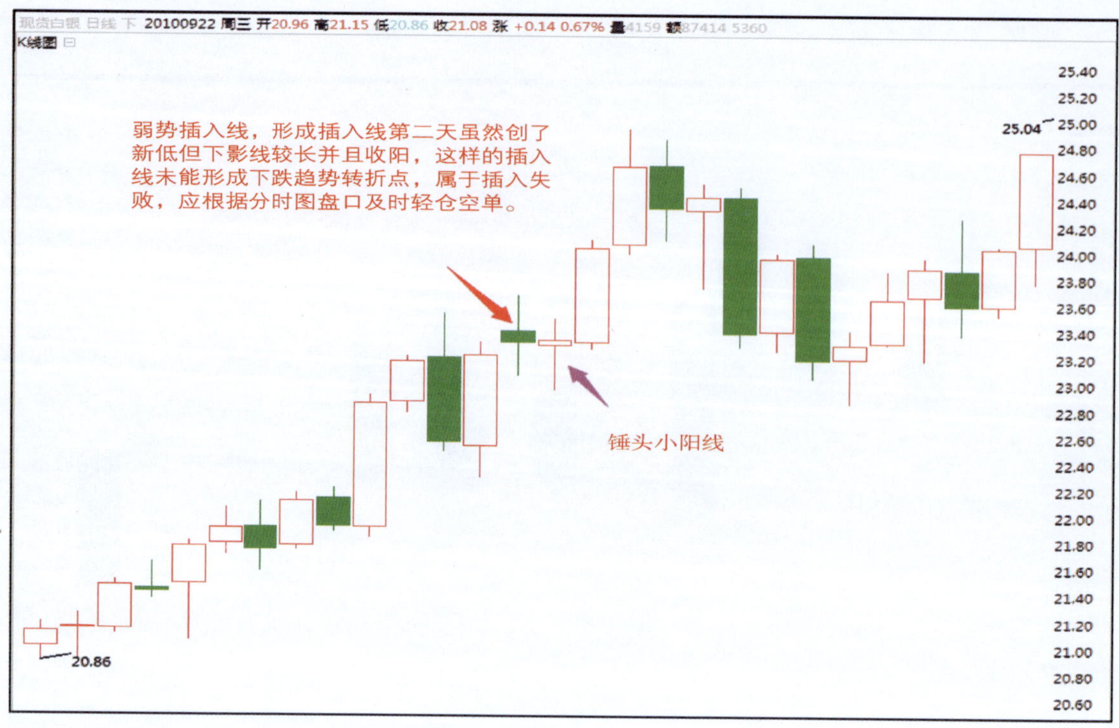

图 3—10

强势插入线失败图解 11：插入前日 K 线实体第二日收未创新低的光脚阳线如图 3—11 所示。

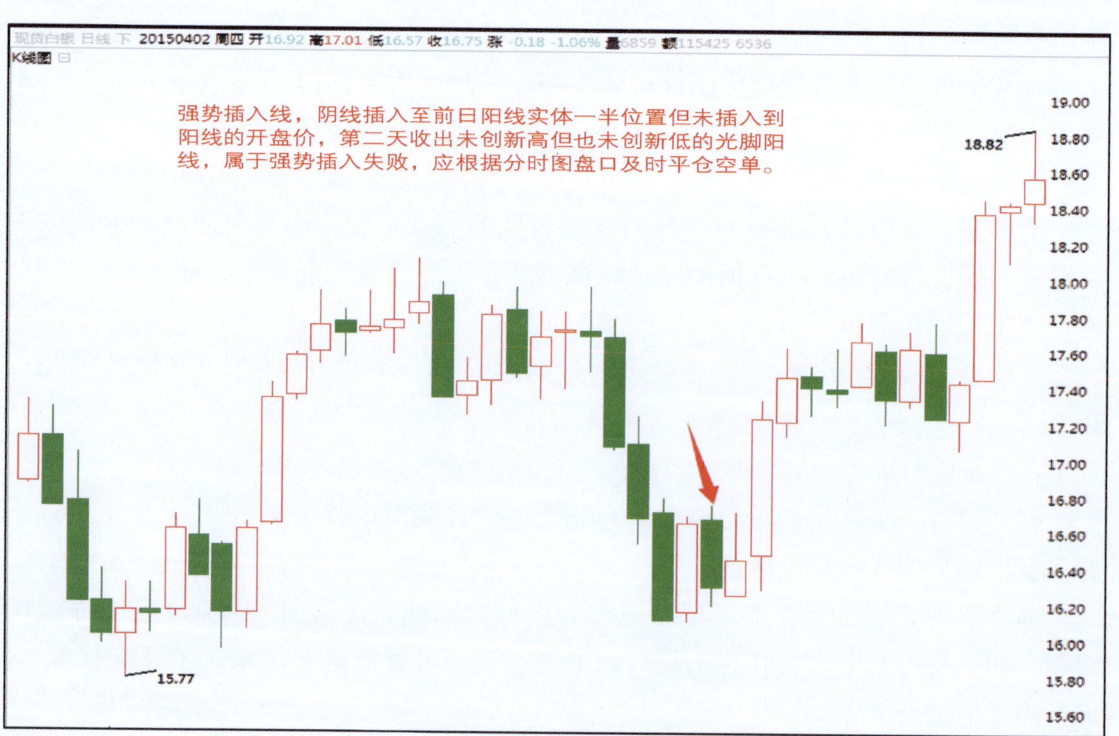

图 3—11

自我训练

打开招行一金通行情分析软件，在原油连续日线图中找出 2014 年 2 月 1 日以来有多少根强势插入线失败的？

第二节：反包线

一、概述分类

反包线是非常强势的趋势转折点的信号。所谓反包线，是指当日的收盘价包住前一日 K 线的收盘价或者开盘价，并且和前一日 K 线颜色相反的 K 线。

如果是上涨趋势转折点，那么反包线是指当日阳线的收盘价高于前日阴线的开盘价；如果是下降趋势转折点，那么反包线是指当日阴线的收盘价低于前日阳线的开盘价。根据反包前日 K 线的程度可分为强势反包和弱势反包。

二、操作技术

（一）上涨趋势转折点

如果是上涨趋势转折点，那么反包线是指当日阳线的收盘价高于前日阴线的开盘价。根据反包前日 K 线的程度可分为强势反包和弱势反包。

1. 弱势反包

（1）定义

弱势反包是指 K 线包住前日 K 线的实体部分但未包住前日 K 线的上影线或者下影线。如果是上涨趋势转折点，弱势反包是指当日阳线的收盘价大于或等于前日阴线开盘价但小于前日阴线的最高点。

（2）实战运用

弱势反包是比较常见的趋势转折点信号，反包 K 线上下影线越短，转势的信号越强烈；相反，反包 K 线留下的上下影线越长，转势的信号越弱。如果是上涨趋势转折点，弱势反包后当天反包的阳线上影线比较短，此为非常明确的转势信号。如果持有空单，应止损出局；如果是空仓，可逢低建仓多单；如果持有多单，可适当逢低加仓多单。

（3）技术图谱

弱势反包线图解 12：阳线反包住前日阴线实体如图 3—12 所示。

图 3—12

自我训练

打开招行一金通行情分析软件，在原油连续日线图中找出 2014 年 2 月 1 日以来有多少根弱势反包线？

2. 强势反包

（1）定义

强势反包是指 K 线既包住前日 K 线的实体部分也包住前日 K 线的上影线或者下影线。如果是上涨趋势转折点，那么强势反包是指当日阳线的收盘价大于前日阴线的最高点。

（2）实战运用

强势反包是比较常见的趋势转折点信号，反包时反包 K 线上下影线越短，转势的信号越强烈；相反，反包 K 线留下的上下影线越长，转势的信号越弱。如果是上涨趋势转折点，强势反包后如果当天反包的阳线上影线比较短，此为非常强势的转势信号。如果持有空单，应止损出局；如果是空仓，可逢低建仓多单；如果持有多单，可适当逢低加仓多单。

（3）技术图谱

强势反包线图解13：阳线反包住前日阴线最高点如图3－13所示。

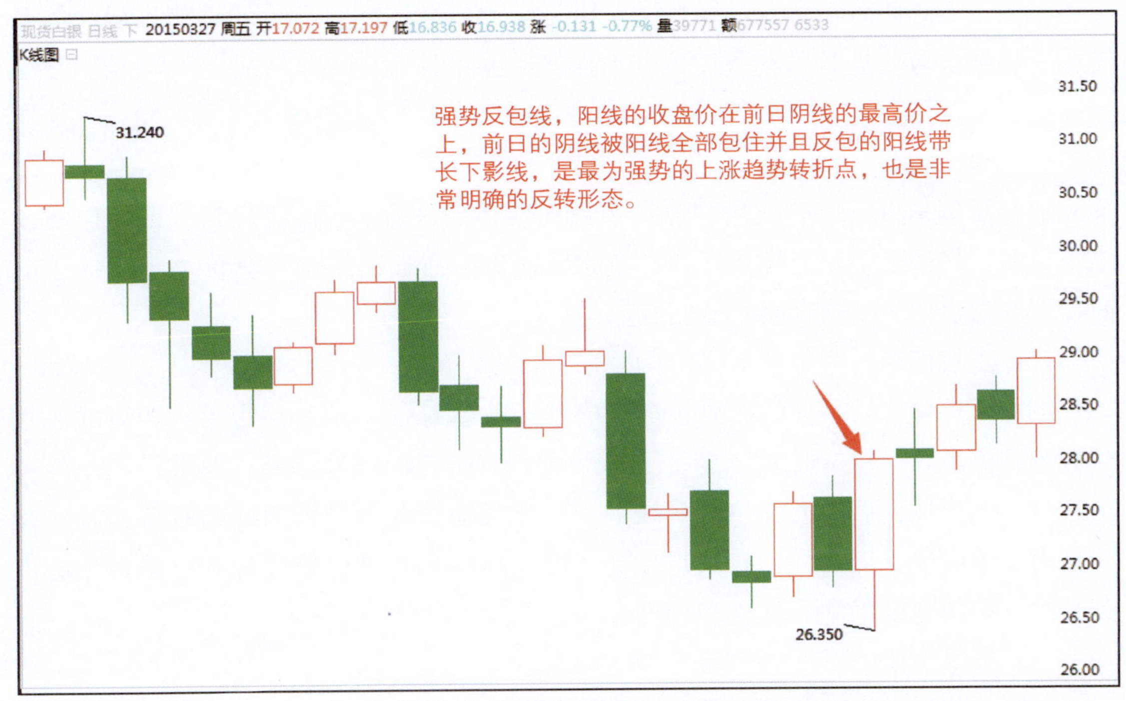

图3－13

自我训练

打开招行一金通行情分析软件，在原油连续日线图中找出2014年2月1日以来有多少根强势反包线？

（4）注意事项

弱势反包后如果当天反包的阳线上影线比较长，此时应观察第二天收线来确认反包是否成立。如果第二日收出未能创新高的阴线，此为反包失败。持有多单，应止损出局；如果是空仓，可逢高建仓空单；如果持有空单，可适当逢高加仓空单。如果第二日收出创新高的阳线，此为反包成立。持有空单，应止损出局；如果是空仓，可逢低建仓多单；如果持有多单，可适当逢低加仓多单。

强势反包后如果当天反包的阳线上影线比较长，此时应观察第二天收线来确认反包是否成立。如果第二日收出未能创新高的阴线，此为反包失败。持有多单，应止损出局；如果是空仓，可逢高建仓空单；如果持有空单，可适当逢高加仓空单。如果第二日收出创新高的阳线，此为反包成立。持有空单，应止损出局；如果是空仓，可逢低建仓多单；如果持有多单，可适当逢低加仓多单。

由于篇幅限制，反包线失败的案例参考插入线失败的案例即可，这里不做赘述。

（二）下跌趋势转折点

如果是下降趋势转折点，那么反包线是指当日阴线的收盘价低于前日阳线的开盘价。根据反包前日 K 线的程度可分为强势反包和弱势反包。

1. 弱势反包

（1）定义

弱势反包是指当日 K 线包住前日 K 线的实体部分但未包住前日 K 线的上影线或者下影线。如果是下跌趋势转折点，弱势反包是指当日阴线的收盘价小于或等于前日阳线开盘价但大于前日阳的最低点。

（2）实战运用

弱势反包是比较常见的趋势转折点信号，反包 K 线上下影线越短，转势的信号越强烈；相反，反包 K 线留下的上下影线越长，转势的信号越弱。如果是下跌趋势转折点，弱势反包后当天反包的阴线下影线比较短，此为非常明确的转势信号。如果持有多单，应止损出局；如果是空仓，可逢高建仓空单；如果持有空单，可适当逢高加仓空单。

（3）技术图谱

弱势反包线图解 14：阴线反包住前日阳线实体如图 3—14 所示。

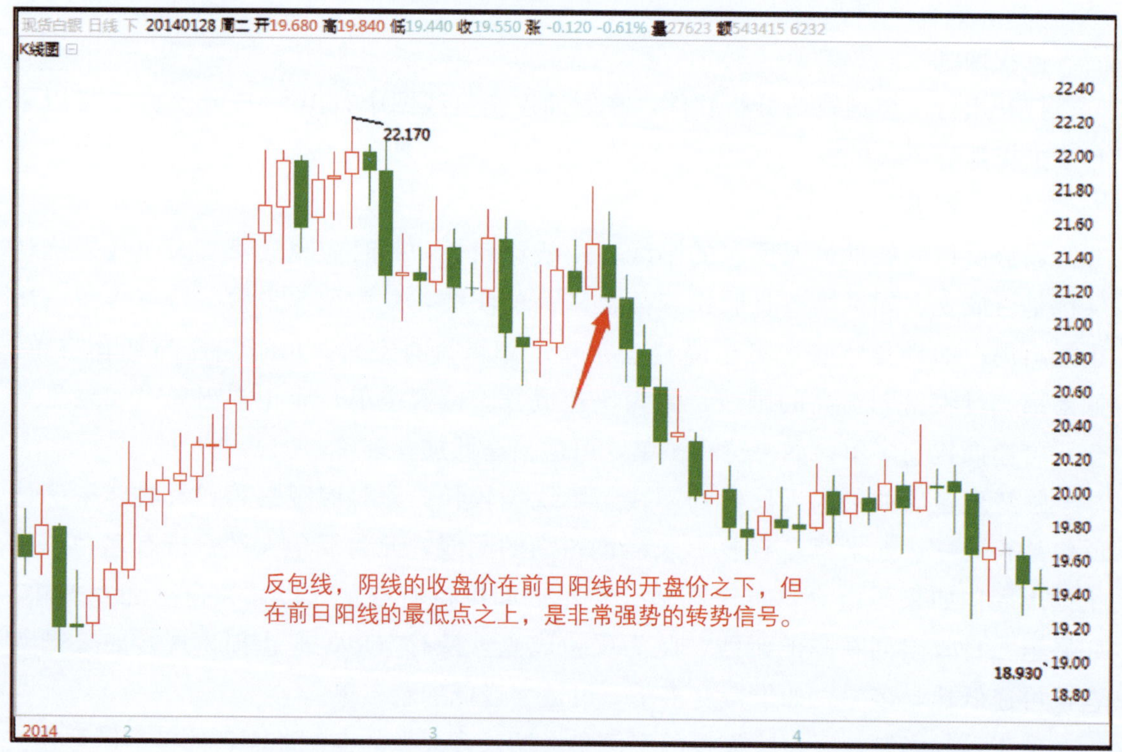

图 3—14

自我训练

打开招行一金通行情分析软件，在原油连续日线图中找出 2014 年 2 月 1 日以来有多少根弱势反包线？

2. 强势反包

(1) 定义

强势反包是指 K 线既包住前日 K 线的实体部分也包住前日 K 线的上影线或者下影线。如果是下跌趋势转折点，强势反包是指当日阴线的收盘价小于前日阳线的最低点。

(2) 实战运用

强势反包是比较常见的趋势转折点信号，反包 K 线上下影线越短，转势的信号越强烈；相反，反包 K 线留下的上下影线越长，转势的信号越弱。如果是下跌趋势转折点，强势反包后当天反包的阴线下影线比较短，此为非常强势的转势信号。如果持有多单，应止损出局；如果是空仓，可逢高建仓空单；如果持有空单，可适当逢高加仓空单。

(3) 技术图谱

强势反包线图解 15：阴线反包住前日阳线最低点如图 3—15 所示。

图 3—15

自我训练

打开招行一金通行情分析软件，在原油连续日线图中找出 2014 年 2 月 1 日以来有多少根强势反包线？

（4）注意事项

弱势反包后如果当天反包的阴线下影线比较长，此时应观察第二天收线确认反包是否成立。如果第二日收出未能创新低的阳线，此为反包失败。持有空单，应止损出局；如果是空仓，可逢低建仓多单；如果持有多单，可适当逢低加仓多单。如果第二日收出创新低的阴线，此为反包成立。持有多单，应止损出局；如果是空仓，可逢高建仓空单；如果持有空单，可适当逢高加仓空单。

强势反包后如果当天反包的阴线下影线比较长，此时应观察第二天收线确认反包是否成立。如果第二日收出未能创新低的阳线，此为反包失败。持有空单，应止损出局；如果是空仓，可逢低建仓多单；如果持有多单，可适当逢低加仓多单。如果第二日收出创新低的阴线，此为反包成立。持有多单，应止损出局；如果是空仓，可逢高建仓空单；如果持有空单，可适当逢高加仓空单。

由于篇幅限制，反包线失败的案例参考插入线失败的案例即可，这里不做赘述。

第三节：低位连阳

一、定义

股价在底部区域连续出现很多条阳线，实体部分大小不等，有时候可能带有上影线或者下影线，有时候没有。这样的连续阳线一般有好几条，如果是三条阳线，叫三连阳，如果是五条阳线，叫五连阳。依此类推。底部区域出现连续阳线，俗称低位连阳。

二、操作技术

低位连阳是非常典型的主力建仓信号，如果阳线的实体比较小，或者呈现为逐渐放大的阳线组合，那么说明有主力在逢低吸纳筹码，积极建仓。如果前期股价经历了大跌，有逐步企稳迹象，预示着股价进入了筑底阶段，底部即将形成，反弹行情已经为期不远。

连续阳线可以出现在历史底部区域，也可以出现在阶段性底部区域，它的技术含义基本相同。无论是哪一种情形，都是比较明确的做多信号，值得高度重视。从操盘的角度来说，这是主力机构积极做盘的结果。从中小投资者的角度来说，如果是波段操作的，可以考虑逢低点分批买进。如果是短线投机者，那么此时还不是买入时机。

低位连阳图解 16：底部区域连续阳线如图 3－16 所示。

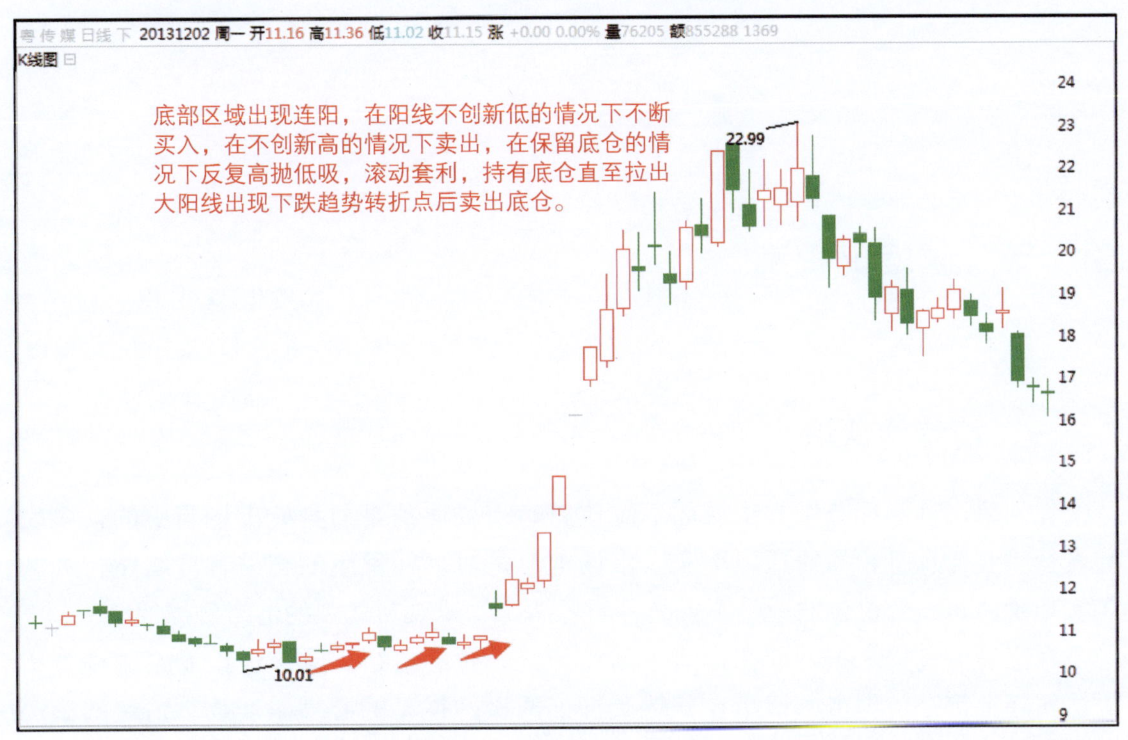

图 3－16

自我训练

打开招行一金通行情分析软件，在原油连续日线图中找出 2014 年 2 月 1 日以来出现几次低位连阳？

三、注意事项

低位连阳技术是最为稳健、最为易懂的技术，比较适合带杠杆品种的操作，在底部区域可以根据双高双低、同步同色的原理在保留底仓的前提下反复的高抛低吸、滚动套利，在不创新低的情况下一直持有底仓等待大阳拉升直至出现下跌趋势转折点时清掉底仓。

第四章　杠杆交易的注意事项

第一节：情绪的控制

一、情绪的认识

无论采用哪一种分析方法，都不应该忽略市场波动是与身处市场当中的众多交易者情绪变化息息相关的这一事实。市场走势是对已经发生的交易者情绪化行为的忠实记录，每一个价位的产生不过是一对矛盾——乐观与悲观的情绪碰撞的结果。

在交易的过程之中，谁在扮演主角？是交易者的情绪。应该说，无论哪种分析方法实际上都是辨识市场情绪在狂热及抑郁两极间摆动的心理学产物。情绪的震荡时刻在考验着每一位交易者。看得准未必就能盈利，因为只有开仓才有可能发生盈亏，而一旦持仓我们就不可避免要受到主观情绪的影响，各种有利的、不利的情绪会缠上每一位交易者。即便是之前做了详尽的分析工作，仍然难以避免不利情绪在持仓过程中对我们的干扰。毕竟市场走势在某种意义上来说是随机行走的，尤其是短期走势。看不准就更谈不上保障盈利的持续性，毕竟幸运之神不会总眷顾着某一位交易者的，再加上如果没有有效的风险控制措施，一次判断失误就可能对我们的整个投资造成灭顶之灾。

许多事后令人后悔莫及的交易往往发生在极短的时间内，尤其是在当今全球发达的电子化交易市场当中。相信不少交易者都经历过手刚离开键盘便意识到自己错了的感觉。那是因为交易者在采取行动的当时并未意识到自己可能正被不利的情绪支配着，只有在交易结束的一刹那才忽然醒悟：原来自己的决定只不过是为了摆脱心理上快要承受不住的压力而已。在熊市的末期，快速下跌的过程中非理性的恐惧

又是如此地震慑着交易者，迫使交易者不断加入杀跌的行列。一旦市场止跌后空头气氛转瞬间烟消云散，交易者为了重拾破碎的自尊，往往轻易地就会忘记先前窘迫的状况。因为，我们的情绪具有隐蔽性。深度套牢，便是交易者在这样的情绪模式反复折磨下造成的结果。反之，在牛市的末期，贪婪的情绪又是如此肆无忌惮地弥漫在市场当中。应该说，在牛市里贪心其实并不算反常的行为，但贪婪的情绪却往往比恐惧更具有隐蔽性。这也是为什么我们通常很难辨识及控制贪欲的原因。

许多投资书籍及文章喜欢将交易者一分为二，譬如主力与散户、非凡与平凡等等。事实上作者往往忽略了自己在市场当中又扮演什么角色。即便是管理着庞大资金的顶尖级基金经理，在某种程度上也受情绪的影响，虽然市场具有群众性，我们身处投资大众之中，随大流往往是自然反应。这种“跟着大家走”的心理模式在其他生活及工作经验中往往提供安全及保险的感觉。譬如，在日常工作和生活当中我们习惯了重视集体价值、重视大多数人的意见才是正确的观念。所以我们也极容易将这种观念带入投资行为中，这也正是不少金融交易行业外的精英屡屡在这个市场失手的原因之一。在其他行业里你或许可以自欺欺人并生存得很好，但在交易当中自欺欺人的行为能将你立即摧毁。除非你已意识到情绪才是市场的主角，而情绪的控制则是交易过程中的主角。对于一般投资者，无论掌控多大资金的交易者，能否辨别不利于自己的特殊情绪并进行切实有效地控制显得尤为重要。应该说，我们每一位交易者都可以通过学习以避免受到这些情绪的干扰，同时接纳自己及这些情绪。一旦自己能够认清在交易过程中出现可能自我毁灭的行径后，就能自在从容地接近市场，成功几率也将会因此提高。尽管市场分析方法不断丰富、不断更新，但对于单个投资人而言不变的任务在于——不必精通理论，只要深知自己。我相信，无论市场如何变化，永远会有意外的事发生。交易者本身的态度才是输赢的关键。

二、管理情绪

第一，就是和市场保持合适的距离，甚至是远离市场，我们如果不想做投机客，不在短线波动中套取利润，那就要和市场保持相当的距离。因为市场的波动带给你账户市值的波动会对你的情绪造成很大的刺激作用，尤其是投资资本很大的投资者，每当股价波动产生几个点的幅度时，恐惧和贪婪的心理因素会导致你产生卖出、买入的套利情绪。这就是市场的诱惑，或者是赌博心理在作怪。很多投资者平时和我交流的时候都会问，你明知道市场会下跌，为什么不选择卖出？明知道市场会上涨，为什么不选择买进？我想说的就是我们的投资不能建立在对未来的预测基础上的，我们需要实实在在的数据和事实支撑我们的投资行为。如果仅仅是依靠自己的预测来选择卖出买入，那和赌博差不多，也就是投机行为，这将对我们的投资结果造成很大的风险，加大了失败的概率。

第二，就是减少交易次数，减少交易品种，这种掌控目的在于使自己在投资过程中保持平和的心态，这样的心态才不会产生情绪化的交易。一个投资者在非常忙碌或者是疲惫的状态下，是无法控制自己的情绪，也无法保证自己的投资心态的，这是产生情绪化交易的重要因素。减少了交易次数，就是降低投资者的紧张次数，提高了投资的准确率；减少了交易品种，就可以集中全力让自己尽力一搏，从而达到最好的效果，任何工作的数量和质量都是成反比的，我们在平时的工作中都深有体会的，你同时做一件事和做十件事的质量结果绝对是不一样的。我们本质总是想把每一件事情做好，但是繁忙的投资过程和工作必然会降低我们的投资质量，改变我们的投资结果。

第三，提升自己的投资理念，或者是陶冶自己的投资情操。理念非常重要，正确的理念会是我们投资过程中的心灵鸡汤，属于兴奋剂，情绪稳定剂，投资催化剂的范畴。只有正确的理念才会使我们一直沿着正确的投资思路前进，即使过程有所波折，也不会轻易气馁。同时思想正确了，情绪才会更加稳定，不会轻易产生波动，就会减少错误投资的概率，从而促进投资情绪更加稳定。投资的自信都是来自于数量极多的成功经验积累，没有这些积累，我们或多或少的总是缺乏一点自信，在遇到困难的时候难免会产生情绪波动，从这个角度上讲成功投资和情绪稳定是相辅相成的。

三、有效的方法

控制情绪最有效的方法是关注具体的外部影响因素。最重要的一个方法是使用合适的风险管理。如果你用承担不起的钱或者太多的钱来冒险，你将会感觉到压力。另一方面，如果你把冒险的交易资金减到最少，你将会告诉自己目前的价格下滑是可以忍受的；你将会知道你是能够很容易地度过最坏的情况的。制定一个详细的交易计划，清楚地说明在每笔交易中如何进出的交易策略，也是十分重要的。

第二节：建立交易机制

一、交易机制的认识

1. 只做大概率事件。在大概率事件中防范突发事件。进场前忠于自己，进场后放弃自我，忠于盘面。交易不是一次定成败，要确立盈亏比的概念。主动亏损，被动盈利。（大概率事件是指大多数情况下都是因为A所以B。）

2. 突发事件是指大概率事件中所无法包容的风险。

3. 进场前忠于自己是指对交易计划的执行力，而进场后的重点则应转向应对，忠于盘面要结合应对策略，这是盈利的核心。

4. 盈亏比的确立需要结合进出场依据和资金管理公式：最终盈利＝盈利点数×盈利次数×盈利持仓－亏损点数×亏损次数×亏损持仓。从这个公式中可以得出这样的结论：最终盈利是在不同状态选对点数和持仓进行控制的结果，次数是由概率或概率指导下的进出场依据所决定的。

5. 主动亏损，被动盈利。盈利和亏损是我们操作的两个终端，控制住一端自然就保证了另一端，换个思路可以这样认识：盈利端是由亏损端控制的，它们是此消彼长的关系。亏损者的交易多源于无规则交易或缺乏执行力，因此，建立自己的交易规则是通向成功的第一步。

上面说的五条只是建立交易规则的思维框架或原则，每个人的交易规则都是不同的，但成功的交易者其思维框架和大的原则都是相同的。

每一次成功的交易表面上看都是细节技术处理得好，但追根溯源都不会脱离上述五大原则。新手喜欢问细节，老手喜欢谈原则，因为老手知道原则错了细节对不了，即使盈利了也是错的。胜者无招，但有规则。规则要遵守，但建立规则的平台必须是正确的。

杠杆交易没什么复杂和高深的，所有精华集中在一起写不满一页纸，卖弄高深的其实根本不懂什么是交易的精髓。杠杆交易也根本没什么秘密，秘密就在于大多数人对正确的投资原则视而不见而舍本逐末。

二、买卖原则

1. 不过量买卖。

2. 不让持仓转盈为亏。

3. 不逆势而为，方向买错后不可以逆市而为继续加码。

4. 如无适当理由，勿将所持仓盘平仓，可用止盈位保住所得利润。

5. 如果盈利，可将部分利润提取，以备急时之用。

6. 看不懂的图形不买，减少操作频率，耐心等候市场机会。

三、常用手法

（一）裸K线的分类

1. 大型裸K线的含义：大型裸K线记作A线，在目前有涨跌幅度限制的交易制度下，我们把实体大于等于7%的裸K线，叫作大型裸K线。如果是收盘价大于开盘价的大型裸K线，通常称为大阳线。如果是收盘价小于开盘价的大型裸K线，通常称为大阴线。

2. 中型裸K线的含义：中型裸K线记作B线，在目前有涨跌幅度限制的交易制度下，我们把实体大于等于3%而小于7%的裸K线，叫作中型裸K线。如果是收盘价大于开盘价的中型裸K线，通常称为中阳线。如果是收盘价小于开盘价的中型裸K线，通常称为中阴线。

3. 小型裸K线的含义：小型裸K线记作C线，在目前有涨跌幅度限制的交易制度下，我们把实体大于等于1%而小于3%的裸K线，叫作小型裸K线。如果是收盘价大于开盘价的小型裸K线，通常称为小阳线。如果是收盘价小于开盘价的小型裸K线，通常称为小阴线。

4. 微型裸K线的含义：微型裸K线记作D线，在目前有涨跌幅度限制的交易制度下，我们把实体大于等于0.1%而小于1%的裸K线，叫作微型裸K线，或者叫迷你裸K线。如果是收盘价大于开盘价的微型裸K线，通常称为微阳线。如果是收盘价小于开盘价的小型裸K线，通常称为微阴线。

5. 等价裸K线，限于篇幅，不做详陈。

6. 插入线：本书第四章第一节已经做了详细介绍，限于篇幅，这里不再赘述。

7. 反包线：本书第四章第二节已经做了详细介绍，限于篇幅，这里不再赘述。

四、杠杆交易风格

在杠杆交易风格的选择上笔者更倾向于超短线，因为根据杠杆的原理，原本可以赚一个点的利润通过杠杆放大后可以赚5个点、10个点甚至更多的利润，同样风

险也放大了数倍，由于风险也被放大，如果短线操作或者波段操作，短线和波段本身就存在不确定性，这种不确定性就是风险，因此，短线和波段操作就更加增大了杠杆交易的风险，笔者认为，杠杆交易超短线操作更为适用。

五、常规风控

（一）切忌满仓操作

金融交易在发展中的行情总是充满着绚丽多姿的快乐，这吸引着许许多多的参与者，面对行情剧烈波动和有着重大的利益消息的时候，经常会有投资者受不住利益的诱惑，满仓操作，导致许多投资者出现了平常不可能出现的大风险。杠杆交易具有放大效应，有些投资者误认为满仓操作可以赚大钱。殊不知，若投资者在市场上能开多少仓就开多少仓，不留余地，那么当行情反向变动，导致可用资金出现负数时，保证金杠杆效应同样使得亏损也放大了。满仓操作的这些弊端在重仓操作过程中也会出现，所以许多交易者甚至提倡不要重仓交易，以三分之一仓位操作最好。

满仓操作并不只是有坏处，也有其优点在内，在期货交易中勇气是交易者能够克敌制胜的秘诀，也是最难以养成的优点，满仓操作能够有效地培养交易者的勇气，只有在理智情况下的满仓才是勇气，其他情况则不仅不是勇气而且还是傻气。满仓操作在交易过程中确实有的时候会产生不必要的风险，就算是一个职业的操盘手也需要以百分百的精神状态来操作如此高难度的交易。

（二）设好止损

止损是人类在交易过程中自然产生的，并非刻意做作，是投资者保护自己的一种本能反应，市场的不确定性造就了止损存在的必要性和重要性。成功的投资者可能有各自不同的交易方式，但止损却是保障他们获取成功的共同特征。世界投资大师索罗斯说过，投资本身没有风险，失控的投资才有风险。学会止损，千万别和亏损谈恋爱。止损远比盈利重要，因为任何时候保本都是第一位的，盈利是第二位的，建立合理的止损原则相当有效，谨慎的止损原则的核心在于不让亏损持续扩大。

世界上最伟大的交易员有一个实用且简单的交易法则——“鳄鱼法则”。该法则源于鳄鱼的吞噬方式：猎物越试图挣扎，鳄鱼的收获越多。假定一只鳄鱼咬住你的脚，如果你用手臂试图挣脱脚，则它的嘴巴便会同时咬你的脚与手臂。你越挣扎，便陷得越深。所以，万一鳄鱼咬住你的脚，务必记住：你唯一的生存机会便是牺牲一只脚。若以黄金市场的语言表达，这项原则就是：当你知道自己犯了错误时，立即了结出场！不可再找借口、理由或有所期待，赶紧离场！

1. 止损的必要性

波动性和不可预测性是市场最根本的特征，这是市场存在的基础，也是交易中风险产生的原因，这是一个不可改变的特征。交易中永远没有确定性，所有的分析预测仅仅是一种可能性，根据这种可能性而进行的交易自然是不确定的，不确定的行为必须得有措施来控制其风险的扩大，止损就这样产生了。

2. 为什么止损如此之难

明白止损的意义固然重要，然而，这并非最终的结果。事实上，投资者设置了止损而没有执行的例子比比皆是，市场上，被扫地出门的悲剧几乎每天都在上演。止损为何如此艰难？

其一，侥幸的心理作祟。某些投资者尽管也知道趋势上已经破位，但由于过于犹豫，总是想再看一看、等一等，导致自己错过止损的大好时机。

其二，价格频繁的波动会让投资者犹豫不决，经常性错误的止损会给投资者留下挥之不去的记忆，从而动摇投资者下次止损的决心。

其三，执行止损是一件痛苦的事情，是一个血淋淋的过程，是对人性弱点的挑战和考验。

事实上，每次交易我们都无法确定是正确状态还是错误状态，即便盈利了，我们也难以决定是立即出场还是持有观望，更何况是处于被套状态下。人性追求贪婪的本能会使每一位投资者不愿意少赚几个点，更不愿意多亏几个点。

市场的不确定性和价格的波动性决定了止损常常会是错误的。事实上，在每次交易中，我们也搞不清该不该止损，如果止损对了也许会窃喜，止损错了，则不仅会有资金减少的痛苦，更会有一种被愚弄的痛苦，心灵上的打击才是投资者最难以承受的痛苦。因此，理解止损本质上就是如何正确理解错误的止损。错误的止损我们也应坦然接受，坦然面对错误的止损，不要回避，更不必恐惧，只有这样，才能正常地交易下去，并且最终获利。

（三）切忌追涨杀跌

从战术层面或者短线意义上讲，追涨杀跌百害无一益。是在大盘涨了很多以后继续盲目乐观；是在热点非常疯狂的时候继续一味看好；是在股价加速上升的时候为了赚得明天的“一截上影线”而奋力买进。跌的时候也是这样，大盘跌很多了，股价已经惨不忍睹了，为了今晚睡个安稳觉，不计成果，逃了再说。

实践操作中，追涨杀跌是魔鬼，其危害体现在三个方面：

（1）放大了市场风险。追涨杀跌的本质就是通过牺牲价位上的空间来换取持股时间的缩短，希望在短期内追大涨的股票，希望还能涨一些，但是其他很多股票潜

力更大、空间更大，而在价位上牺牲了空间，等于放大了风险。

完美的投资，目标是将风险降到最低，将收益放到最大。其本质是承担最小的风险，获取最大的利润，是以小赌大。而追涨杀跌本质是用空间来换取时间。由于价差的空间被牺牲掉了，风险加大是不言而喻的。承担更大的风险，而获取更小的收益，是以大赌小。

用空间换时间，是不是一定就是亏本的买卖？这很难说，但空间既然已经损失了，这笔买卖肯定就不是最“完美的买卖”。股票的风险和收益，是由价差的空间来实现的，任何对这个空间有伤害的行为，都不能算作是完美的投资。

（2）增强了操作的不可控性。追涨和杀跌都会使操作变得不可控。追涨以后可能面临三个结果：一是赚了，二是赔了，三是不赚不赔。赚了，及时套现出来，这是很正常的，因为你买进去就比别人高，在市场竞争中不利。少赚一点，及时出来，符合正常的逻辑。但问题是不赚不赔怎么办？或者赔了怎么办？多数人会选择等一等，再看一看。但这一等，可能就等出事情来。因为你买进的价格高了，你不抛别人会抛，别人还有钱可赚，你已经套住了。赔钱抛股票不符合你追涨的初衷，一定会有所犹豫。这一犹豫就要了命。

杀跌以后也可能面临三个结果，杀跌之后股价继续杀跌、股价止跌回升、股价不涨不跌。我们不讲割掉之后，股价马上“起死回生”的情况，就算抛掉之后股价继续下跌，你心理上会得到一些安慰。但跌下去之后，大部分人是不会买回来的。这样，杀跌除了收回本金，并不能赚到差价，自然也就无法获得投资收益。

总之，追涨杀跌后，如果走势出现完全相反的情况，你心里受到的冲击是巨大的。从物理上讲，正反作用力撞在一起，理性地判断市场并做出相应的处置，就变得十分困难。因此，追涨杀跌加大了理性操作的不可控性。

追涨杀跌，追在天花板上，砸在地板上的例子实在太多了。它带来的损失通常是双倍的，比一般的操作失误，后果要严重数倍。

（3）干扰投资者的大局观。一方面，这种短线激进的操作将重点放在短期走势和技术图形上，无法对技术图形和走势做出冷静而理性的判断。另一方面，追涨杀跌的重点在个股，尽管会兼顾一些市场热点的情况，但对大势的背景，通常是视而不见。而无视大盘的强弱和好坏，无论是短线操作还是中长线投资，都是不明智的。

在大部分情况下，追涨杀跌都是着眼于局部和短线。由于输赢很刺激，你必然全力以赴。这样，大局感和长线趋势，就不可能照顾了。

事实上，追涨杀跌本身就是个伪命题。追涨就是以更高的价格买进，杀跌就是以更低的价格卖出，这是不符合商业原则的。除非你就是来送钱做慈善的，否则高买低卖，是没有赚钱的逻辑，分明是输钱的逻辑。

不过，追涨杀跌在投资者中却很有市场，这可能跟以下两个因素有关。第一是心理因素。这里既有英雄崇拜心理，又有急功近利的心理。追涨需要勇气，杀跌是壮士断腕，讲起来或者做起来很有“英雄的感觉”，而急功近利符合人的本性，最好今天买进，明天就大涨，或者今天抛掉，明天就大跌。只要股票是由人来玩的，这种由心理因素驱动的追涨杀跌，就很难彻底绝迹。二是市场的剧烈波动。在暴涨、暴跌是常态的情况下，追涨可以快速获利，杀跌可以避免更大的损失。但一年250个交易日，真正暴涨、暴跌的日子屈指可数。从概率上讲，适合追涨杀跌操作的日子不会超过1/10，不能作为主流的操作策略。

在实践中，要避免追涨杀跌不是很难的事情，记住以下几句话就行了。

第一，股市之险，险在涨幅已大。对于涨幅很大的股票，继续追上去做短线，无异于刀口舔血。

第二，股市之痛，莫过于抛在地板价上。抛掉股票后，股价不跌了，甚至大涨，这是任何人都难以承受的痛苦。

第三，凡事都要讲究分寸。上涨或者下跌斜率对股价有强大的控制力，过分偏离正常的斜率，一定会得到校正。

第四，市场有效突破的概率只有50%。向上突破就买进，或者向下突破就卖出，胜算最多不超过五成。

六、交易机制形成

（一）投资建议

保持健康的投资心理是投资者对市场获得正确认识和正确实践的必要条件。良好的心理素质可以使投资者发挥更强的思维能力和更高的效率，对基本面、技术面所发生的变化及时、客观、准确地做出分析和判断，制定较为科学合理的操作策略并严格执行。否则由于行情逆转造成账面金额的亏损，将对投资者的分析思维和操作造成强烈的干扰和破坏，使投资者思维和感觉狭窄呆板，不知所措，难以保持理性客观的态度来适应不断变化的市场行情，导致判断屡屡失误和操作步调混乱。

（二）心理误区

投资者在实战操作过程中会出现形形色色的心理误区，会导致操作失误，账户资金严重亏损。所以认识并克服以下几个病态的投资心理误区至关重要：盲目跟风、举棋不定、欲望无止境、把金融市场当赌场、犹豫不决、殆误战机、敢输不敢赢、不必要的恐慌、漠不关心、不敢输。

（三）成长过程

所有的投资过程都可以分为三个环节：认知市场、分析市场和实战操作。具体的投资过程就是一个从认识到分析到实践、再从实践到学习反复循环、不断提高的过程。投资者在进入投资市场的过程中普遍会出现由于思维以及心态造成的错误，一定要走过下面的阶段也可以说是投资者成长的过程：第一个阶段即痛苦期、第二个阶段学习期、第三个阶段困惑期、第四个阶段抉择期、第五个阶段成熟期。

【下篇】

杠杆交易技术基础

第一章　低位进场做多定式

第 001 式　低位连续阳线

【技术特征】

第一，在低位出现连续数日一连串的小阳线，并且小阳线的低点不断抬高，高点也不断抬高。

第二，在低位出现连续小阳线后，随后阳线逐步放大并且成交量开始温和放量，说明有主力在逢低吸纳筹码，积极建仓。

第三，在低位出现连续阳线，是比较明确的做多信号，值得高度重视。从操盘的角度来说，这是主力机构积极做盘的结果。

【操作技巧】

在操作上，波段操作的投资者，可以考虑逢低点分批买进。杠杆交易的投资者可以根据分时图盘口波形来判断买入时机，当出现非常典型的呆滞型冲击波，这是原先的控盘主力在低位进行回补的信号在盘中逢低点积极买进，或者当出现非常明显的攻击波，表明主力已经开始启动行情，在盘中逢低积极买进。

【实战图谱】

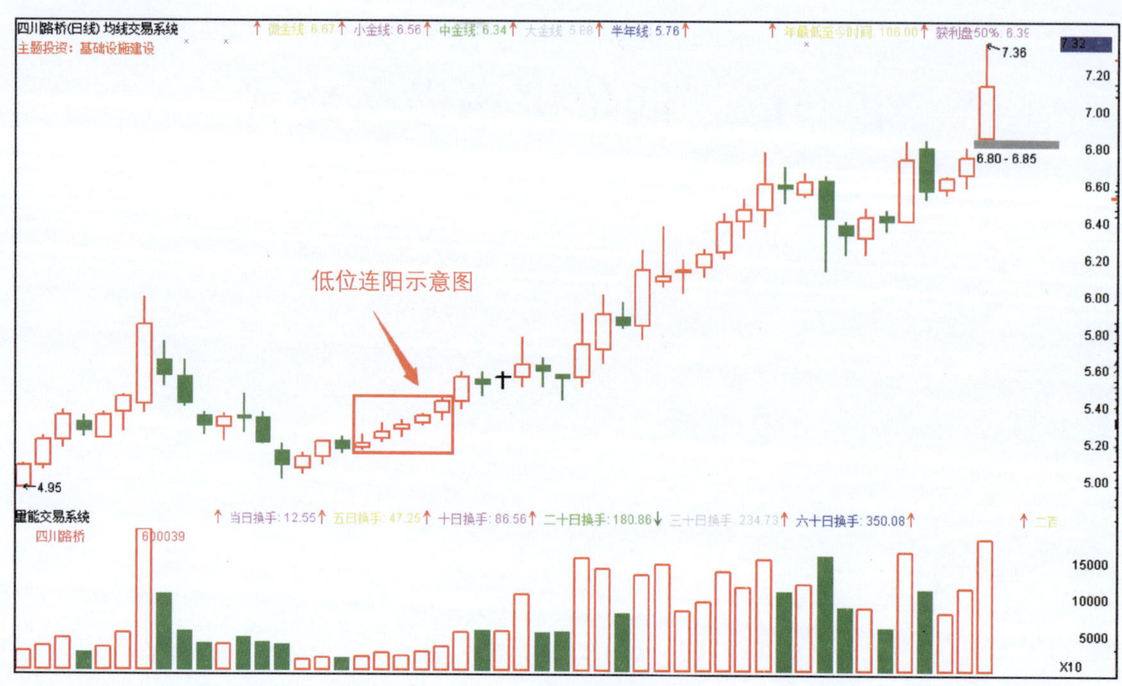

【图谱 1】低位连续阳线示意图

自我训练题：打开通达信行情分析软件，在四川路桥（600039）日线图中找出符合低位连续阳线的图形。

第 002 式　低位连续阴线

【技术特征】

第一，在底部区域出现连续数日的高开低走，拉出 5 根阴线，甚至更多，一副阴森的样子，但是，实际上估计并没有下跌多少，甚至反而有所上升。这就是常说的连阴吓人。

第二，这是典型的见底定式，是典型的买入信号。

第三，盘面上虽然股价连续几天收出阴线，多头的进攻受到拦截，但是，每天都是高开，表明多方上攻的欲望强烈，暗流涌动，假以时日，必然会发动大行情。

【操作技巧】

这种定式属于潜伏底定式，是止跌的信号，中长线投资者可以逢低买进，而短线投资者则应该保持观望。杠杆交易应在出现上涨趋势转折点后积极买进。

【实战图谱】

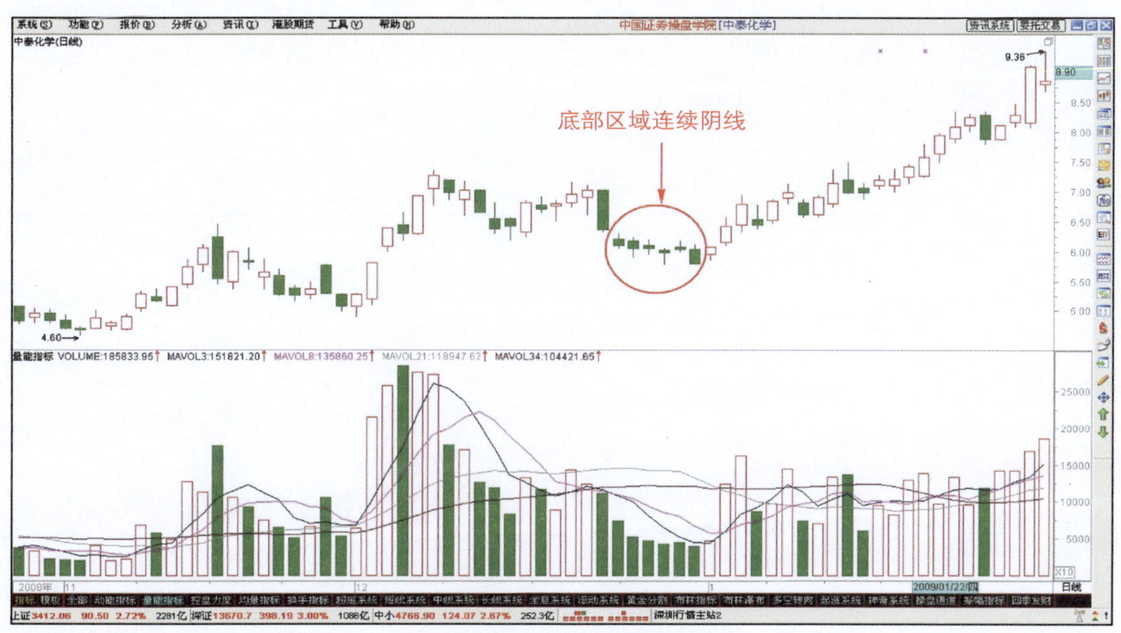

【图谱 2】低位连续阴线示意图

自我训练：打开通达信行情分析软件，在中泰化学（002092）日线图中找出符合低位连续阴线的图形。

第 003 式　低位单针探底

【技术特征】

第一，股价经过长期下跌后，进入盘底阶段，在某一天，股价在盘中被大幅度打低，幅度超过 5%，引发恐慌盘抛出，但是，尾盘收盘却拉回到开盘价附近，收出一根极长下影的小阳 K 线或小阴 K 线。这个长下影线是主力的刻意所为，意在收集筹码。

第二，这种图形一般出现在市场极度低迷时期，投资者处于迷糊阶段，把这个股票彻底遗忘了，而有心的主力机构利用投资者的盲点，暗中悄悄进货。所以，单针探底是主力建仓的特征之一，值得留意。

【操作技巧】

在操作上，不要心急。单针探底是一种底部震荡吸筹的图形，离真正的启动行情还远着呢。因此，如果是被套牢的投资者，可以继续持股，等待拉升。杠杆交易的投资者就不必急于买进，可以把它列为自选股，耐心等待主力正式起动行情时再介入。

【实战图谱】

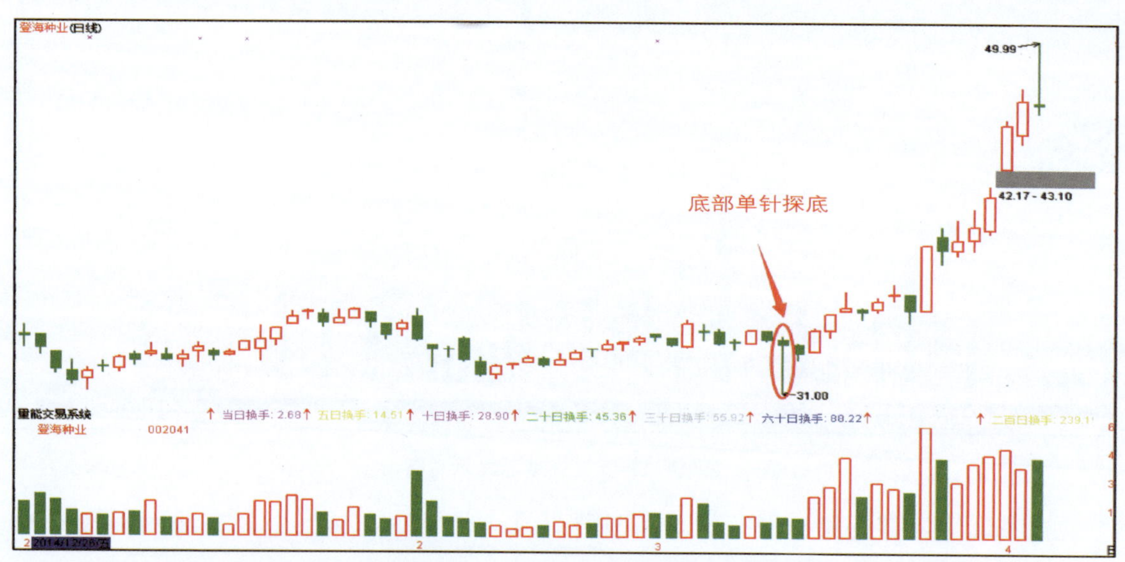

【图谱 3】低位单针探底示意图

自我训练题：打开通达信行情分析软件，在登海种业（002041）日线图中找出符合低位单针探底的图形。

第 004 式　低位刺天长针

【技术特征】

第一，股价经过长时间的下跌后，进入底部区域，先知先觉的主力开始活动，

暗中吸纳，但是，吸筹已经很难。于是，主力开始玩花招，诱使套牢盘割肉。表现在K线图上，则是某一天在盘中瞬间大幅度拉高，拉高的幅度在5%以上，然后撤手，任由股价自由飘落，收盘前主力再次刻意打压，从而留下很长的上影线，酷似刺天长针。

第二，底部区域出现的刺天长针是主力，是典型的买入信号。

【操作技巧】

投资者要根据自己的投资原则来解读机构拉高建仓的明显信号，杠杆交易的投资者应耐心等待机构主力建仓完成后，启动行情大幅拉抬时再介入，中长线投资者可以在股价往下打压时，逢低吸纳，分批建仓。深套者则坚决持股，千万不要被主力骗出来。

【实战图谱】

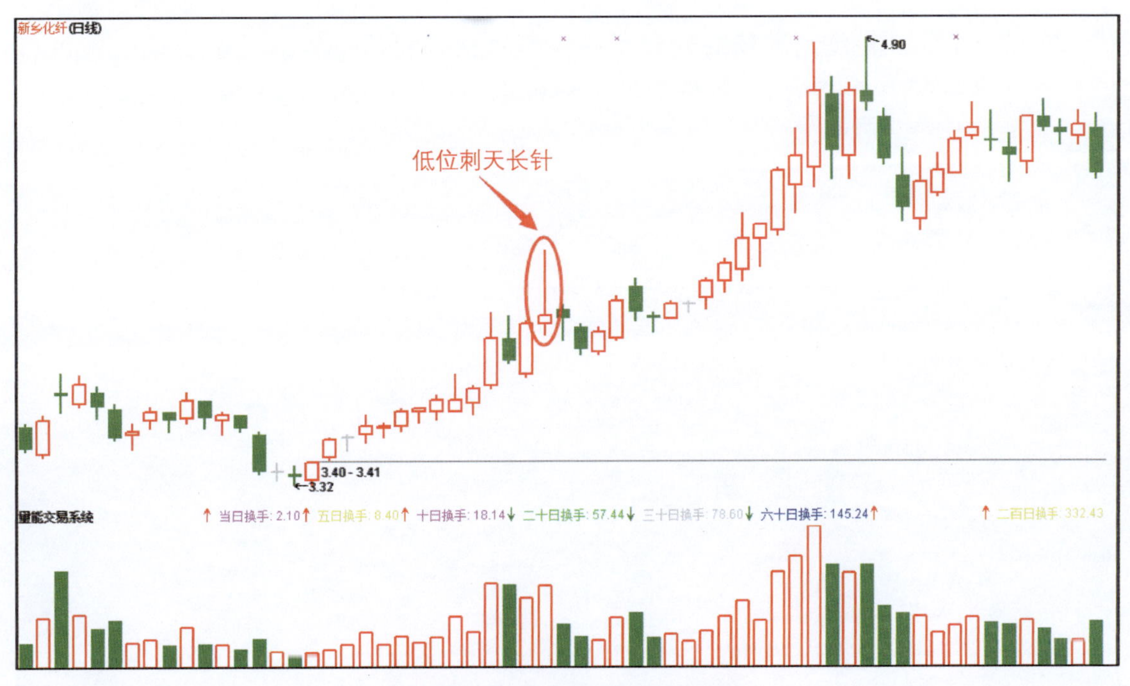

【图谱4】低位刺天长针示意图

自我训练题：打开通达信行情分析软件，在新乡化纤（000949）日线图中找出符合低位刺天长针的图形。

第 005 式　低位向下跳空低开大阳线

【技术特征】

第一，股价在筑底阶段，出现了明显的地量结构，几乎已经跌无可跌，某一天股价却以巨大的成交量向下跳空，大幅度低开，低开的幅度超过 5%，吓得中小投资者纷纷割肉，而在盘中或者尾盘，股价却快速向上，拉回到前一日收盘价附近，从而在 K 线图上留下一根实体很长的大阳 K 线。这就是跳空低开大阳线。

第二，出现在底部区域的跳空低开大阳线是主力机构建仓的信号，表明早就有主力机构潜伏其中，尽管随后股价归于平静，继续进行横向整理，但这根跳空低开大阳线却暴露了主力的行踪。说明底部就在眼前，机会即将来临。

【操作技巧】

在操作上，凡是已经进场的投资者应当紧紧捂住自己的筹码。中长线投资者可以在股价每一次往下打压时，逢低吸纳，分批建仓。杠杆交易的投资者则保持观望，耐心等待。

【实战图谱】

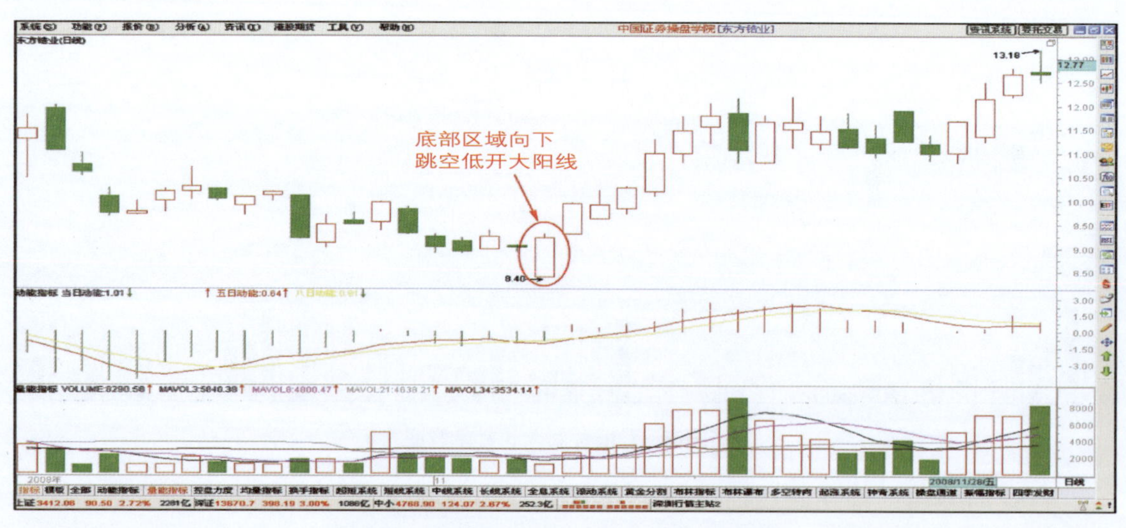

【图谱 5】低位向下跳空低开大阳线示意图

自我训练题：打开通达信行情分析软件，在东方锆业（002617）日线图中找出符合低位向下跳空低开大阳线的图形。

第 006 式　低位向上跳空高开大阴线

【技术特征】

第一，股价在震荡筑底阶段，经常出现高开低走的情形，这是主力折磨中小投资者的结果。操盘手法是早盘突然大幅度向上跳空高开，高开的幅度大于 5%，随后放任股价下滑，盘中甚至屡屡出现放量打压行为，或者全天上下震荡，尾盘压低收盘，画出一根高开低走的大阴线来。

第二，底部区域高开低走的大阴线是主力机构试盘信号，表明主力已经在暗中收集了不少筹码，虽然股价当天高开低走，但是反弹行情即将展开。

【操作技巧】

在操作上，针对主力在底部区域一边收集筹码一边试盘的操盘行为，套牢的投资者应当坚持滚动操作，反复高抛低吸。杠杆交易的投资者则不必急于介入，可以把它列为自选股跟踪分析，耐心等待主力放量启动时再介入。

【实战图谱】

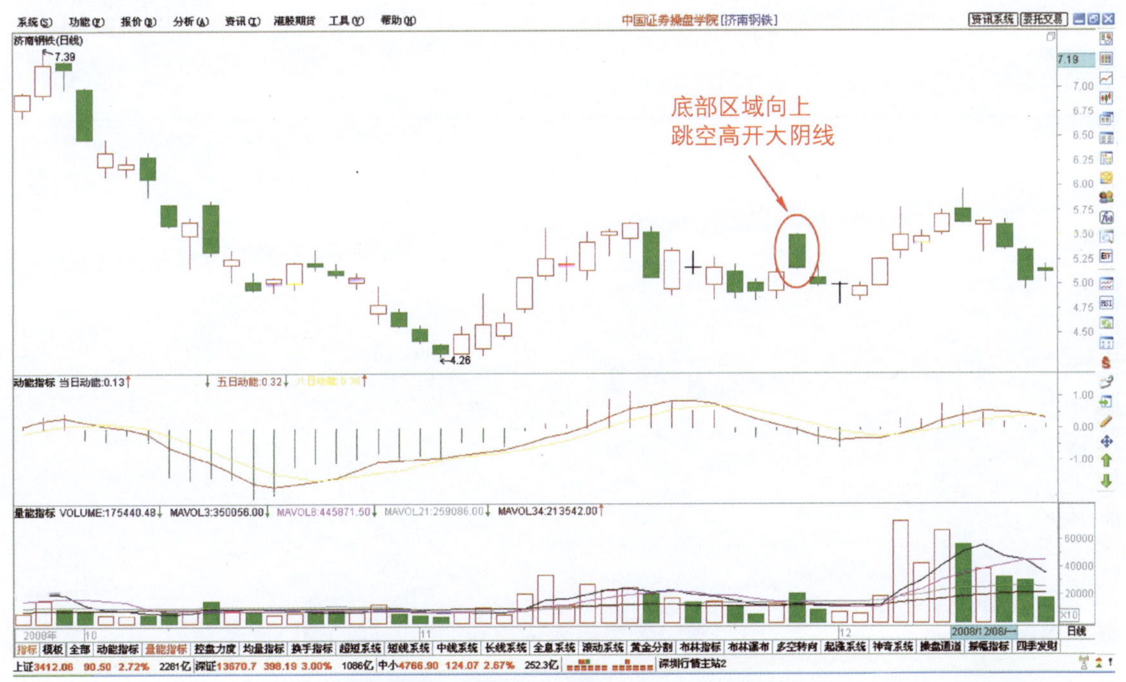

【图谱 6】低位向上跳空高开大阴线示意图

自我训练题：打开通达信行情分析软件，在山东钢铁（600022）日线图中找出符合低位向上跳空高开大阴线的图形。

第 007 式　盘底后向上试盘线

【技术特征】

第一，股价在底部区域经过很长时间缩量盘整，吸筹充分，底部已经十分扎实，基本上完成了建仓。在启动拉升行情之前，主力需要进行试盘。操盘手法是在盘中瞬间大幅度拉高，幅度超过 5%，甚至直奔涨停板而去，接下来又迅速回落，或者压低收盘，在日 K 线图上留下一条长上影阳线。

第二，在底部区域，出现很长的上影线，通常是主力机构的试盘动作，它意味着主力已经基本完成建仓，即将开始拉抬股价。这是典型的多头行情即将开始的信号。

【操作技巧】

在操作上，在底部区域一旦出现行情启动信号，激进的投资者应当机立断，毫不犹豫介入，杠杆交易的投资者可以在盘中选择分时图上的低点，逢低分批建仓。

【实战图谱】

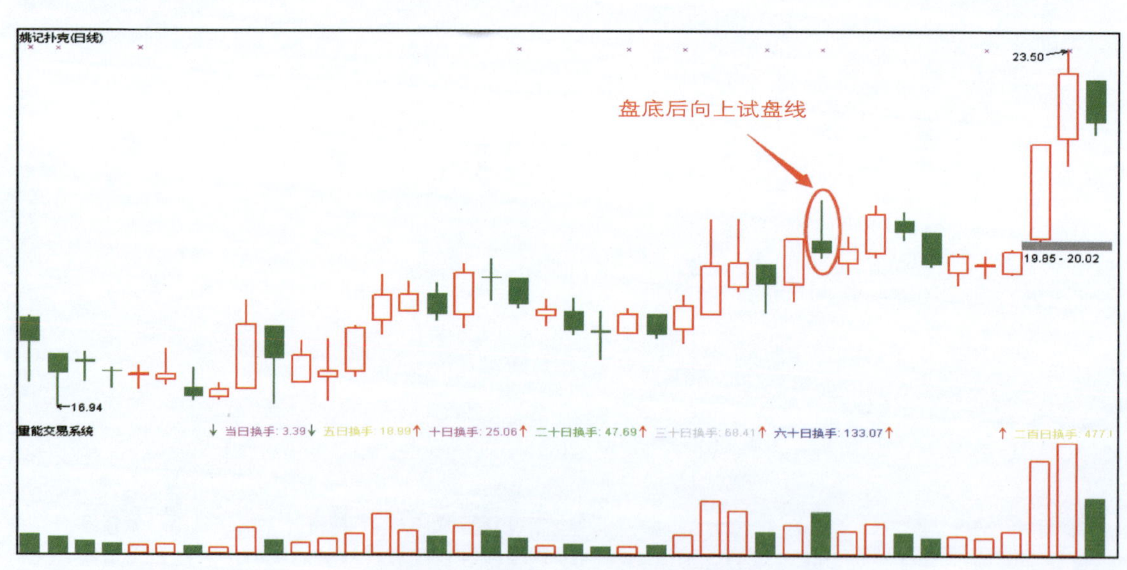

【图谱 7】盘底后向上试盘线示意图

自我训练题：打开通达信行情分析软件，在姚记扑克（002605）日线图中找出符合盘底后向上试盘线的图形。

第 008 式 盘底后向下试盘线

【技术特征】

第一，股价在底部区域经过长期的地量结构窄幅盘整之后，主力吸筹已经很充分，下跌动能衰竭。这种走势吸引了一些敏感的中长线投资者趁低吸纳，股价开始缓慢向上盘升。在图形上出现阴阳交错的K线组合。

第二，突然某一天，主力在盘中瞬间大幅度向下打压，甚至直奔向跌停板。这种K线图形说明主力机构在拉抬前，进行最后一次震仓，大幅度拉升即将开始。

【操作技巧】

这是典型的行情启动信号，在操作上，杠杆交易要即时买进，以免贻误良机。

【实战图谱】

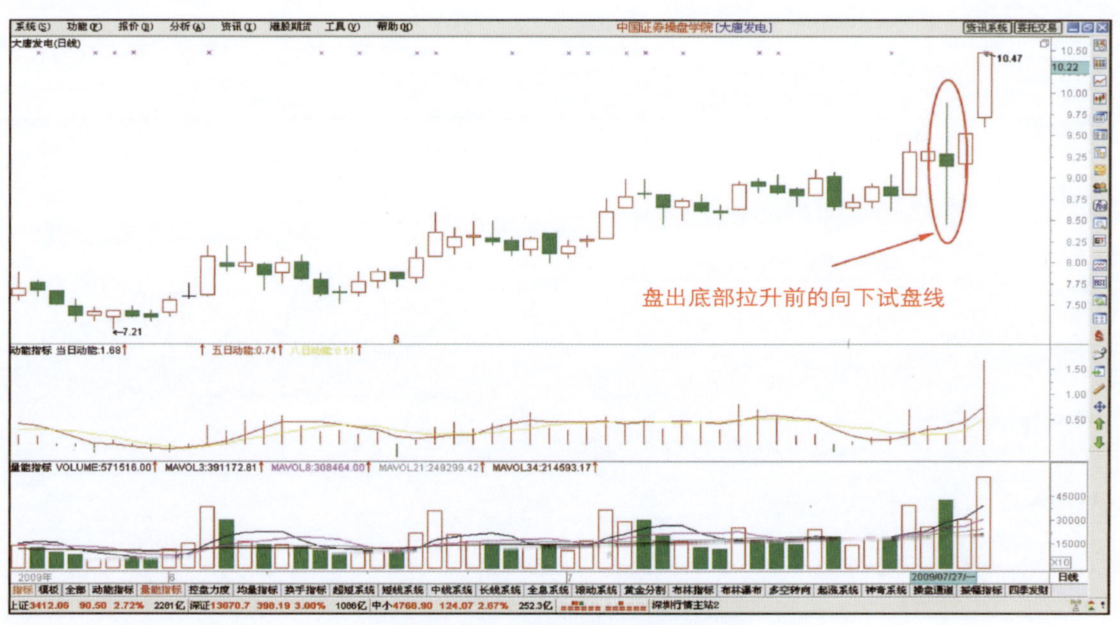

【图谱 8】盘底后向下试盘线示意图

自我训练题：打开通达信行情分析软件，在大唐发电（601991）日线图中找出符合盘底后向下试盘线的图形。

第 009 式　低位向上突破大阳线

【技术特征】

第一，在底部区域，股价经长时间横盘整理之后，底部已经构筑得十分坚实，主力吸筹已经很充分，向上突破仅仅是时机的问题。在某一天，股价巨量高开，开盘量比达到 50 倍以上，盘中出现标准的攻击波形，最终以大阳 K 线报收，突破盘局创出近期新高。

第二，这是典型的底部启动信号，表明多头行情已经展开，并且不会轻易停止。

【操作技巧】

在操作上，杠杆交易的投资者要当机立断，在集合竞价时间段就买进第一仓。机不可失时不再来，底部行情一旦启动，千万不可错过。已经买进的，或者被套牢的投资者，千万不可随便卖掉，以免卖在地板价上。

【实战图谱】

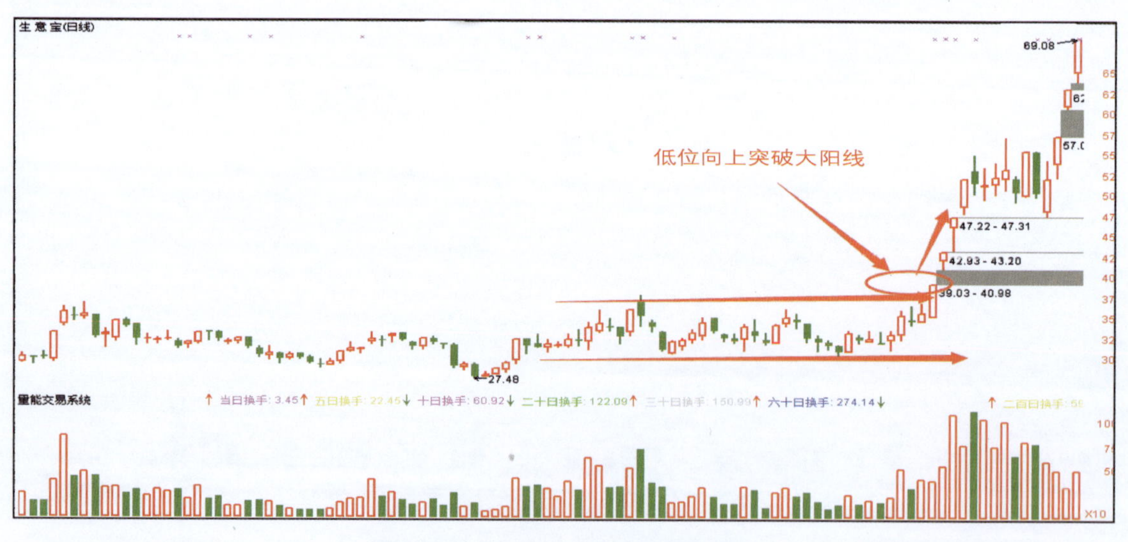

【图谱 9】低位向上突破大阳线示意图

自我训练题：打开通达信行情分析软件，在生意宝（002095）日线图中找出符合低位向上突破大阳线的图形。

第 010 式　低位诱空后的向上反攻大阳线

【技术特征】

第一，股价在底部区域出现一根大阳线后，主力撒手不管，任由股价持续小幅无量滑落，一副随风飘零的模样。这是主力没有积极投入资金操盘的结果。目的在于测试盘面的卖压。某一天股价正常开盘后拔地而起，迅速拉升，甚至一波拉到涨停，成交量急剧放大。

第二，这种大阳 K 线是主力机构刻意操纵股价的结果，它表明主力机构提前获知了重大利好消息，利用资金优势匆匆忙忙拉高建仓。在盘面上，表现为巨量长阳，来势凶猛。

【操作技巧】

这是底部区域极为强烈的买入信号，股价的爆发力极强。一旦出现如此信号，杠杆交易的投资者可以在集合竞价时买进第一仓，抓住这千载难逢的暴利良机。

【实战图谱】

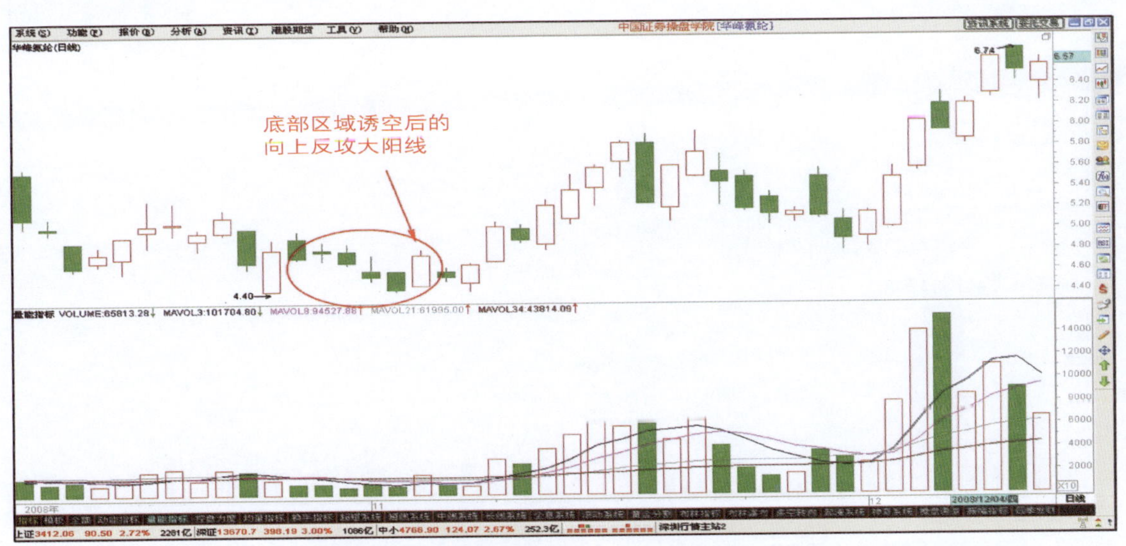

【图谱 10】低位诱空后的向上反攻大阳线示意图

自我训练题：打开通达信行情分析软件，在华峰氨纶（002064）日线图中找出符合低位诱空后的向上反攻大阳线的图形。

第011式 低位长时间地量整理后的红三兵

【技术特征】

第一，股价在底部区域经过很长时间的缩量整理之后，连续走出三根小阳K线，形成经典的三个红小兵走势，成交量也同步温和放大，量价结构非常健康。这是一波行情启动的明显信号，股价向上趋势开始确立。

第二，标准的底部红三兵是经典的买入信号，可信程度很高。

【操作技巧】

虽然红三兵是突破向上的经典信号，但是，如果是三个红小兵，则说明股价的上升速度比较缓慢，经常表现为碎步连阳的走势，振幅很小，盘中没有差价可做。因此，这种走势不适合杠杆交易，而中长线投资者应耐心持股，做足波段行情。

【实战图谱】

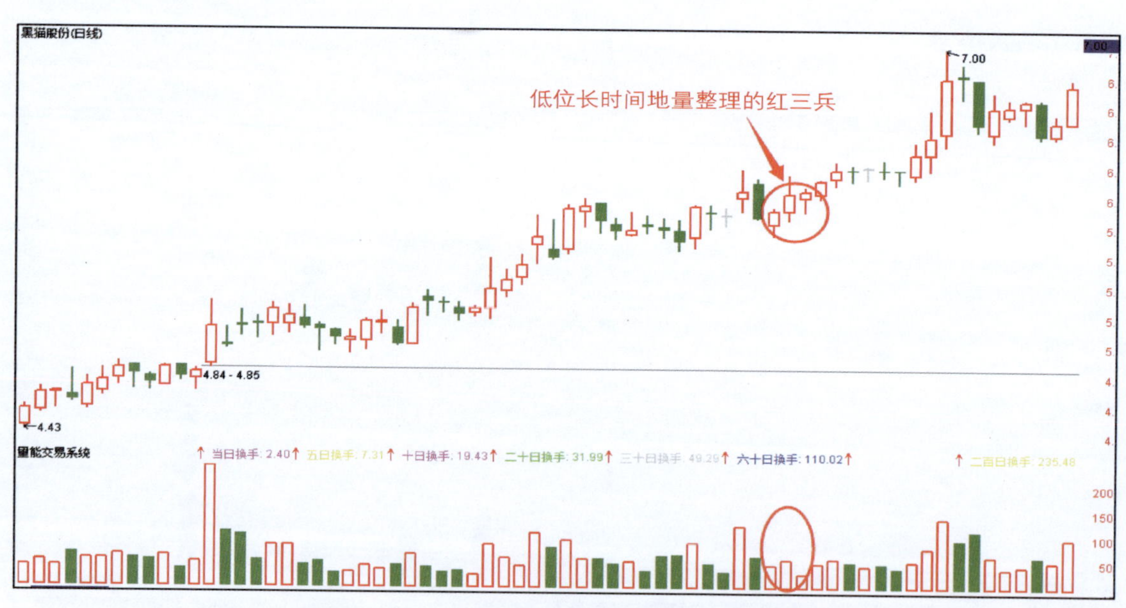

【图谱11】低位长时间地量整理后的红三兵示意图

自我训练题：打开通达信行情分析软件，在黑猫股份（002068）日线图中找出符合低位长时间地量整理后的红三兵的图形。

第 012 式　下跌末期急跌赶底连续渐大阴线

【技术特征】

第一，股价经过漫长的大幅度的下跌之后，做空的能量基本上消耗完毕，空头在临死之前，连拉三条大阴线，表明这是典型的垂死挣扎，预示着股价即将触底，反弹向上。

第二，在 K 线图形上，三根大阴线显示出空方的抛盘异常凶猛，气势汹汹，但也说明空方短期内消耗能量过多，已经是穷途末路。

第三，这是常见的股价短期即将见底的信号，预示着底部即将到来。

【操作技巧】

在操作上，杠杆交易应保持观望直至出现上涨趋势转折点后再买入。

【实战图谱】

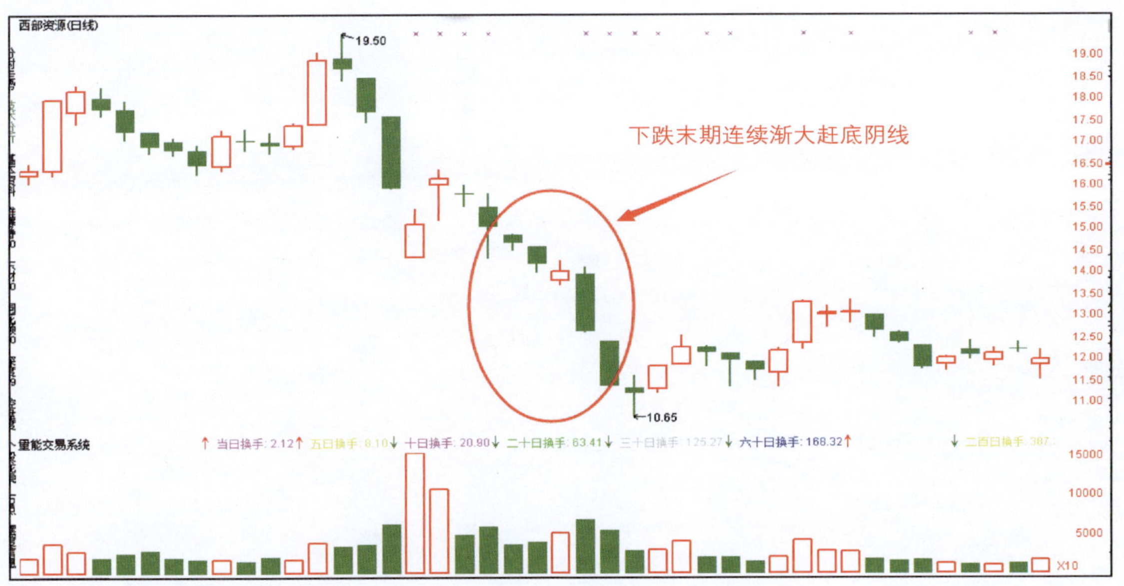

【图谱 12】下跌末期急跌赶底连续渐大阴线示意图

自我训练题：打开通达信行情分析软件，在西部资源（600139）日线图中找出符合下跌末期急跌赶底连续渐大阴线的图形。

第 013 式　下跌末期连续向下跳空低开阴线

【技术特征】

第一，俗话说，股价跳三空，气数已尽。股价在下跌末期出现连续三次向下跳空收出阴线，这是多头即将彻底死绝、股价将要止跌的经典信号。股谚有云："多头已死，跌势将止"，说明此时股价即将见底反弹。

第二，需要注意的是，这种 K 线图仅仅表示股价下跌的动能已经消耗很多，但并不是最佳的起涨点，很有可能进入漫长的横盘整理。

【操作技巧】

在操作上，这种走势不适合杠杆投资者参与，应当保持观望。中长线大资金则可以在出现止跌企稳信号时，慢慢进场，慢慢吸纳，逢低买进，滚动操作。

【实战图谱】

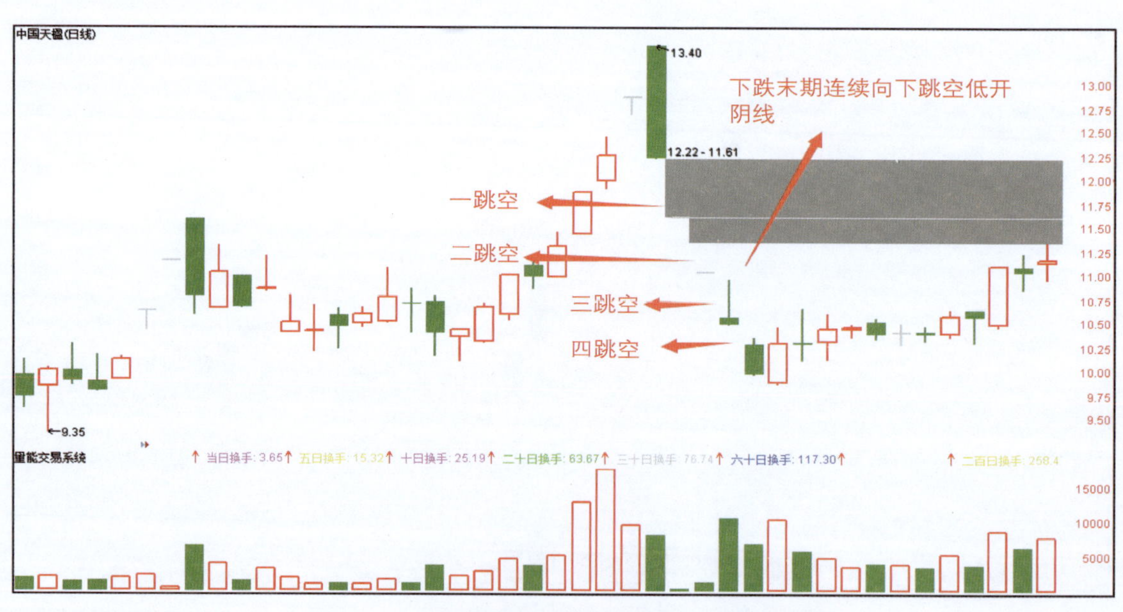

【图谱 13】下跌末期连续向下跳空低开阴线示意图

自我训练题：打开通达信行情分析软件，在中国天楹（000035）日线图中找出符合下跌末期连续向下跳空低开阴线的图形。

第 014 式　下跌末期急跌后向下跳空低开十字星

【技术特征】

第一，在下跌末期，或者在阶段性大跌行情中后期，股价连续收出大中阴线，第二天再次向下跳空低开低走，尾盘拉高收盘，走出十字星，表明空方无力继续打压股价。如果第三天出现一根力度较大的向上跳空的中阳 K 线或者大阳线，表明多头此时将展开一轮上攻。

第二，下跌末期出现十字星，表明股价即将转势。这是典型的趋势转折变盘信号。在 K 线结构上，一般表现为早晨之星，预示着股价即将上升。

【操作技巧】

在操作上，出现这种信号的时候，不要急于进场。杠杆投资者，不要心急，不要买在十字星上，因为它的方向还不明朗，需要进一步确认。可以在第三天出现向上跳空高开高走的攻击波走势时再介入。

【实战图谱】

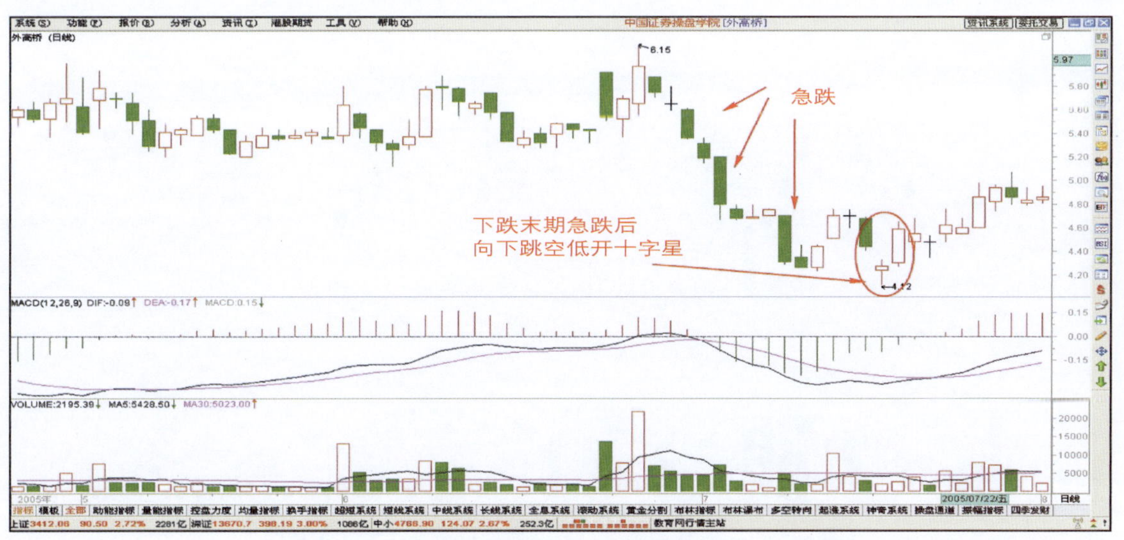

【图谱 14】下跌末期急跌后向下跳空低开十字星示意图

自我训练题：打开通达信行情分析软件，在外高桥（600648）日线图中找出符合下跌末期急跌后向下跳空低开十字星的图形。

第 015 式　下跌末期急跌后向下跳空低开长下影线

【技术特征】

第一，在下跌末期，或者在阶段性大跌之后，有一天，股价再次出现大幅度低开低走，收出一根大、中阴线，表明有赶底的迹象。第二天再次向下跳空低开，迅速大幅度打压，随后拉高收盘，走出一根明显的打桩线。

第二，如果没有重大利空，那么这是典型的买进信号，预示着股价必有反弹。很长的下影线表明低位承接有力，如果盘口出现典型的冲击波，则更有说服力。

【操作技巧】

在操作上，投资者可以根据自己的投资风格制定进场方案，激进的投资者可以在当天跌停板附近买进，博取反弹。杠杆交易的投资者则应该耐心等待，在尾盘或者第二天再动手也不迟。中长线投资者则可以在盘中逢低买进。

【实战图谱】

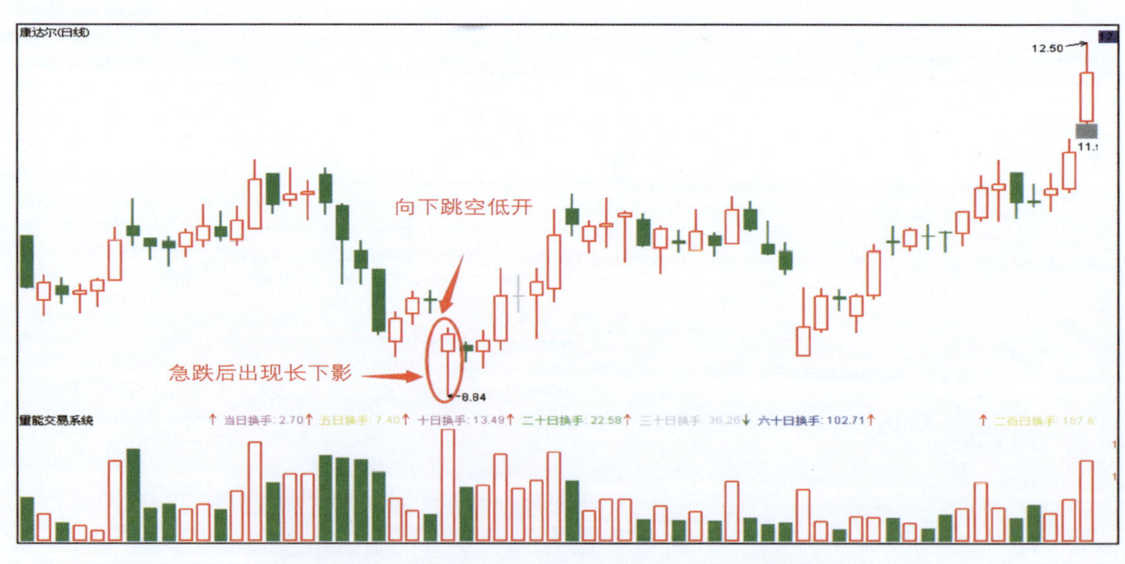

【图谱 15】下跌末期急跌后向下跳空低开长下影线示意图

自我训练题：打开通达信行情分析软件，在康达尔（000048）日线图中找出符合下跌末期急跌后向下跳空低开长下影线的图形。

第 016 式　下跌末期急跌后向下跳空低开长上影线

【技术特征】

第一，股价在下跌末期，跌势已经趋缓，突然在某一天大幅度跳空低开，低开的幅度大于 5%，表明股价加速下跌，当天见底的可能性很大。盘中多头积极反攻，出现明显的冲击波形，尾盘大幅度压低收盘，表面上空头占据上风，实际上，多头已经蠢蠢欲动。

第二，这是典型的倒转 T 型线，是股价见底的明显信号。出现在下跌趋势的末期，可信程度比较高。

【操作技巧】

在操作上，注意观察长上影线的组成结构，盘中是否出现很明显的冲击波，或者攻击型的冲击波。如果是，表明主力已经大肆活动，杠杆投资者可以在尾盘最后 5 分钟积极参与，也可以在第二天集合竞价时间段积极介入。

【实战图谱】

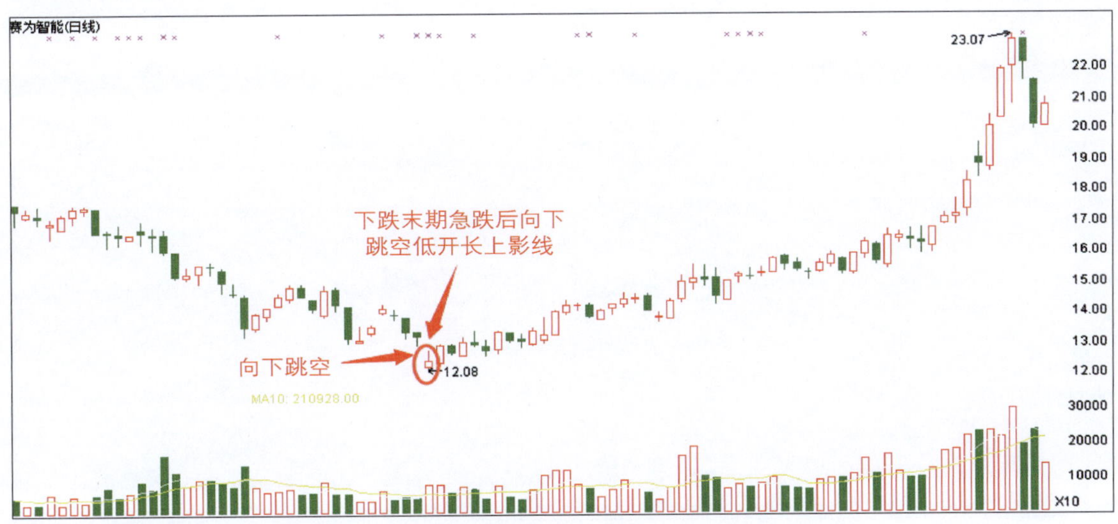

【图谱 16】下跌末期急跌后向下跳空低开长上影线示意图

自我训练题：打开通达信行情分析软件，在赛为智能（300044）日线图中找出符合下跌末期急跌后向下跳空低开长上影线的图形。

第 017 式　下跌末期急跌之后垂死挣扎阴线

【技术特征】

第一，股价在下跌末期，或者在阶段大跌末期，首先收出一根下影线很长的阴线，第二天再收出一条带有上下影线的阴线，实体部分比较小，上影线没有高于前一天大阴线的实体部分，实体部分没有低于前一天大阴线的下影线。这种图形表明空头做空的动能衰竭，多方即将展开反攻行情。

第二，需要注意的是，第二天出现的阴线不能很大，最好是小阴线，而且与前一根大阴线组成阴孕线，那么见底止跌的可信程度比较高。

【操作技巧】

下跌末期急跌之后出现的垂死挣扎阴线是股价中短期见底的典型信号，激进的投资者在出现长下影大阴线的当天买进第一仓，杠杆交易投资者可以在随后的第三天买入。

【实战图谱】

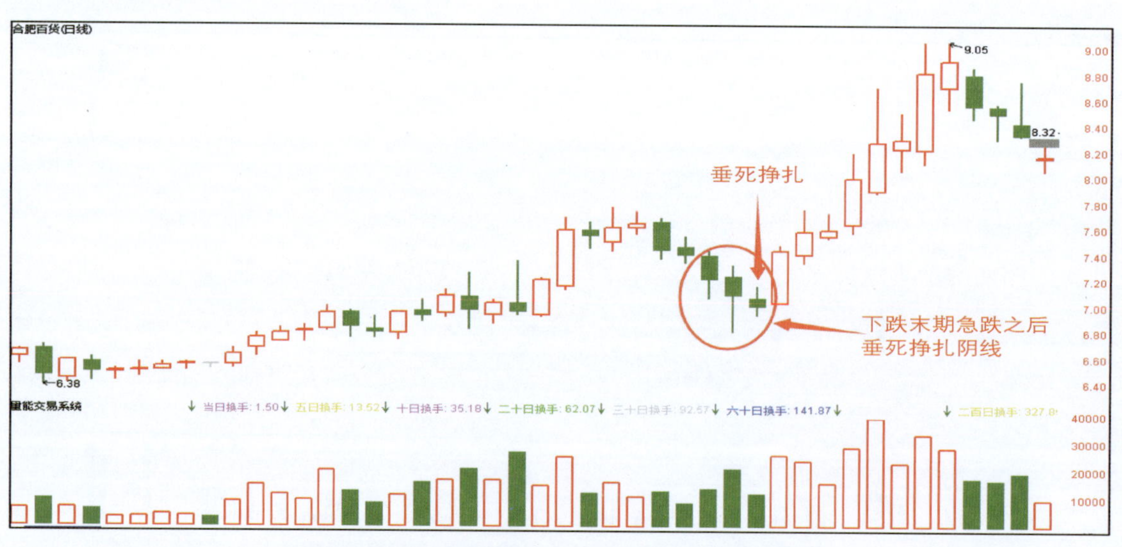

【图谱 17】下跌末期急跌之后垂死挣扎阴线示意图

自我训练题：打开通达信行情分析软件，在合肥百货（000417）日线图中找出符合下跌末期急跌之后垂死挣扎阴线的图形。

第 018 式 下跌末期急跌之后跳空低开大阳线

【技术特征】

第一，在股价下跌的末期，首先出现持续滑落的阴线，表明跌势凶猛。随后的某一天，出现大幅度向下跳空低开，跳空的幅度超过 7%，开盘价成了当天的最低价，全天震荡拉升，几乎以全天的最高价收盘，收出一根低开大阳线来。

第二，急跌之后的低开大阳线实质上是主力机构通过大幅度跳空低开来探底诱使投资者卖出筹码，这是明显的诱空动作，属于典型的买入信号。

【操作技巧】

在操作上，激进的投资者可以在集合竞价时间段首先买进一部分，确保上车，在收盘前再次加码买进。杠杆交易的投资者可以在尾盘最后 5 分钟买进，也可以在第二天开盘时买进，分批买入，滚动操作。

【实战图谱】

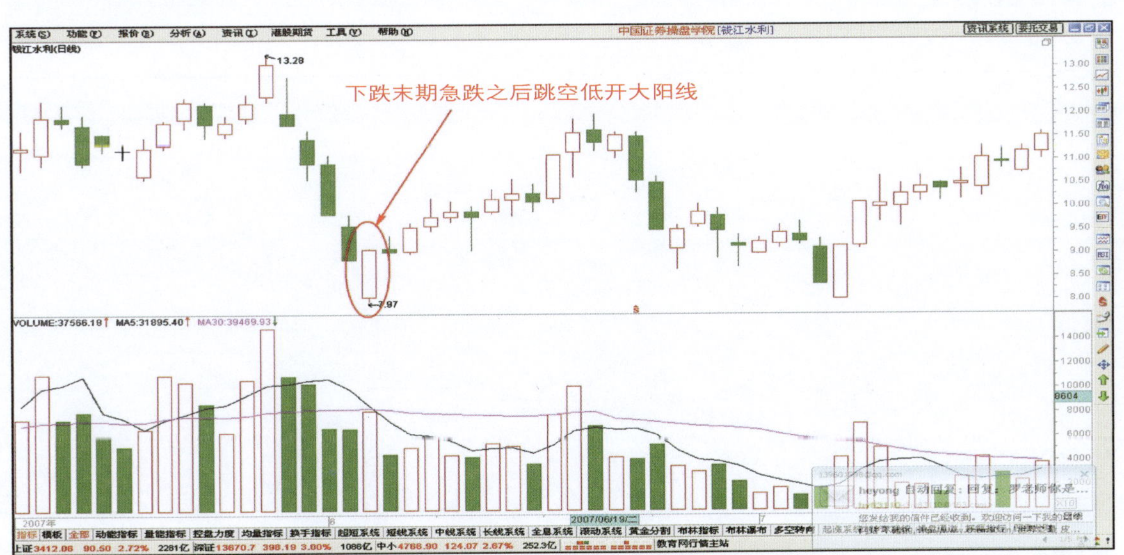

【图谱 18】下跌末期急跌之后跳空低开大阳线示意图

自我训练题：打开通达信行情分析软件，在钱江水利（600283）日线图中找出符合下跌末期急跌之后跳空低开大阳线的图形。

第 019 式　下跌末期急跌之后跳空低开孤独阴线

【技术特征】

第一，在大盘下跌的末期，投资者出现了极度恐慌，导致股价加速下行，在底部区域连续出现阴线，表明恐慌盘蜂拥而出。再加上某些言论的引导，最后竟大幅度跳空低开低走，拉出实体部分超过 7%的大阴线！但是，第二天形势急转直上，由于利好消息的刺激，股价直接大幅度跳空高开高走，一去不回头，把昨天的大阴线撇在一边，留下一根孤独的大阴线。

第二，这是下跌末期急跌之后出现的强烈反弹信号。因为受外力的作用，这种信号的可信程度很高，应当引起高度重视。

【操作技巧】

在操作上，在第二天消息明朗的时候，杠杆交易的投资者应当在集合竞价时间段积极介入。

【实战图谱】

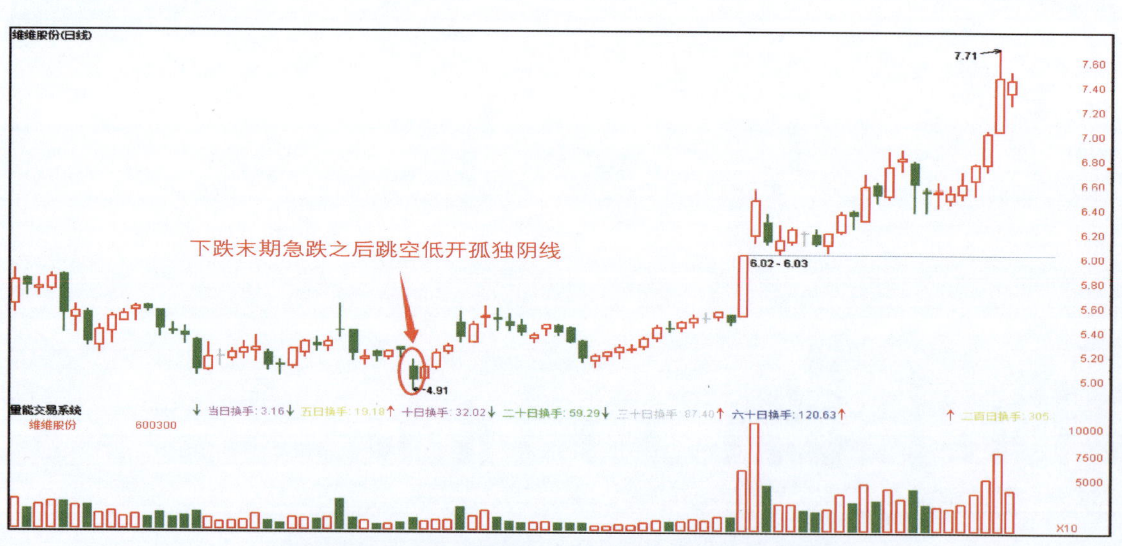

【图谱 19】下跌末期急跌之后跳空低开孤独阴线示意图

自我训练题：打开通达信行情分析软件，在维维股份（600300）日线图中找出符合下跌末期急跌之后跳空低开孤独阴线的图形。

第 020 式　下跌末期急跌之后阳包阴

【技术特征】

第一，在下跌末期，股价经过连续下挫，空方做空的能量消耗很大，而多头此时已经积聚了不少能量。在空头再次拉出大阴线之后，终于遭到多头的强烈反击，在集合竞价时间段跳空低开后猛烈向上攻击，拉出一根大阳 K 线，将前边的阴线包围起来。

第二，下跌末期急跌之后出现的阳包阴，属于积极的变盘信号，表明股价的趋势很有可能发生逆转，是比较可信的买进信号。

【操作技巧】

这是一种很容易出现 V 型反转走势的信号。因此，激进的投资者可以考虑在第一次集合竞价时间段向下跳空的时候果断买进第一仓，或者在当天尾盘买进。杠杆的投资者可以在盘中选择低点买进，也可以在第二天开盘时买进。

【实战图谱】

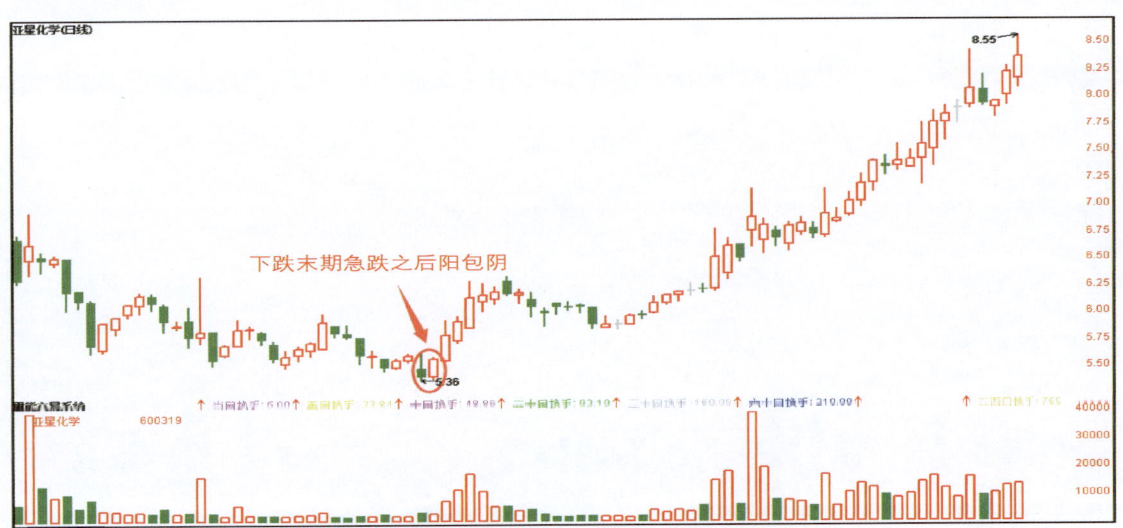

【图谱 20】下跌末期急跌之后阳包阴示意图

自我训练题：打开通达信行情分析软件，在亚星化学（600319）日线图中找出符合下跌末期急跌之后阳包阴的图形。

第 021 式　下跌末期急跌之后阴包阳

【技术特征】

第一，在下跌末期，股价持续下挫，接二连三收出四五根中大阴线之后，多头开始反击，拉出一根小阳线，表明反击的力度很弱，第二天，空头再次拉出一根大阴线，彻底包围多头，但自己也大伤元气。

第二，这种走势属于典型的下跌末期急跌之后出现的阴包阳，预示着空头行情即将结束，多头即将开始反攻，反弹行情即将到来。

【操作技巧】

在操作上，激进的短线投资者可以在出现小阳线反击的当天买进第一仓，主动买进，也可以在阴包线出现的当天尾盘买进，杠杆交易的投资者可以选择第二天在盘中找低点买进。

【实战图谱】

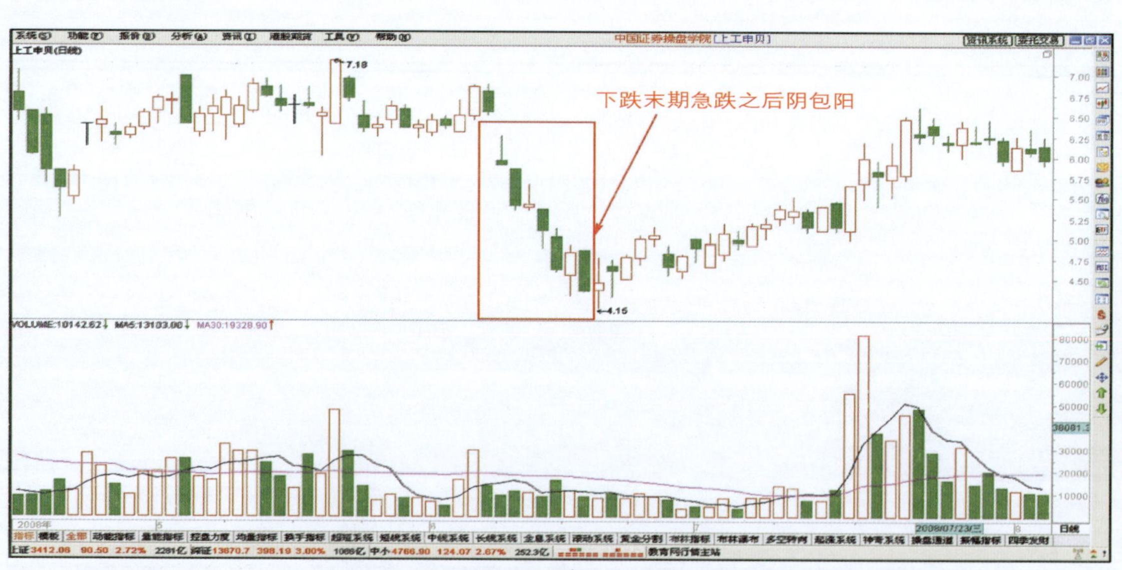

【图谱 21】下跌末期急跌之后阴包阳示意图

自我训练题：打开通达信行情分析软件，在上工申贝（600843）日线图中找出符合下跌末期急跌后之后阴包阳的图形。

第 022 式 下跌末期急跌之后阴孕阳

【技术特征】

第一，在下跌末期，经过连续的下挫之后，股价在底部区域拉出一根大阴线，表明空方当天占据了上风。第二天的情况并没有惯性低开，而是出人意料地在昨天的实体内以高价开盘。表明多头此时已经能够开始反击，虽然空方拼命打压，但是最终还是败阵下来，无法将股价打压至前一交易日收盘价之下，最终以小阳 K 线报收。

第二，下跌末期急跌之后的阴孕阳，是典型的买入信号，出现这种信号，表明股价趋势即将发生转变，需要密切留意盘面的变化。

【操作技巧】

在操作上，投资者首先需要分析出现小阳线时成交量的有效配合程度，根据量能的变化做出相应的决策。激进的投资者可以在出现阴孕阳走势的时候买进第一仓，杠杆交易的投资者耐心等待放量大阳线出现时再进场。

【实战图谱】

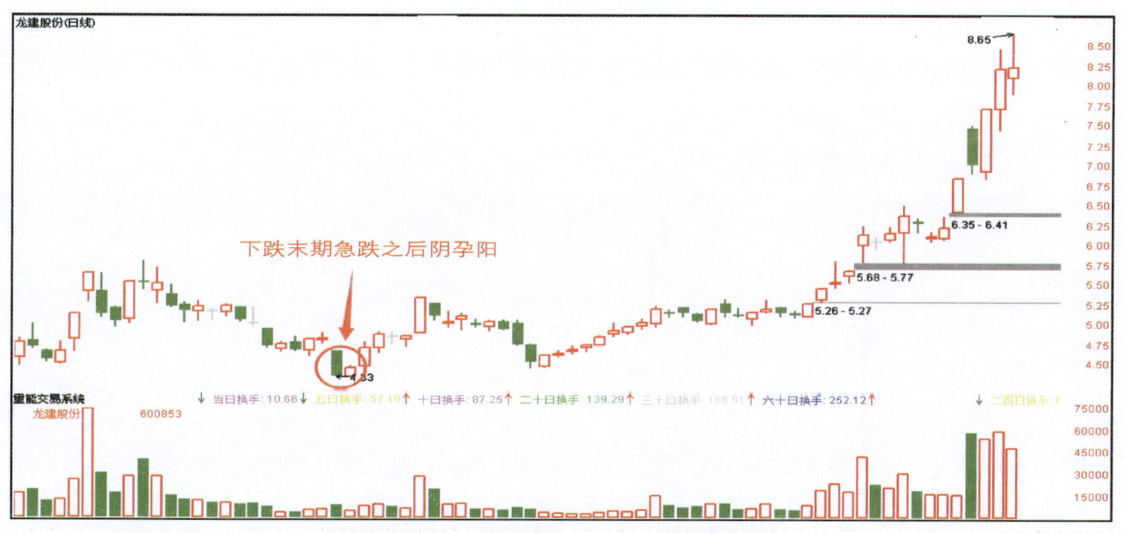

【图谱 22】下跌末期急跌之后阴孕阳示意图

自我训练题：打开通达信行情分析软件，在龙建股份（600853）日线图中找出符合下跌末期急跌之后阴孕阳的图形。

第 023 式　下跌末期急跌之后阴孕阴

【技术特征】

第一，在下跌末期，股价急跌之后，收出一根大阴线，第二天空头继续向下攻击，再拉一根小阴线，但是，这根小阴线并没有创出新低，而是完全孕育在前一根大阴线的实体之内，表明此时做空的动能已经得到了充分的释放，多头随时可能发动反攻。

第二，下跌末期急跌之后出现的阴孕阴 K 线组合，表明原先的下跌趋势已经出现了停顿的迹象，新的趋势正在孕育之中。

第三，这是底部区域止跌信号，表明多头在策划反攻了。至于能否马上展开反攻、反攻的力度如何，则需要看成交量的配合情况。

【操作技巧】

在操作上，杠杆交易可以暂时保持观望，待其放量启动时再介入也不迟。

【实战图谱】

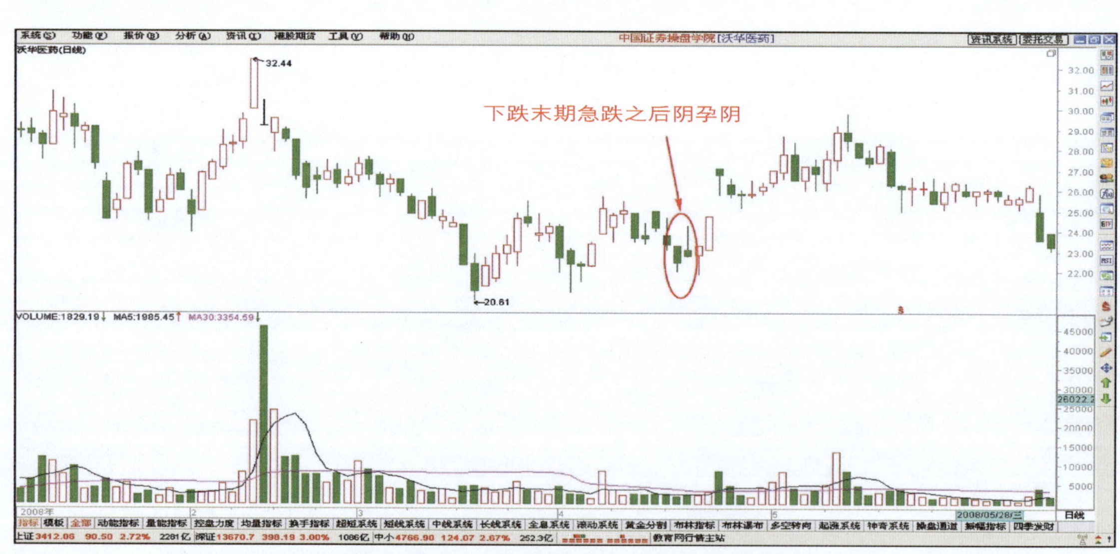

【图谱 23】下跌末期急跌之后阴孕阴示意图

自我训练题：打开通达信行情分析软件，在沃华医药（002107）日线图中找出符合下跌末期急跌之后阴孕阴的图形。

第 024 式　下跌末期急跌之后阴孕十字星

【技术特征】

第一，在下跌末期，股价大跌之后，首先拉出一根大阴 K 线，表明空头来势凶猛，第二天，空头的嚣张气焰突然收敛很多，在昨天的大阴线实体内开盘，最终收出一根孕育在大阴线实体之中的小十字星。

第二，下跌末期急跌之后出现这样的 K 线组合，预示着空头做空动能已经衰竭，多头即将开始反击，趋势随时都会发生逆转，股价即将反弹。

【操作技巧】

这种 K 线组合是明显的止跌反弹信号，反弹的力度取决于成交量的配合是否到位。激进的投资者可以在出现小十字星的时候率先买进第一仓，杠杆交易投资者应当在放大量拉大阳启动时再介入，以免浪费时间。

【实战图谱】

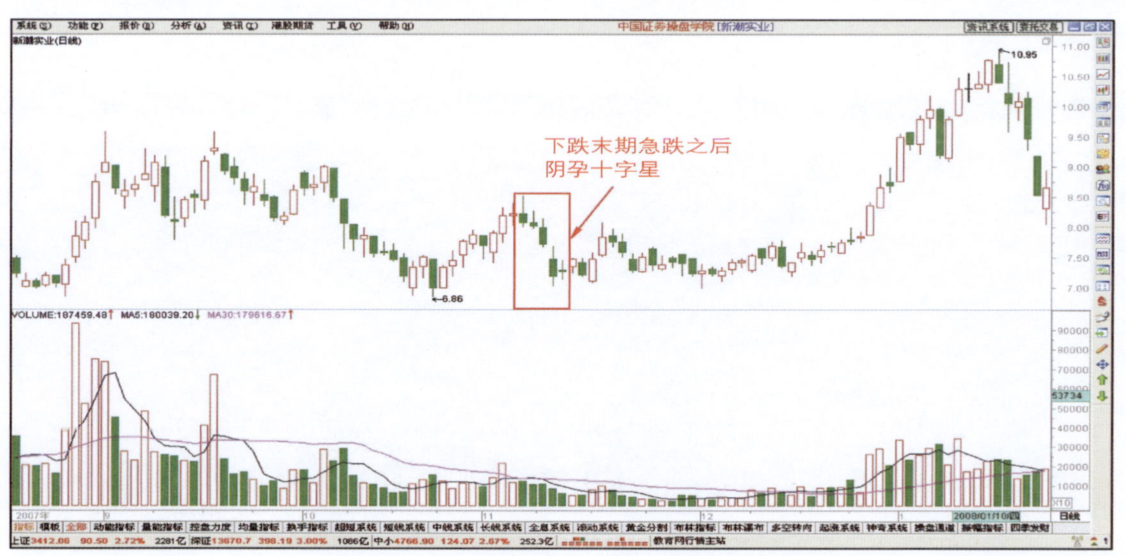

【图谱 24】下跌末期急跌之后阴孕十字星示意图

自我训练题：打开通达信行情分析软件，在新潮实业（600777）日线图中找出符合下跌末期急跌之后阴孕十字星的图形。

第 025 式　下跌末期急跌之后阴孕上影线

【技术特征】

第一，在下跌末期，股价连续急跌之后，收出一连串大中阴线，表明跌势得到了充分的宣泄。随后，股价在最后的阴线实体内开盘，盘中出现多波攻击，尾盘压低收盘，收出一根长上影线的小阳线。

第二，这种很长的上影线一方面说明抛压不小，另一方面也说明多方已有能力上攻，一旦时机成熟，将会彻底摧毁空头的防线，走出一波大行情。

第三，这种 K 线组合是明显的转势信号。盘中出现的攻击型冲击波表明多头势力已经十分强大，趋势随时都会发生逆转。

【操作技巧】

杠杆交易投资者应当密切留意盘面变化，分批陆续买进。

【实战图谱】

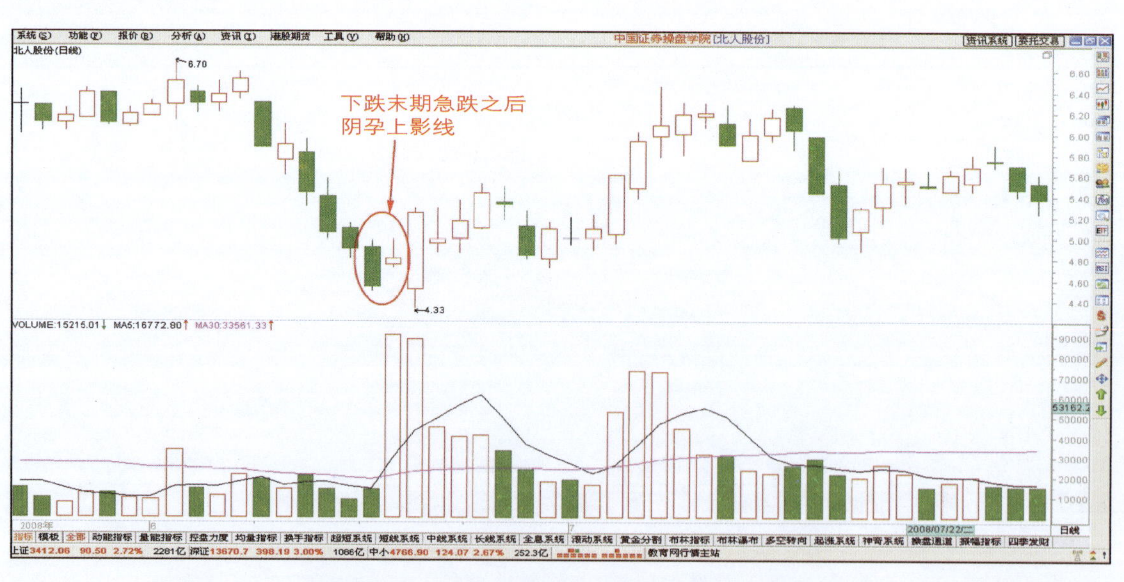

【图谱 25】下跌末期急跌之后阴孕上影线示意图

自我训练题：打开通达信行情分析软件，在京城股份（600860）日线图中找出符合下跌末期急跌之后阴孕上影线的图形。

第 026 式　下跌末期急跌之后阴孕下影线

【技术特征】

第一，在下跌末期，股价在盘底阶段加速下挫，收出一根大阴线或者中阴线，第二天股价不再顺势低开，而是跳高至昨天的阴线实体的上端开盘，说明多头反攻的意愿十分强烈。空头不甘心失败，极力打压，但是，最终还是被多头反击，收出下影线很长的小阳线或者中阳线。

第二，这种 K 线组合属于明显的变盘信号之一，说明下跌的动能已经很微弱。短期内强劲反弹已经是板上钉钉的事。

【操作技巧】

下跌末期急跌之后的阴孕下影线属于可信程度比较高的反弹信号，如果量价结构健康，激进的投资者可以在出现下影线的当天适量买进。杠杆交易的投资者可以耐心等待二次探底成功后再介入。

【实战图谱】

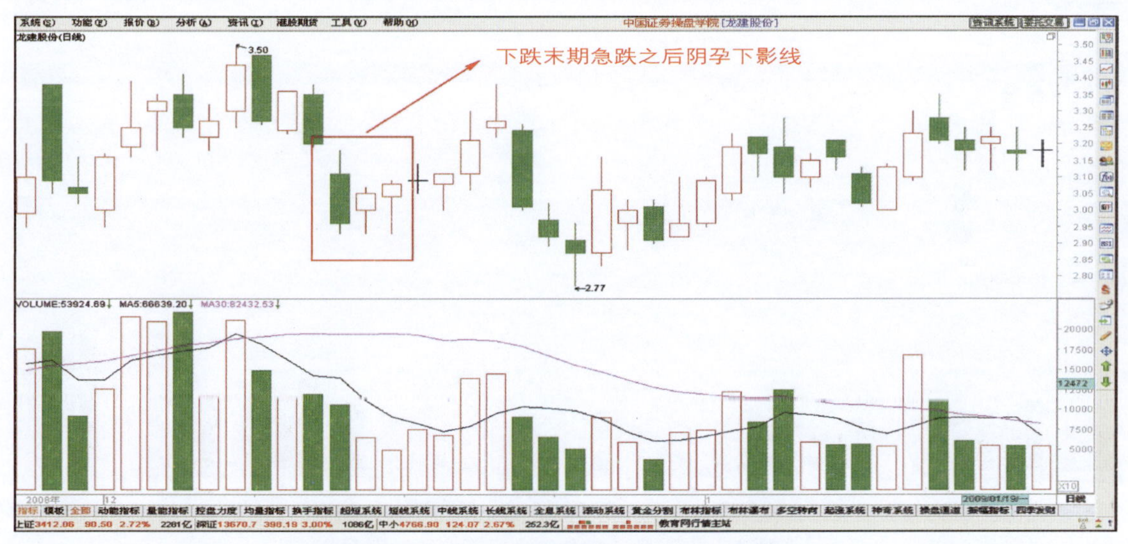

【图谱 26】下跌末期急跌之后阴孕下影线示意图

自我训练题：打开通达信行情分析软件，在龙建股份（600853）日线图中找出符合下跌末期急跌之后阴孕下影线的图形。

第 027 式　下跌末期急跌之后插入线

【技术特征】

第一，在下跌末期，股价急跌之后，收出大阴线或者中阴线，似乎空头实力很强大。第二天，股价大幅度跳空低开，随后低开高走，逐波上攻，收一根中阳线或者大阳线。阳线的收盘价直接插入前一根阴线实体的心脏，占据 1/2 的位置，形成插入 K 线组合。

第二，插入型 K 线组合充满野性，是典型的买入信号，如果随后的第三天继续收出大阳线或者中阳线，则表明短期内股价的趋势已经发生逆转。

【操作技巧】

在操作上，激进的投资者可以在股价大幅度跳空低开的时候买进第一仓，而杠杆交易的投资者最好等到第三天收出大阳线或者中阳线时再择机介入。

【实战图谱】

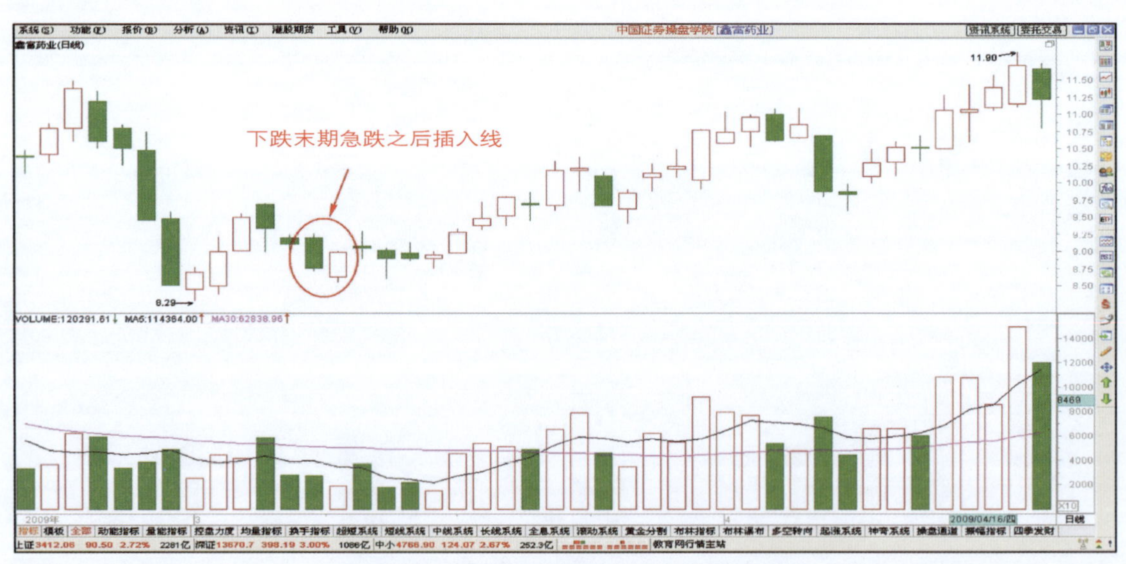

【图谱 27】下跌末期急跌之后插入线示意图

自我训练题：打开通达信行情分析软件，在亿帆鑫福（002019）日线图中找出符合下跌末期急跌之后插入线的图形。

第028式　下跌末期急跌之后2阴夹1阳

【技术特征】

第一，在下跌末期，股价在急跌之后出现一根大阴线，第二天，多方奋起反击，收出一根大阳线或者中阳线，第三天，空头全力反扑，又拉出一根大阴线或者中阴线，显示出行情复杂，变化无常。

第二，在图形上，阳线被夹在左右两根大阴线之中，一副被挟持的样子。

第三，在下跌末期急跌之后出现这样的走势，表明此时多空分歧明显，也可能是主力机构之间争夺筹码，大幅度震荡的走势，扑朔迷离，变化难测。

【操作技巧】

在操作上，杠杆交易要谨慎观望，耐心等待局势明朗后再介入。

【实战图谱】

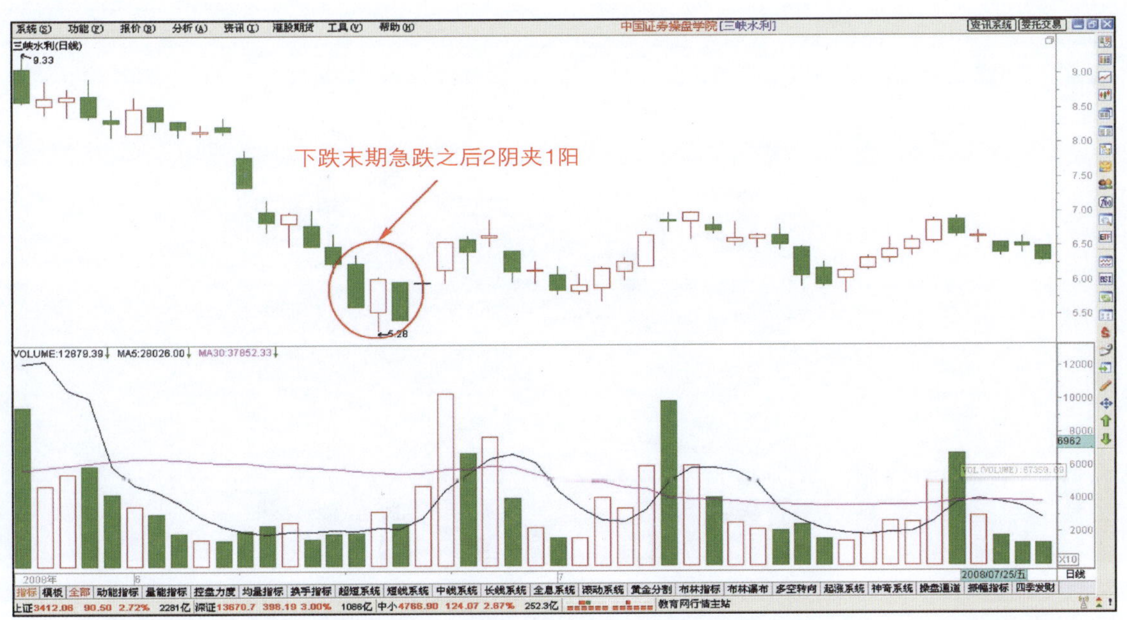

【图谱28】下跌末期急跌之后2阴夹1阳示意图

自我训练题：打开通达信行情分析软件，在三峡水利（600116）日线图中找出符合下跌末期急跌之后2阴夹1阳的图形。

第 029 式　下跌末期急跌之后翻盘扳回线

【技术特征】

第一，股价在下跌末期，加速急跌之后，走出一根大阴线，第二天，由于受到重大利好消息的刺激，股价直接跳高至昨天大阴线的实体 1/2 处开盘，随后反复上攻，拉出一根实体很长的大阳线，将昨天的损失全部扳了回来。

第二，这种 K 线组合是股价止跌反弹的明显信号，如果量价结构健康，上攻的力度比较大，行情的持续性比较可观。

【操作技巧】

在操作上，因为这是受重大利好消息刺激而出现的快速扳回线，因此，杠杆交易投资者应当在集合竞价时间段介入，不要有丝毫犹豫。

【实战图谱】

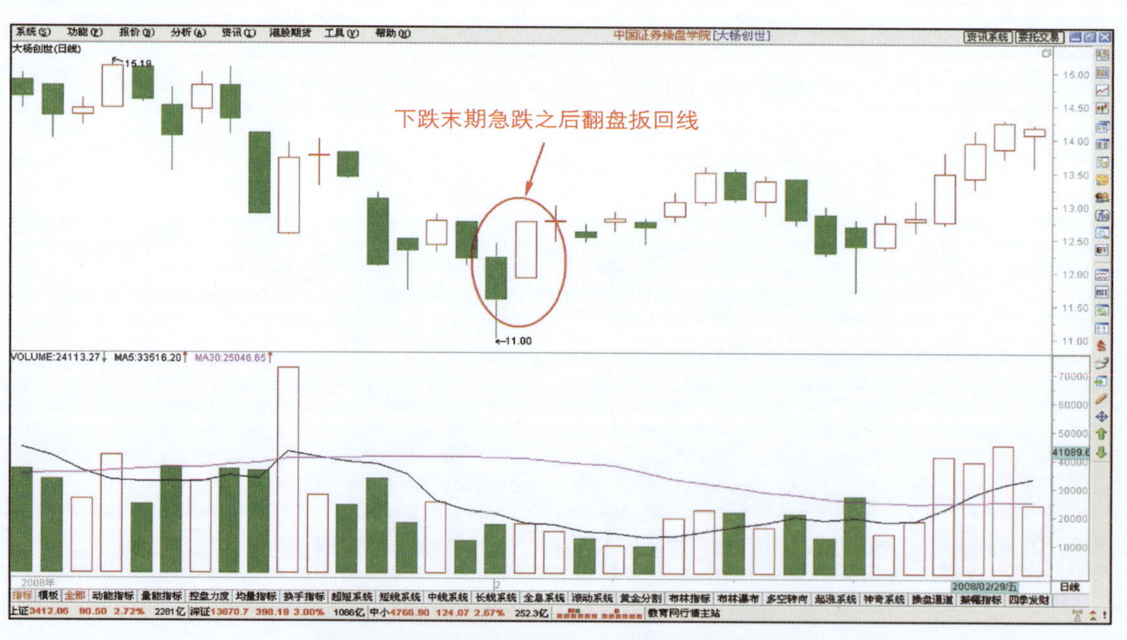

【图谱 29】下跌末期急跌之后翻盘扳回线示意图

自我训练题：打开通达信行情分析软件，在大杨创世（600233）日线图中找出符合下跌末期急跌之后翻盘扳回线的图形。

第 030 式　下跌末期急跌之后双针探底线

【技术特征】

第一，在下跌末期，股价加速下跌之后，走出两根高点大致相等，下影线低点大致相同的 K 线组合，如双针并列。第三天，股价不再低开，而是高开或者跳空大幅度高开，形成典型的探底双针图形。

第二，这种 K 线组合的两根长下影线预示着多头在低档积极承接，只要空头敢出手，多头就照单接收。表明股价已经难以大幅度下跌，反弹行情即将到来。

【操作技巧】

在操作上，激进的投资者可以在第二根长下影线不再创新低时买进第一仓，稳健的投资者可以在第三天逢低买进。杠杆交易投资者可以在放量拉大阳时再介入。

【实战图谱】

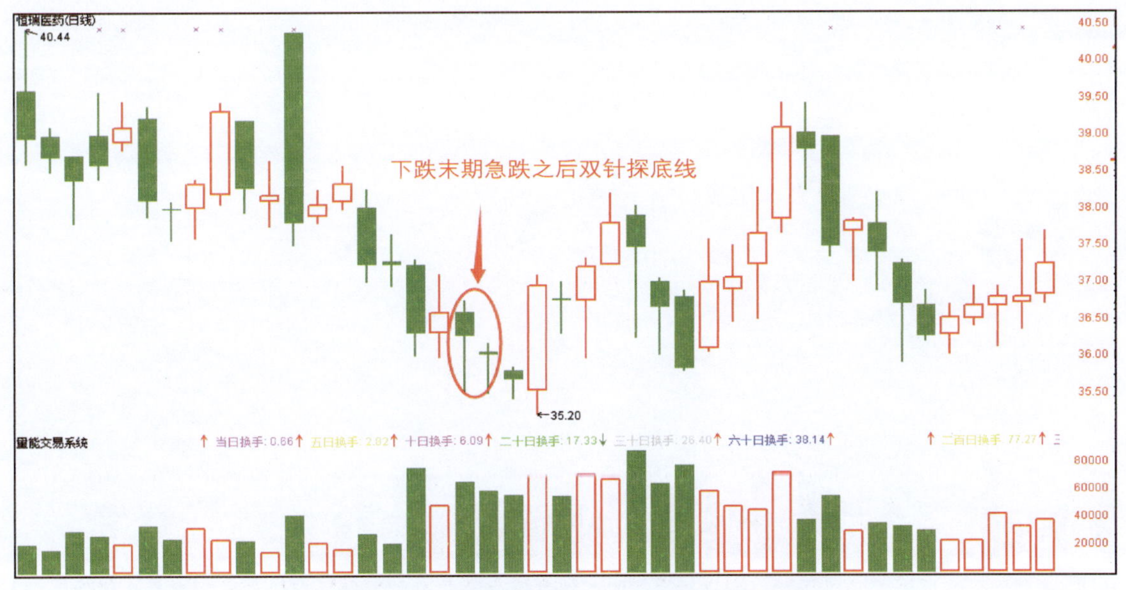

【图谱 30】下跌末期急跌之后双针探底线示意图

自我训练题：打开通达信行情分析软件，在恒瑞医药（600276）日线图中找出符合下跌末期急跌之后双针探底线的图形。

第 031 式 下跌末期构筑双底反击阳线

【技术特征】

第一，在下跌末期，股价快速下跌后形成第一个低点，之后快速反弹，反弹的幅度大约为 30%，再次遭到空头的打压，二次探底不创新低，止跌之后，拉出一根反击大阳线。

第二，二次探底不创新低，属于典型的止跌信号，可信程度很高。

【操作技巧】

在操作上，激进的投资者可以在股价第二次探底不创新低时积极买进第一仓，当天收盘前继续加码买进，杠杆交易的投资者可以在盘中选择低点买进，第二天继续加码。

【实战图谱】

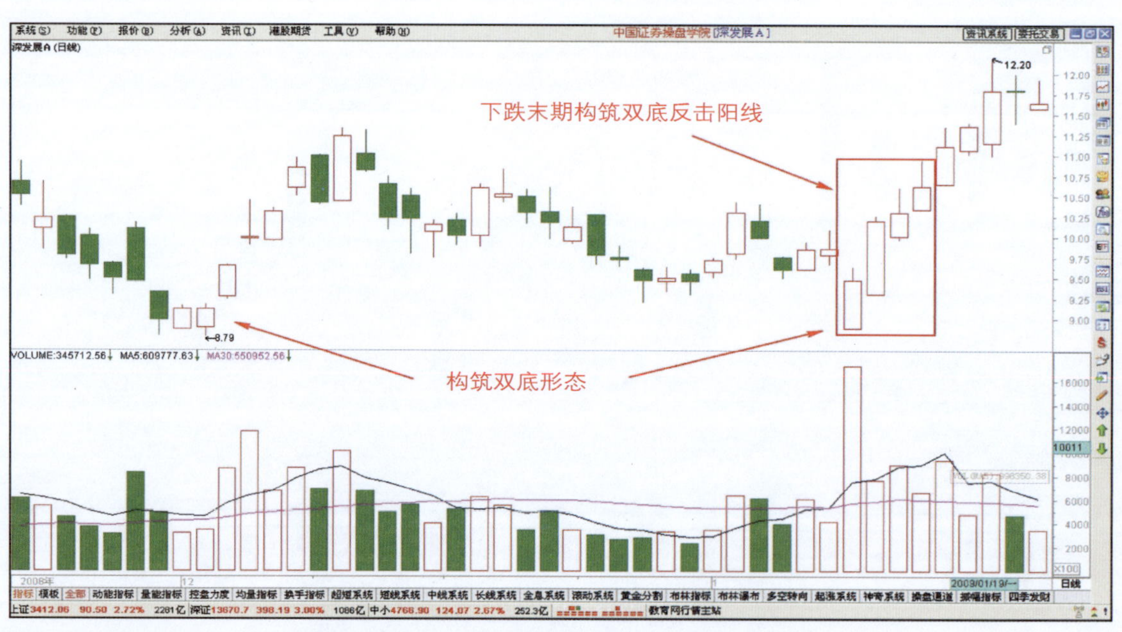

【图谱 31】下跌末期构筑双底反击阳线示意图

自我训练题：打开通达信行情分析软件，在平安银行（000001）日线图中找出符合下跌末期构筑双底反击阳线的图形。

第二章 高位进场做多定式

第 032 式 向上突破跳空高开有去无回一字线

【技术特征】

第一，由于受重大利好消息的刺激，股价跳空高开直接以涨停板价开盘，并且封板坚决，一直维持到收盘也不开板，不给踏空者任何机会。第二天，继续高开高走，即使盘中小幅度回落，也被主力坚决拉起，绝不回补昨天的跳空缺口。

第二，这是极度强势高开行情，如果成交量积极配合，开盘量比大于 50 倍以上，属于超强势行情的开端，后市的上涨速度和幅度都很可观。

【操作技巧】

在操作上，杠杆投资者可以在第一时间段积极排队等候，第二天也可以继续找机会买进。如果第二天出现无量回踩，应坚决买进，绝不犹豫。

【实战图谱】

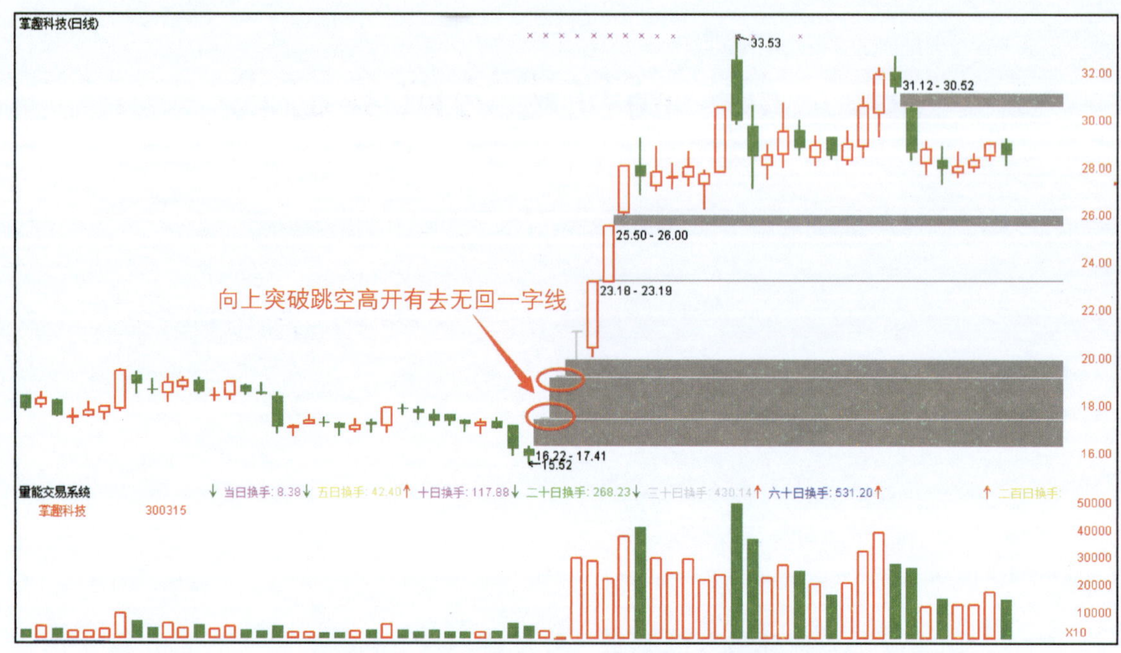

【图谱 32】向上突破跳空高开有去无回一字线示意图

自我训练题：打开通达信行情分析软件，在掌趣科技（300315）日线图中找出符合向上突破跳空高开有去无回一字线的图形。

第 033 式　高位盘整之后再次向上突破大阳线

【技术特征】

第一，股价随着大幅度的拉升之后，拉升的幅度超过了 60%甚至更多，接下来进入横盘整理，等待换手，消化获利盘。之后，成交量的再次放大，股价以大阳 K 线向上突破所有的压力，加速向上腾飞。

第二，这是典型的加速上涨腾飞点，是主力加速拉升的操盘行为的突出表现。

第三，腾飞点是主力展开加速拉高股价，脱离持仓成本区的重要手段，是波段行情进入高潮时期的重要体现。

【操作技巧】

在操作上，杠杆交易应当逢低积极跟进，勿失良机！

【实战图谱】

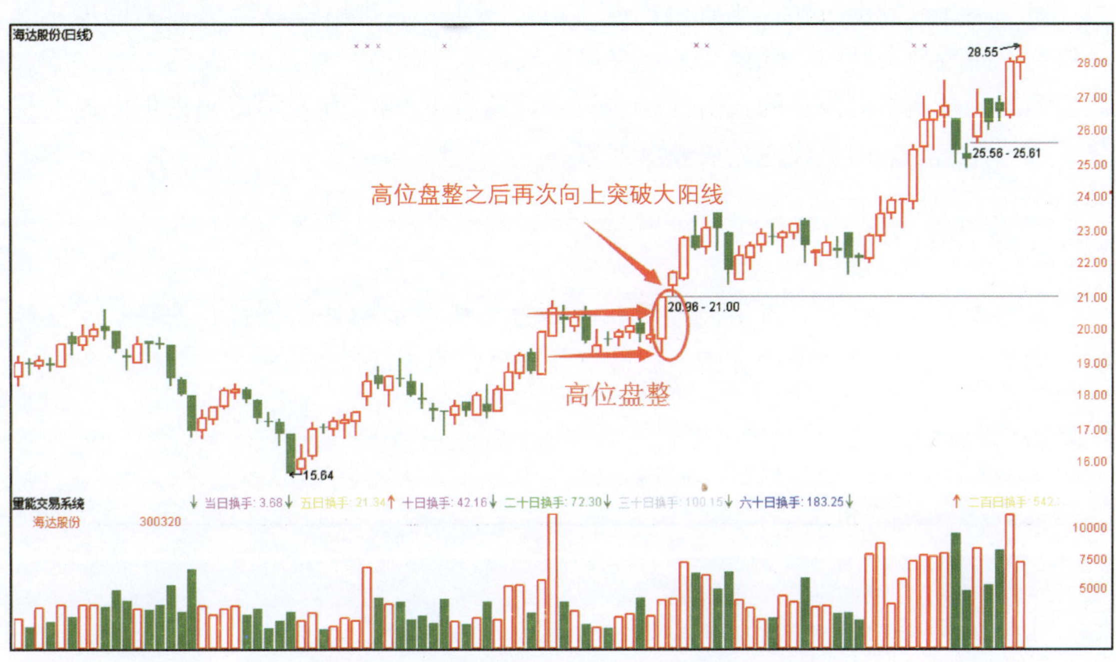

【图谱 33】高位盘整之后再次向上突破大阳线示意图

自我训练题，打开通达信行情分析软件，在海达股份（300320）日线图中找出符合向上突破跳空高开有去无回一字线的图形。

第 034 式　加速腾飞连续跳空高开大阳线

【技术特征】

第一，在拉升中后期，或者第三波主升行情中，股价以连续跳空向上的形式发起攻击，高开高走高收，气势非凡，尽显霸气。

第二，这是极度强势的攻击性操盘行为，这种 K 线组合表明多头占据了绝对优势，主力在速战之中，快速完成操盘计划。

【操作技巧】

在操作上，杠杆交易投资者需要认真观察分析股价所处的位置，如果处于连续跳空的初期，而且量价结构健康，就应果断买进，绝不犹豫。

【实战图谱】

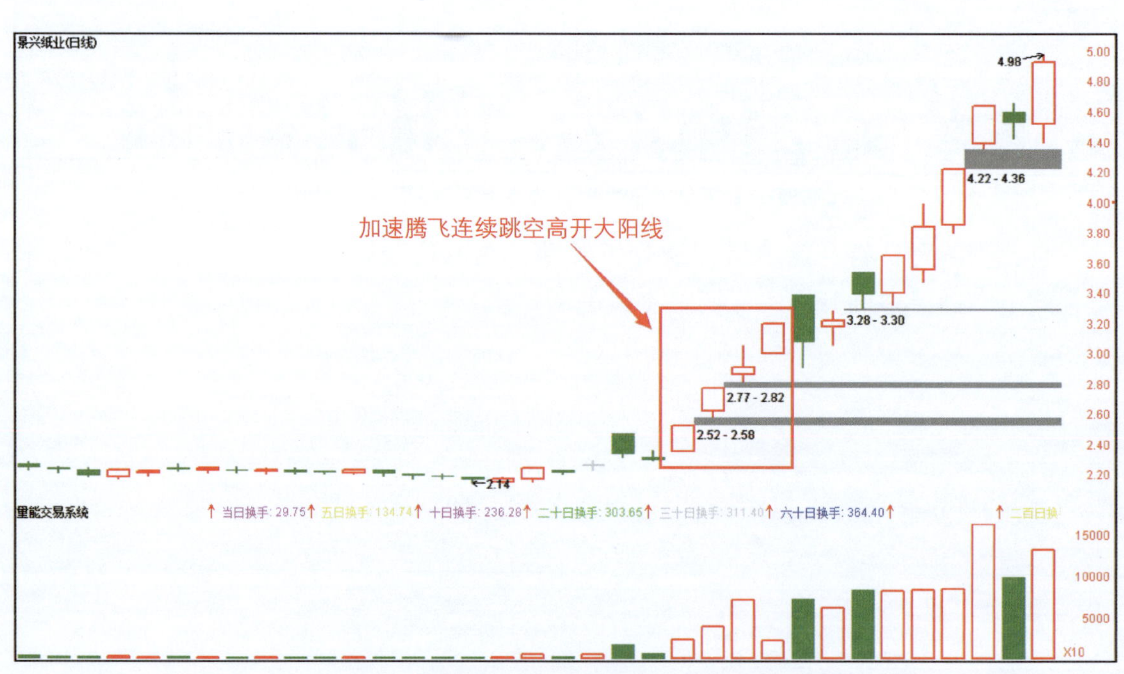

【图谱 34】加速腾飞连续跳空高开大阳线示意图

自我训练题：打开通达信行情分析软件，在景兴纸业（002067）日线图中找出符合加速腾飞连续跳空高开大阳线的图形。

第 035 式　向上跳空突破之后连续阳线脱离成本区

【技术特征】

第一，主力机构在前一天拉出一根大阳 K 线发动行情后，按照既定的操盘计划，第二天迅速跳空高开，向上突破，快速脱离持仓成本区，不给中小投资者低位介入的机会。

第二，在 K 线图上，出现连续阳线拉升的态势，表明主力做多的决心很大。如果量价齐升，量价结构非常健康，说明短线暴利的机会已经来临，千万不可错失良机。

【操作技巧】

在操作上，短线投资者应当在前一天巨量高开向上突破时重仓介入，杠杆交易的投资者至少也应该在盘中选择低点即时买进。股价一旦启动，强悍的主力往往一气呵成，快速完成操盘计划。

【实战图谱】

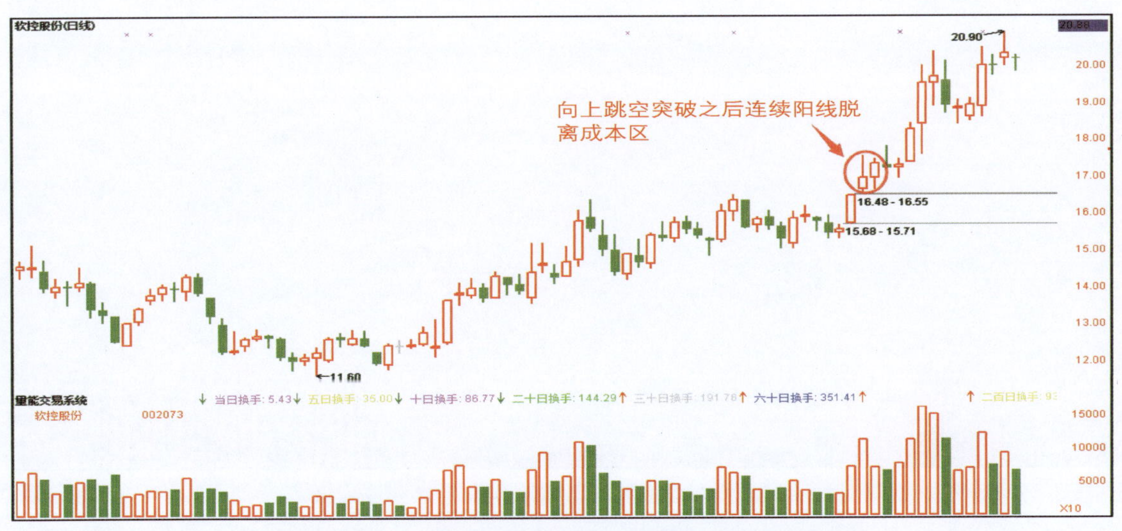

【图谱 35】向上跳空突破之后连续阳线脱离成本区示意图

自我训练题：打开通达信行情分析软件，在软控股份（002073）日线图中找出符合向上跳空突破之后连续阳线脱离成本区的图形。

第 036 式　拉升途中加速腾飞渐大三连阳

【技术特征】

第一，渐大三连阳是典型的攻击性操盘特征，是主力蛮干加巧干的突出表现。在股价上升途中，主力机构为了发起猛烈进攻，攻势一天比一天凌厉，投入的操盘资金越来越多，攻击的力度越来越强，反映在 K 线图上，就是股价连续收出阳线，阳线实体部分越来越大。

第二，这种连续拉阳线的 K 线组合属于典型的多头行情，是短线套利的绝妙时机。K 线实体由小到大，表明主力机构操盘手法娴熟，控盘有力，进退有序。

【操作技巧】

在操作上，杠杆交易投资者应当在上升趋势明确的第二天，立即介入，并且在后续的拉升中在盘中不断找低点加码。

【实战图谱】

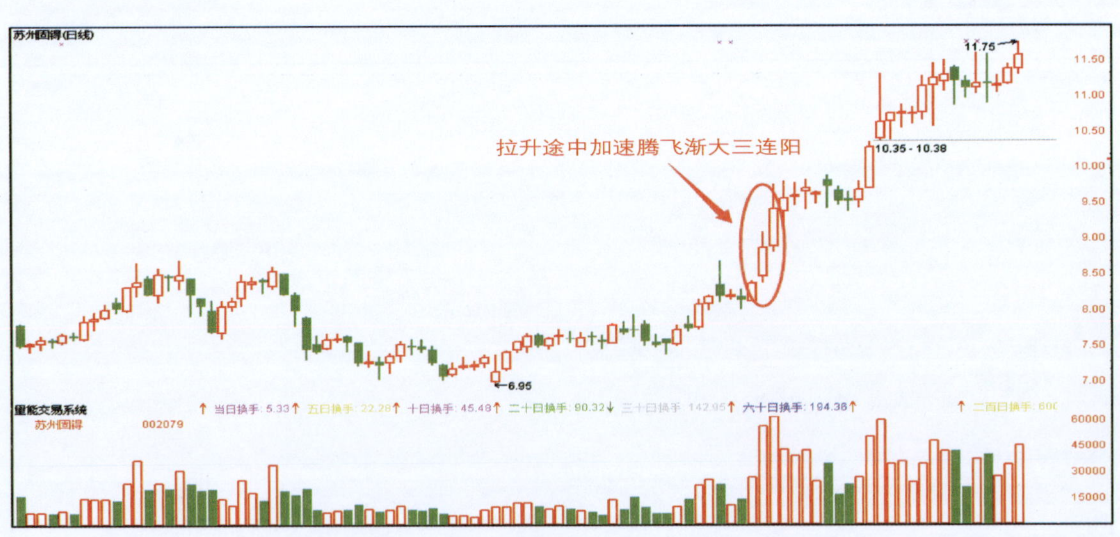

【图谱 36】拉升途中加速腾飞渐大三连阳示意图

自我训练题：打开通达信行情分析软件，在苏州固锝（002079）日线图中找出符合拉升途中加速腾飞渐大三连阳的图形。

第 037 式　拉升中继跳空高开十字星

【技术特征】

第一，股价在拉升途中，主力为了清洗短线获利盘，经常采用超强势的洗盘手法，表现在 K 线图上，常常会出现十字星之类。歇歇脚，走远路。只要主力的操盘计划尚未完成，那么这些十字星就属于强势洗盘信号。

第二，拉升途中的跳空高开十字星，属于典型的空中加油信号，只要量价结构健康，激进的投资者就可以在盘中找低点加码。

【操作技巧】

需要注意的是，杠杆交易投资者要注意分辨十字星的数量多少，把握好股价整理的时间，如果横盘整理时间过长，就没必要留在里边浪费时间。所以，要特别注意第二天开盘的情形，仔细观察量能的变化情况。

【实战图谱】

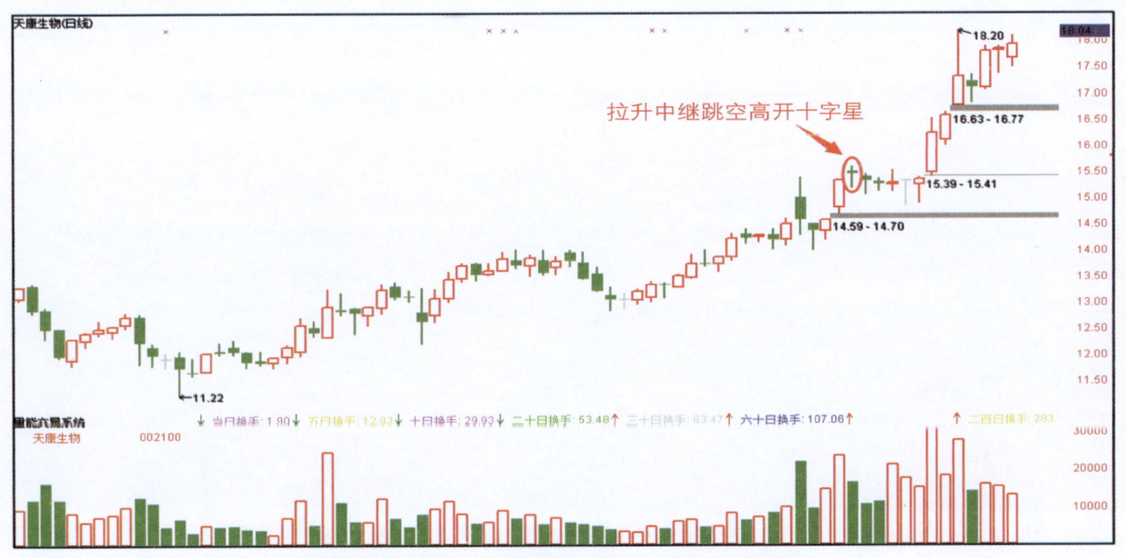

【图谱 37】拉升中继跳空高开十字星示意图

自我训练题：打开通达信行情分析软件，在天康生物（002100）日线图中找出符合拉升中继跳空高开十字星的图形。

第 038 式　拉升途中跳空高开锤头线

【技术特征】

第一，股价经过一轮拉升之后，累积了不少获利盘，给主力下一步操盘带来了不少麻烦。如何把他们洗出呢？操盘手法之一就是恐吓，恐吓的手段就是高开低走，拉出阴线。

第二，但是，因为股价正处于拉升初中期，主力的操盘计划远远没有达到既定的目标，不可能大幅度向下打压，于是，只有跳空高开，拉出一根高开锤头线。

第三，这是典型的多头行情途中诱空动作，目的在于强势洗盘。

【操作技巧】

在操作上，激进的投资者可以在跳空高开当天盘中出现猛烈向下打压时积极加码买进，杠杆交易的投资者可以耐心等待信号明确时再动手。

【实战图谱】

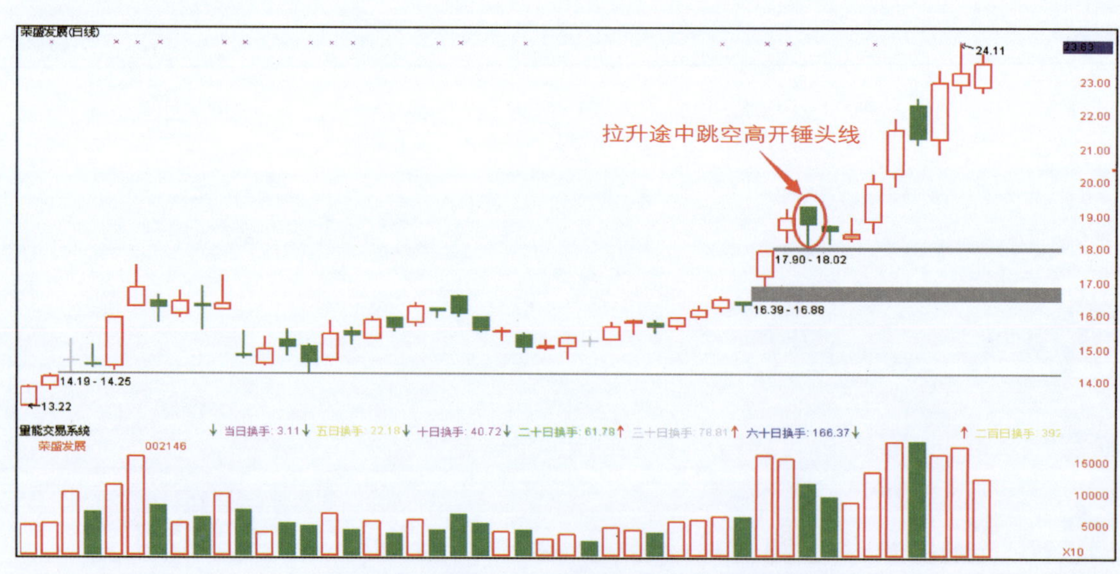

【图谱 38】拉升途中跳空高开锤头线示意图

自我训练题：打开通达信行情分析软件，在荣盛发展（002146）日线图中找出符合拉升途中跳空高开锤头线的图形。

第 039 式 拉升途中跳空高开倒转锤头线

【技术特征】

第一，股价经过一波或者多波拉升之后，获利筹码不少，主力在随后的拉升中，随时遭遇空头狙击，攻击性操盘的难度很大，不得不回撤至较低价位。在 K 线图上走出一根长上影 K 线，酷似倒转锤头。

第二，拉升途中的跳空高开倒转锤头线是典型的拉升乏力信号，表明主力的拉升愿望已经不再那么强烈，兑现获利盘的念头已经暴露出来。

【操作技巧】

在操作上，杠杆交易的投资者可以在随后的拉升过程中逢高分批减仓，逐步止盈。短线投资者可以及时换股操作，不必在涨势趋缓的股票上耗费时间。

【实战图谱】

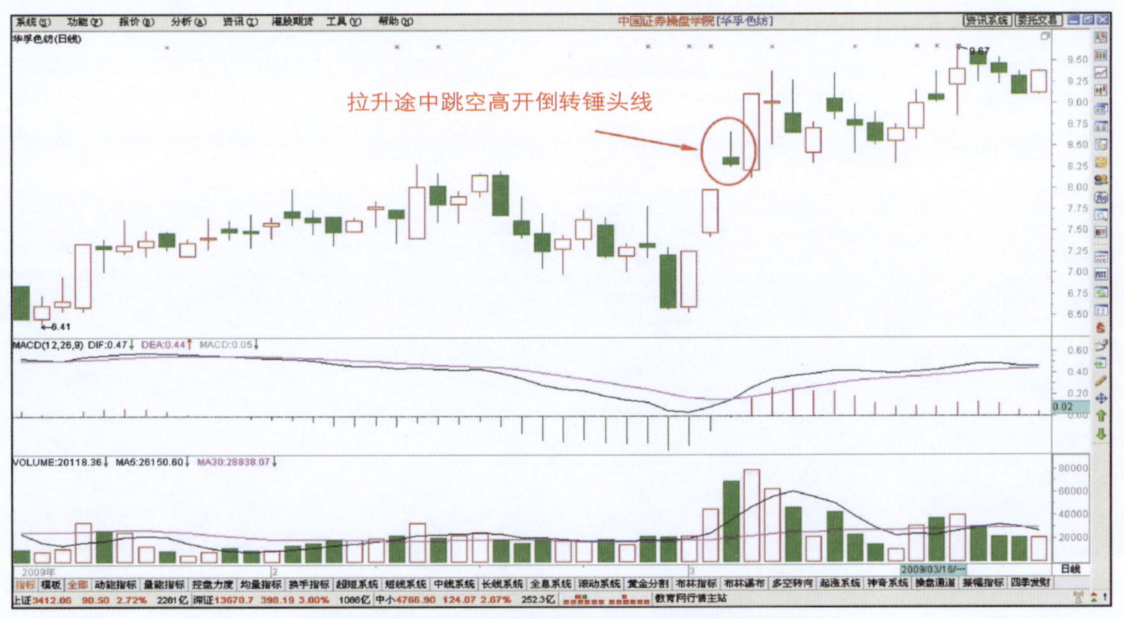

【图谱 39】拉升途中跳空高开倒转锤头线示意图

自我训练题：打开通达信行情分析软件，在华孚色纺（002042）日线图中找出符合拉升途中跳空高开倒转锤头线的图形。

第 040 式　拉升途中向上跳空高开小压迫线

【技术特征】

第一，股价在拉升的途中，多方连续发力向上攻击，消耗了很多能量，短期内抛压沉重，需要整固消化压力，以利继续拉升。盘面上，股价大幅度高开，高开的幅度大于 5%，然后逐波下跌，盘中极力打压，跌幅巨大，尾盘略有拉抬，拉高收盘，画出一根下影线很长的锤头线，对前一根阳线造成明显的压迫，所以又叫压迫线。

第二，这是典型的拉升途中洗盘动作，属于强势整理，一旦整理结束，股价将继续拉升。

【操作技巧】

在操作上，短线投资者可以在跳空高开的时候先行卖出，在盘中大幅度打压的时候再买回来，也可以在第二天盘中找低点买进。杠杆交易的投资者可以持股不动，或者在第二天下影线附近加仓。

【实战图谱】

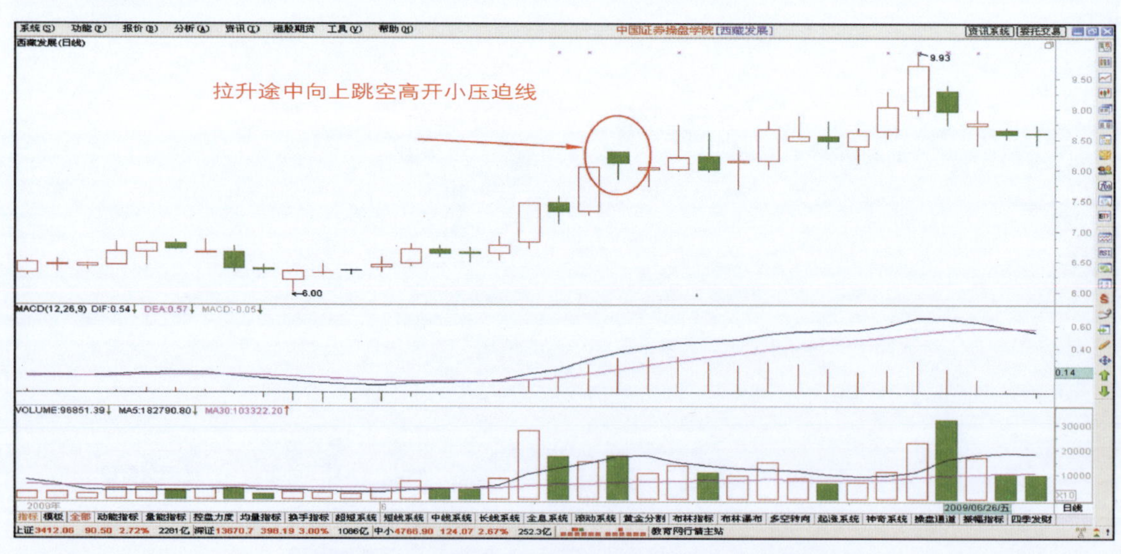

【图谱 40】拉升途中向上跳空高开小压迫线示意图

自我训练题：打开通达信行情分析软件，在西藏发展（000752）日线图中找出符合拉升途中向上跳空高开小压迫线的图形。

第 041 式　拉升途中向上跳空高开低走假阴线

【技术特征】

第一，在股价拉升的途中，股价向上跳空大幅度高开，高开的幅度超过 7%，甚至以涨停价开盘，以最猛烈的方式施展攻击性操盘。结果导致获利盘蜂拥而出，收出一根高开低走的大阴线，但是当天的收盘价仍然高于昨天的阳线收盘价。

第二，向上跳空高开低走的虚假性阴线，是主力机构实施单日强势洗盘的经典动作，巨量长阴贯顶的图形极具震撼力，洗盘效果很好。

【操作技巧】

在操作上，投资者不必惧怕主力的洗盘动作，如果此时拉升的幅度不超过 30%，属于行情拉升的初期，可以在当天盘中出现快速打压的时候积极买进，也可以在尾盘介入。

杠杆交易的投资者可以在第二天股价低开时加码买进。

【实战图谱】

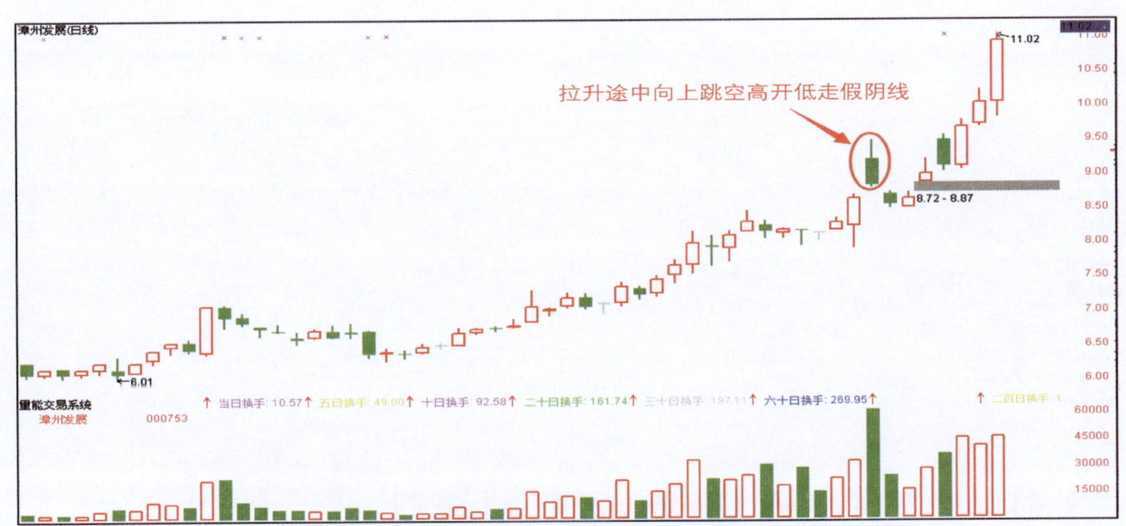

【图谱 41】拉升途中向上跳空高开低走假阴线示意图

自我训练题：打开通达信行情分析软件，在漳州发展（000753）日线图中找出符合拉升途中向上跳空高开低走假阴线的图形。

第 042 式　拉升途中阳包阴

【技术特征】

第一，股价在第一波拉升途中，积累了不少获利盘，某一天，主力拉出了一根缩量下跌带下影线的阴线，预示着短期整理正在进行中。正当投资者狂恐不安的时候，第二天，多头主力再次发力，早盘低开之后，一路震荡盘升，最终拉出一根中阳线或者大阳线，将前一天的阴线全部包围起来。

第二，拉升途中的阳包阴 K 线组合，是典型的调整结束信号，表明阶段性整理已经结束，股价再次进入拉升状态。

【操作技巧】

在操作上，激进的投资者可以在第二天低开高走的过程中，选择低点买进，或者在尾盘买进。杠杆交易的投资者可以选择在盘中找低点买进，也可以在第三天高开时介入。

【实战图谱】

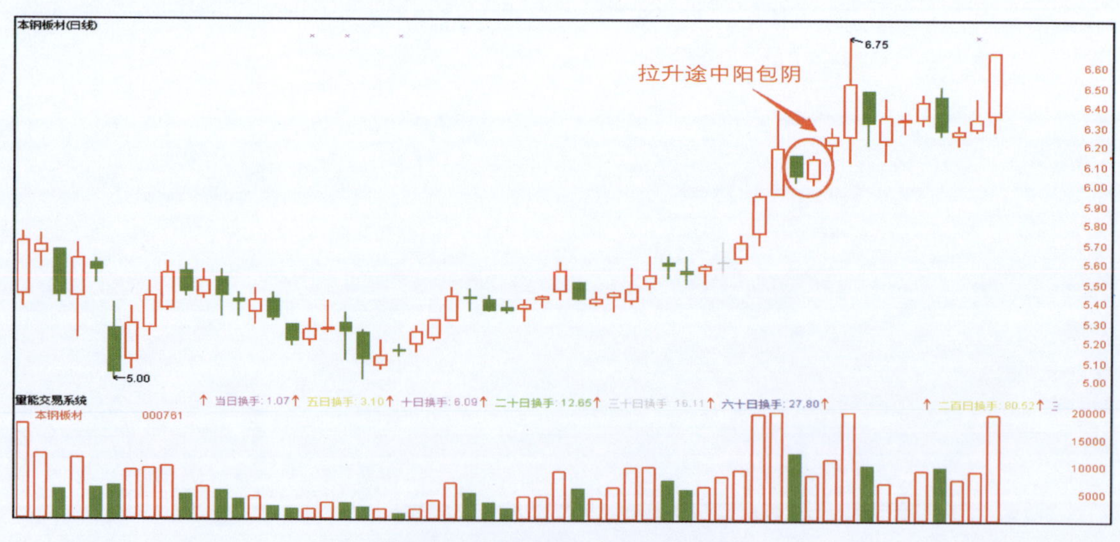

【图谱 42】拉升途中阳包阴示意图

自我训练题：打开通达信行情分析软件，在本钢板材（000761）日线图中找出符合拉升途中阳包阴的图形。

第 043 式　拉升途中的回马枪

【技术特征】

第一，在股价上升的过程中，接连走出中阳线或者大阳线，某一天突然平开低走或者低开低走，走出一根中阴线或者大阴线，摆出一副要洗盘调整的样子，实际上这是主力的诡计，目的在于制造恐慌，恐吓中小投资者。第二天直接跳空高开高走，有去无回，让昨天割肉出局的投资者悔恨不已。

第二，这是一种典型的回马枪 K 线组合，是主力机构惯用的欺诈手法。

【操作技巧】

在实际操作上，首先要从量能方面来判断主力的操盘意图，前一天拉出阴线的时候，成交量萎缩到了极致，说明主力的目的在于洗盘。第二天跳空高开，宣告洗盘结束，此时杠杆交易应当立即介入，毫不犹豫买进。

【实战图谱】

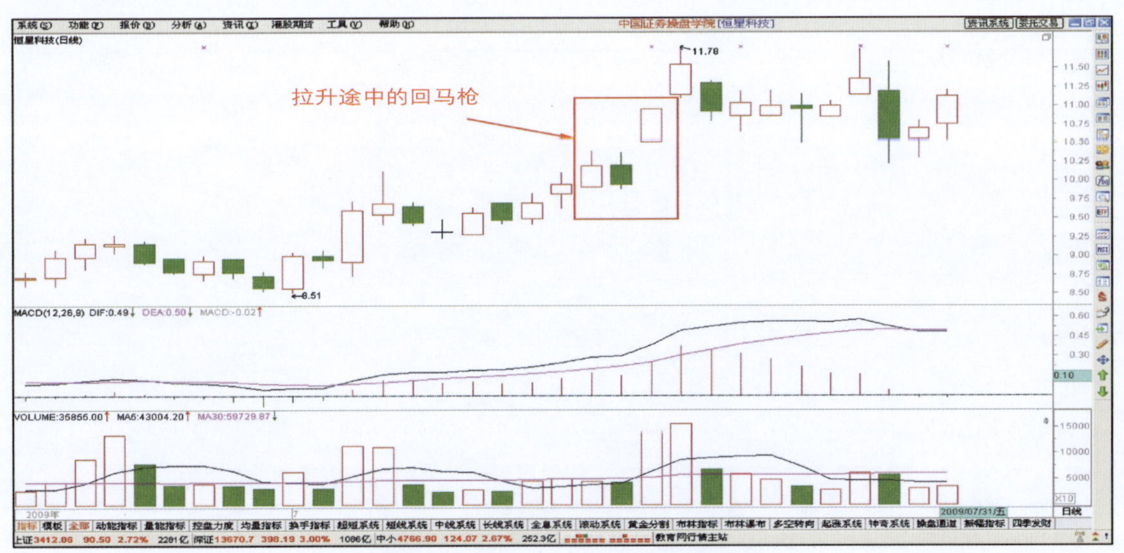

【图谱 43】拉升途中的回马枪示意图

自我训练题：打开通达信行情分析软件，在恒星科技（002132）日线图中找出符合拉升途中回马枪的图形。

第 044 式　拉升途中的强势反击线

【技术特征】

第一，股价在启动拉升之后，升幅在 30%附近展开整理，最后拉出一根大阴线。盘面上一片肃杀，十分恐慌的样子。主力要的就是这样的效果。第二天，主力直接跳高到昨天大阴线的实体内开盘，然后一路上攻，最终拉出一根光头光脚的大阳线来。

第二，这是非常典型的强势反击信号，表明前期的调整已经结束，从今天开始，股价进入新的一轮拉升，或者进入新的大波段循环。

【操作技巧】

在操作上，激进的投资者可以在第二天高开时首先买进第一仓，在尾盘再次加仓买进。杠杆交易的投资者可以在尾盘突破昨天的大阴线压制时买进，也可以在第三天开盘时买进。

【实战图谱】

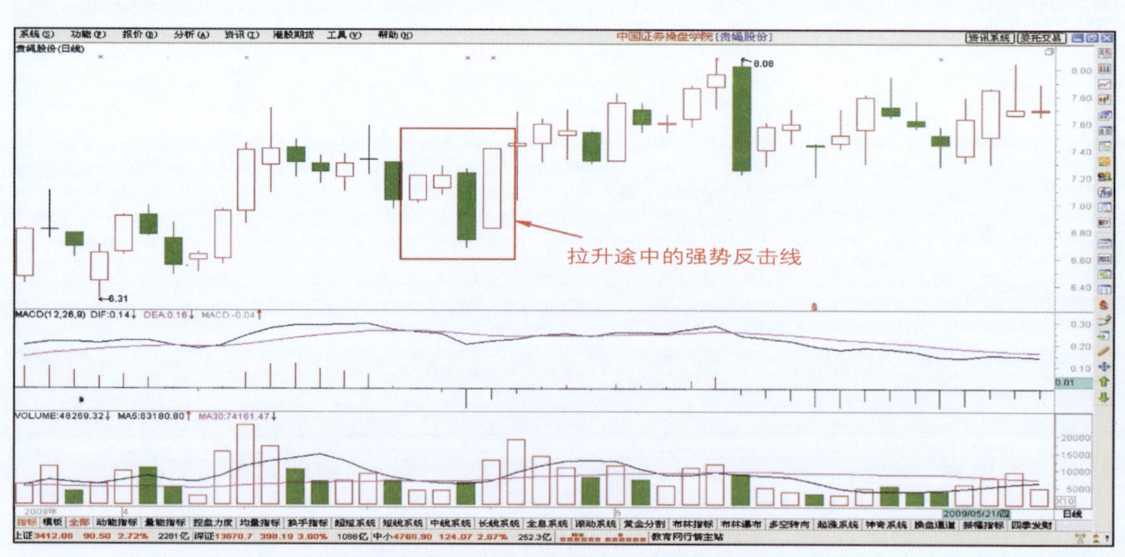

【图谱 44】拉升途中的强势反击线示意图

自我训练题：打开通达信行情分析软件，在贵绳股份（600992）日线图中找出符合拉升途中的强势反击线的图形。

第 045 式　拉升途中阳孕阴

【技术特征】

第一，股价连续拉出阳线之后，再拉出一根大阳线，然后拉出一根中阳线，预示着攻击性操盘行为已经有所放缓，第二天，股价小幅度低开，走出一根小阴线，包孕在昨天的中阳线实体内，形成了中阳孕小阴的 K 线组合。

第二，这是常见的拉升途中停顿信号，属于股价加速上行的前兆。

【操作技巧】

在操作上，杠杆交易的投资者可以在出现小阴线的当天逢低买进，或者在尾盘加码。如果量价结构非常健康，可以大胆加大仓位。

【实战图谱】

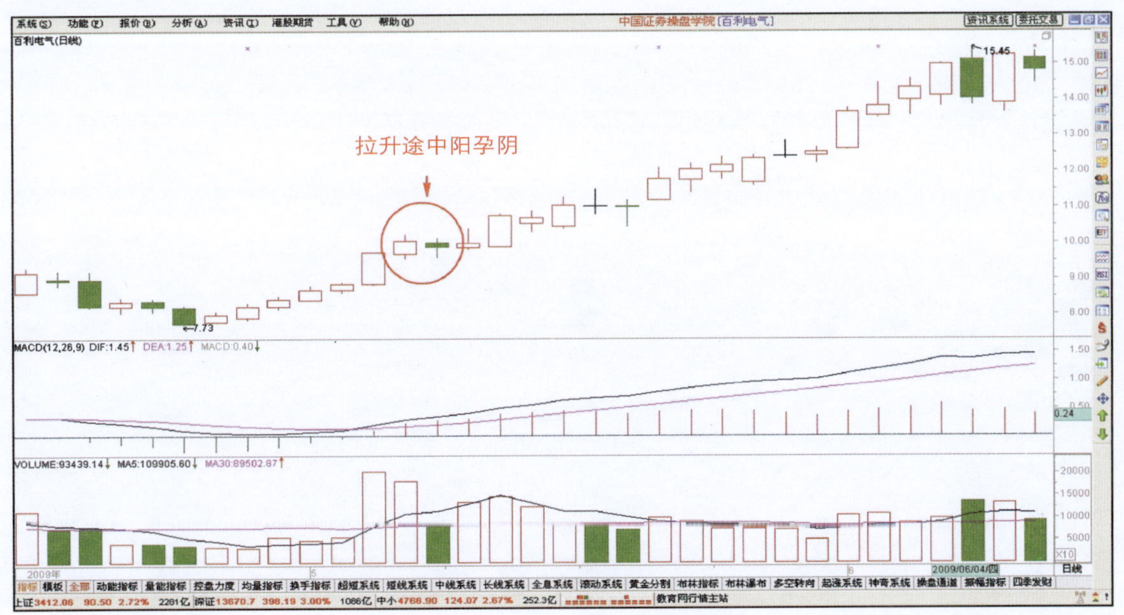

【图谱 45】拉升途中阳孕阴示意图

自我训练题：打开通达信行情分析软件，在百利电气（600468）日线图中找出符合拉升途中阳孕阴的图形。

第 046 式　拉升途中的插入线

【技术特征】

第一，股价在拉升的途中，先是出现攻击性红三兵的走势，接下来，遭遇空头的狙击，收出一根大阴线，吞没了前几天的升幅，貌似短线见顶的样子。第二天，股价跳空低开，开盘价就是当天的最低价，然后一路上攻，拉出一根充满野性的大阳线来，直插入昨天大阴线的实体内，表明主力攻击性操盘行为重新开始。

第二，这种 K 线组合是常用的单日快速洗盘手法，从第二天的低开插入大阳线开始，股价进入新的一轮拉升。

【操作技巧】

在操作上，首先观察成交量的变化，量价结构是否健康。如果盘中出现拉升乏力的萎缩型量峰结构，就要多加小心。如果第二天价量齐升，杠杆交易可适当参与。

【实战图谱】

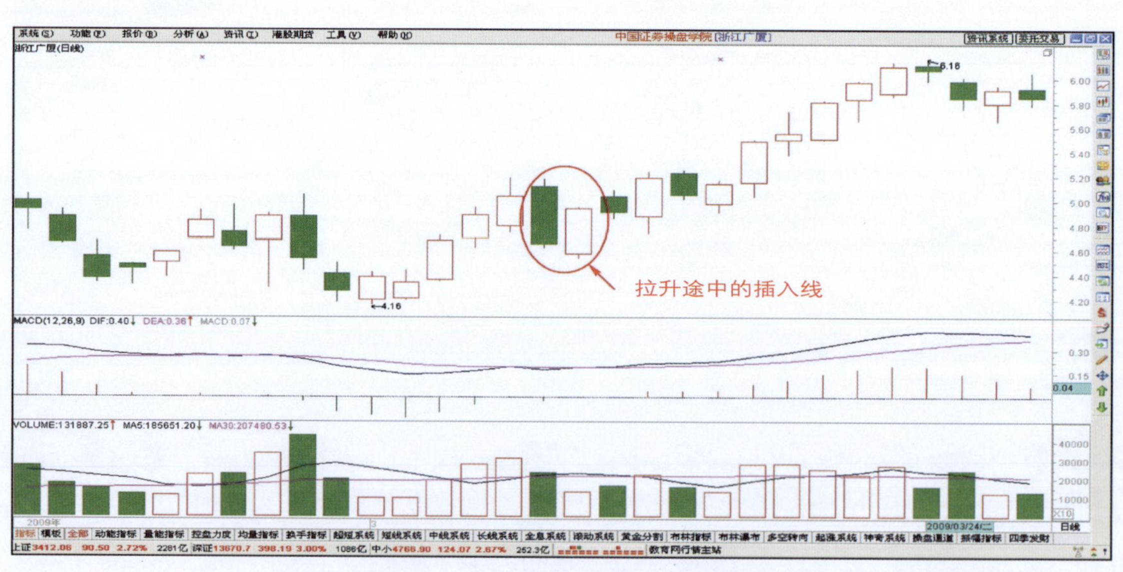

【图谱 46】拉升途中的插入线示意图

自我训练题：打开通达信行情分析软件，在浙江广厦（600052）日线图中找出符合拉升途中的插入线的图形。

第 047 式　拉升途中阳孕阳

【技术特征】

第一，主力启动拉升操盘计划之后，短期内升幅不小，有整理的必要。表现在盘口上，股价拉升途中，首先拉出一根实体比较大的阳线，实体部分超过 5%，表明涨势比较凶猛，第二天却低开小幅度盘升，拉出一根包孕在昨天阳线实体内的小阳线。

第二，拉升途中的大阳线包孕小阳线 K 线组合，属于即将整理的兆头，阳孕阳说明主力攻击性操盘计划产生了停顿，短期内调整已经不可避免。

【操作技巧】

在操作上，杠杆交易的投资者可以在整理的时间段逢盘中低点分批买进，短线投资者则应该耐心等候调整结束后，出现巨量高开时介入。

【实战图谱】

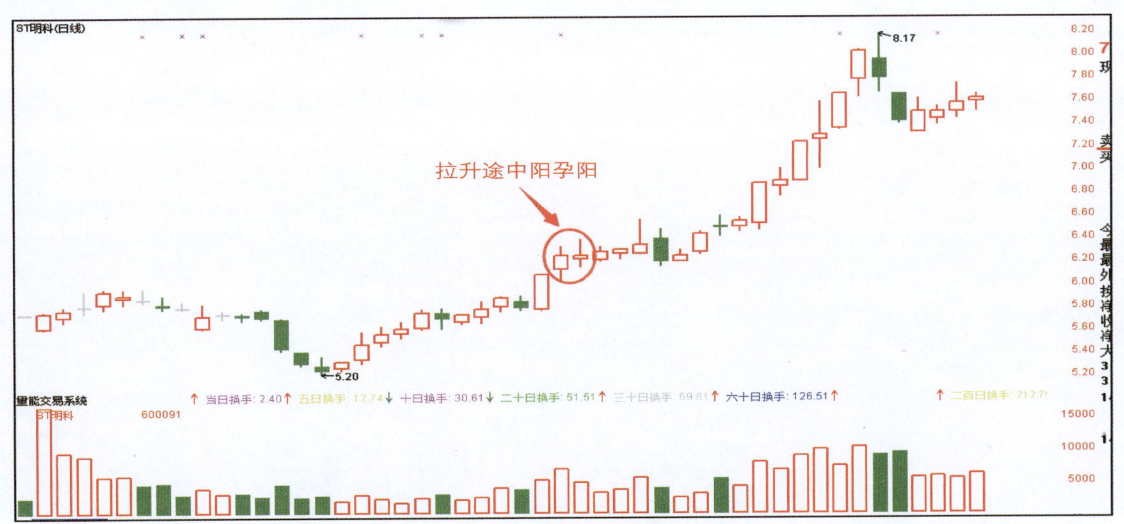

【图谱 47】拉升途中阳孕阳示意图

自我训练题：打开通达信行情分析软件，在 ST 明科（600091）日线图中找出符合拉升途中阳孕阳的图形。

第 048 式　拉升途中的并排阳线

【技术特征】

第一，股价在拉升的途中，首先出现一根向上跳空的阳线，大小不论，接下来第二天再次收出一根收盘价几乎相等的阳线，构成了并排阳线。

第二，拉升途中出现的并排阳线属于调整即将开始的信号，它表明多头的操盘计划产生了细微变化，接下来，股价将展开短暂的整理，随后继续震荡盘升。

【操作技巧】

在操作上，短线投资者可以在第二天出现并排阳线时果断卖出，而杠杆投资者可以在随后的整理中寻找低点分批买进。

【实战图谱】

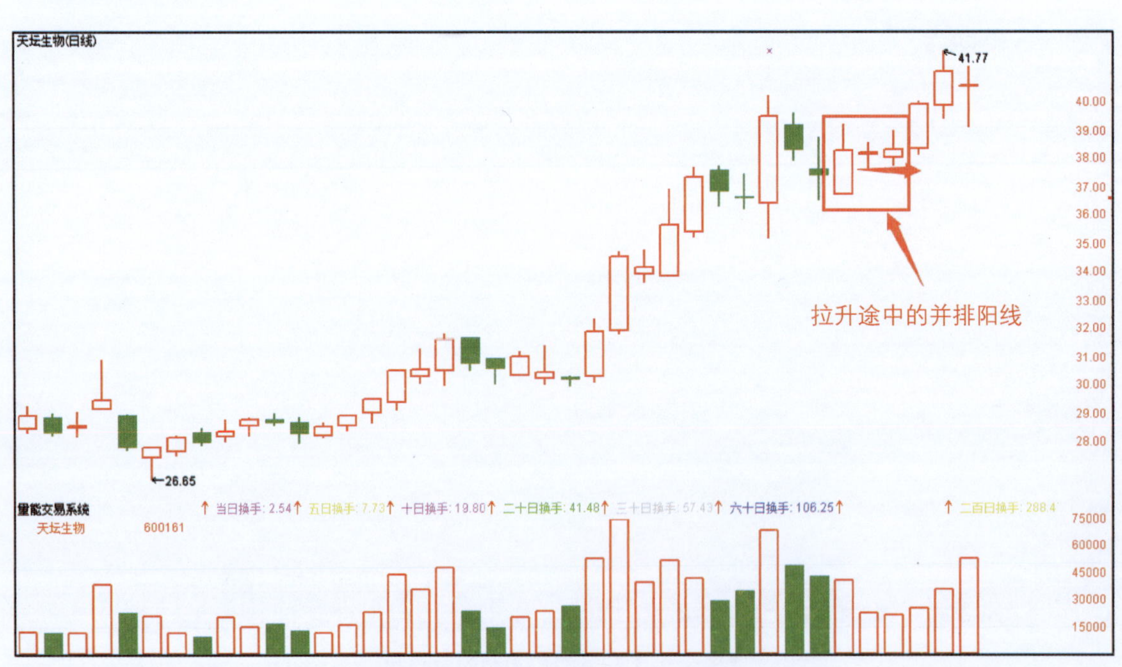

【图谱 48】拉升途中的并排阳线示意图

自我训练题：打开通达信行情分析软件，在天坛生物（600161）日线图中找出符合拉升途中并排阳线的图形。

第 049 式　拉升途中的并排阴线

【技术特征】

第一，在股价上升途中，拉升的幅度累计接近 30%时，或者在一根大阳线之后，接连拉出两根开盘价相近而收盘价相继下移的阴线，预示着股价即将进行短期调整。收盘价连续下移，表明空头具备了一定的反击实力，需要及时得到宣泄。

第二，拉升途中出现的并排阴线是短期调整的兆头，调整的时间可长可短。如果是强势调整，一般在 3～5 天，超过 5 天，就属于弱势了。

【操作技巧】

在操作上，杠杆交易投资者可以在出现阴线的第一天在盘中选择高点卖出，换股操作。中长线投资者可以继续持股不动，也可以在第二天出现低点时加码买进。

【实战图谱】

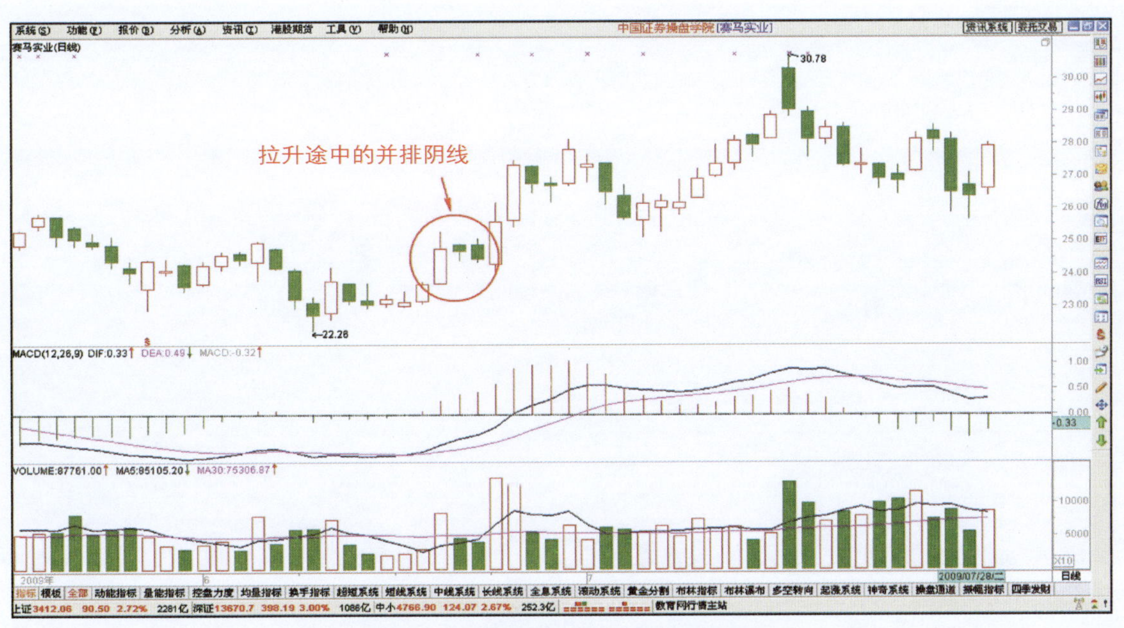

【图谱 49】拉升途中的并排阴线示意图

自我训练题：打开通达信行情分析软件，在宁夏建材（600449）日线图中找出符合拉升途中并排阴线的图形。

第 050 式　拉升途中的大阴线狙击小连阳

【技术特征】

第一，在拉升途中，主力机构连续拉出一串小阳线，然后突然冒出一根大阴线，几乎吃掉前边小连阳的涨幅，表明主力操盘手法娴熟，毒辣。

第二，这种 K 线组合属于主力建仓接近完成之后凶悍的洗盘手法，一根阴线吞没前边几根小阳线的涨幅，震慑力极强，能收到很好的洗盘效果。

【操作技巧】

在操作上，激进的投资者可以在拉出大阴线的当天收盘前几分钟找低点买进第一仓，也可以在第二天开盘时果断买进。杠杆交易的投资者可以在第二天开盘后，在盘中选择低点买进。机不可失时不再来，不要犹豫。

【实战图谱】

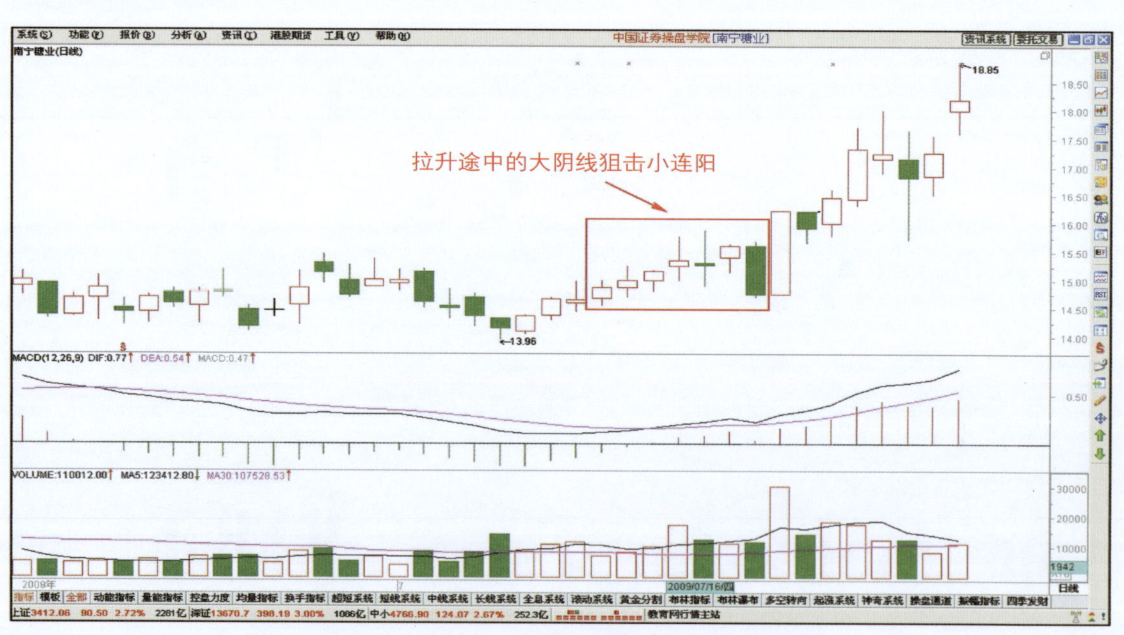

【图谱 50】拉升途中的大阴线狙击小连阳示意图

自我训练题：打开通达信行情分析软件，在南宁糖业（000911）日线图中找出符合拉升途中大阴线狙击小连阳的图形。

第 051 式　拉升途中的大阳线狙击小连阴

【技术特征】

第一，在股价拉升初期，首先出现连续三根或者多根缩量整理的小阴线，预示着短期调整随时可能结束。随后紧接着拉出一根实体部分超过 7%的大阳线，量价齐升，通吃前边的下跌幅度，表明主力开始启动新的操盘计划，股价新的拉升周期开始。

第二，拉升途中出现的大阳线通吃小连阴，属于典型的结束调整信号。

【操作技巧】

在操作上，稳健的投资者可以在连续阴线之后出现十字星或者短十字线时分批买进，持股待涨。杠杆交易投资者可以在放量启动拉大阳线时再介入。

【实战图谱】

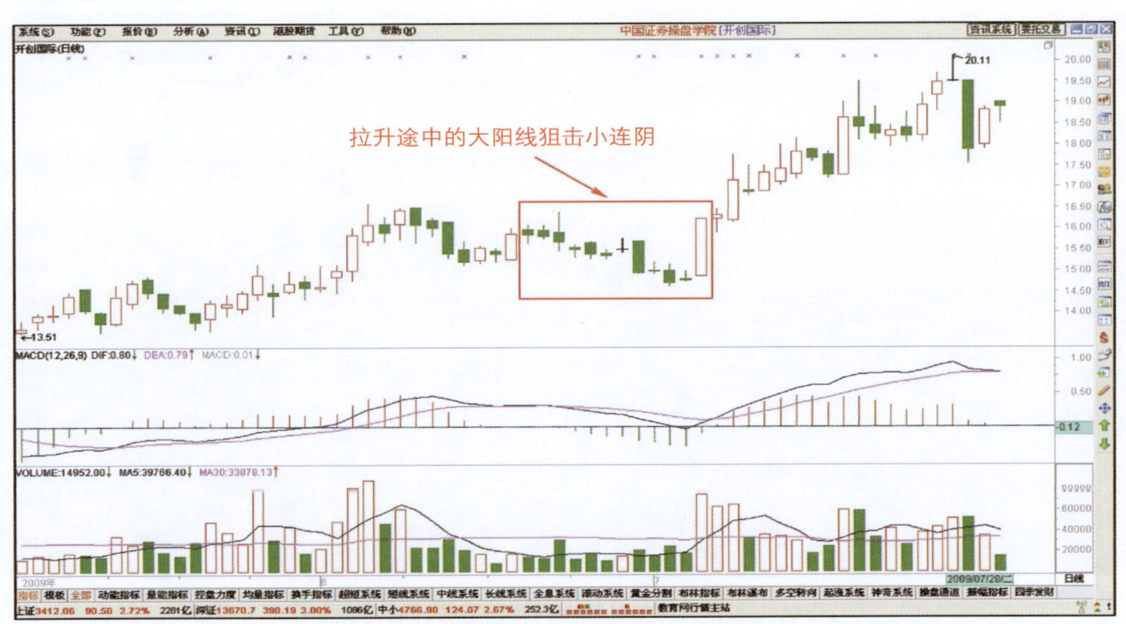

【图谱 51】拉升途中的大阳线狙击小连阴示意图

自我训练题：打开通达信行情分析软件，在开创国际（600097）日线图中找出符合拉升途中大阳线狙击小连阴的图形。

第 052 式　拉升途中的快速回补向上跳空缺口

【技术特征】

第一，主力机构在拉升初期，为了减轻日后的抛压，经常喜欢画出这样的图形：首先拉出一根大阳线，第二天向上小幅度跳空高开，拉出一根小阳线，第三天，拉出高开低走的大阴线，一下子吃掉昨天的小阳线，并且快速回补缺口。

第二，这种 K 线组合是典型的快速洗盘手法，是主力恶毒的回档清洗形态。

【操作技巧】

在操作上，杠杆交易投资者可以在第二天跳空高开的时候坚决卖出，即使是稳健的投资者，也应该在第三天高开时适当减仓，规避风险。中长线投资者可以在第五天买进。

【实战图谱】

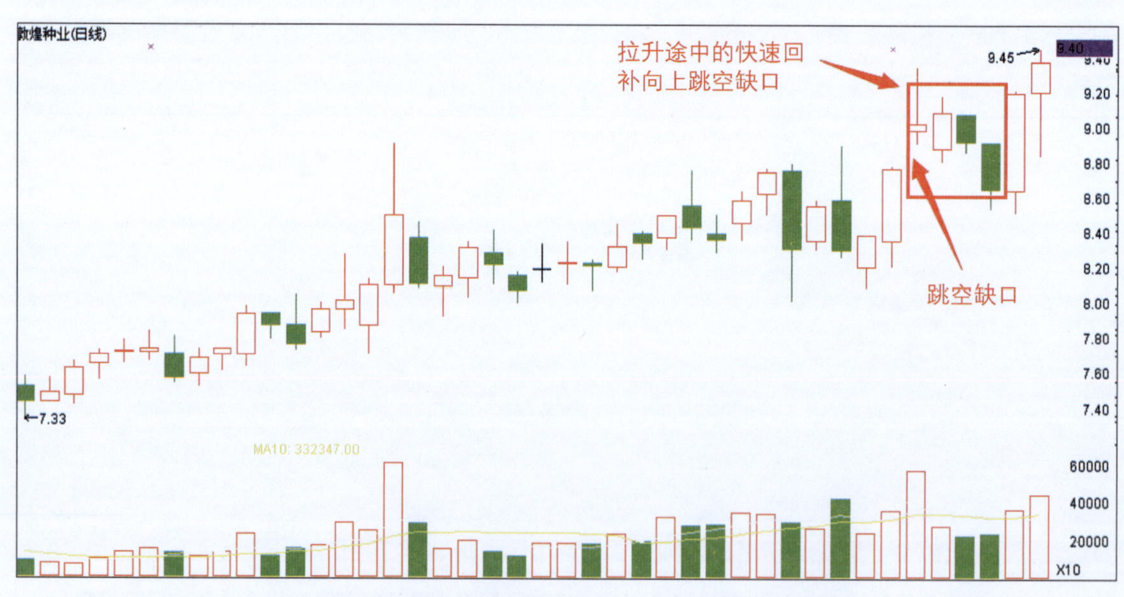

【图谱 52】拉升途中的快速回补向上跳空缺口示意图

自我训练题：打开通达信行情分析软件，在敦煌种业（600354）日线图中找出符合拉升途中快速回补向上跳空缺口的图形。

第 053 式　拉升途中突破短期顶部覆盖线

【技术特征】

第一，股价在拉升的途中，首先在某一天收出一根覆盖线，随后进行长达数天的整理。在整理的过程中，股价的高点大致相等，低点也很接近，构成了箱型整理形态，之后拉出一根巨量大阳线，股价一举突破前面覆盖线的压制，创出近期的新高，表明股价调整已结束。

第二，这是典型的多头行情下弱势整理，整理的时间漫长，幅度不大，却很折磨人。

【操作技巧】

在操作上，短线投资者应当在结束调整的时候积极介入，杠杆交易的投资者可以在拉大阳创新高的时候，谨慎加仓。一旦股价放量突破，新的拉升行情即将展开，可积极参与。

【实战图谱】

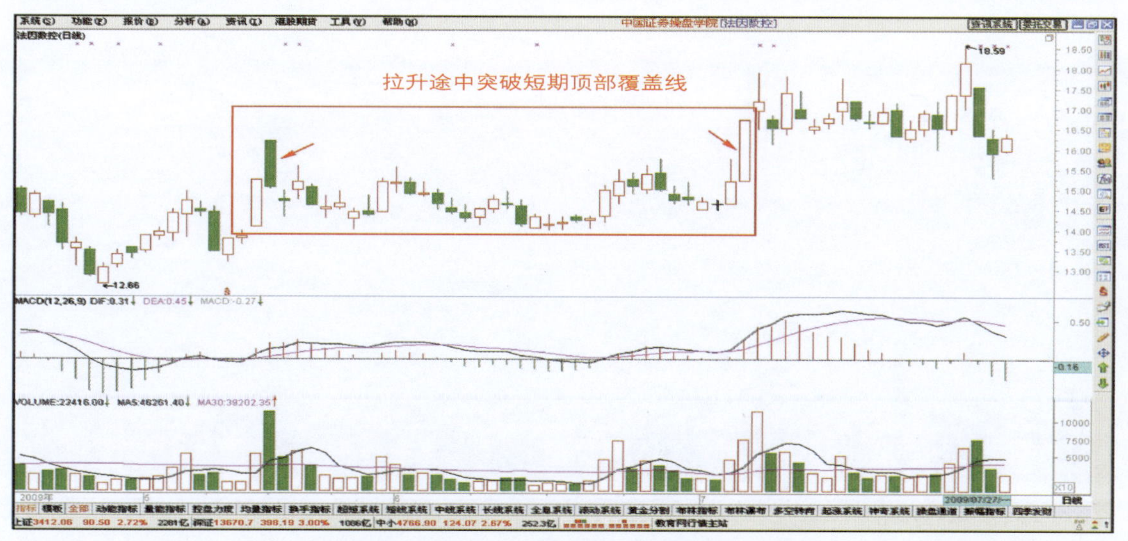

【图谱 53】拉升途中突破短期顶部覆盖线示意图

自我训练题：打开通达信行情分析软件，在法因数控（002270）日线图中找出符合拉升途中突破短期顶部覆盖线的图形。

第 054 式　拉升途中实体部分由大到小的红三兵

【技术特征】

第一，股价在拉升的途中，出现连续的阳线，但是阳线的实体部分却一根比一根短小，越来越小，最后变成了星线。预示着多头的攻击力度不断减弱，而空头势力越来越强大，股价的上升趋势明显放缓，短期内调整不可避免。

第二，这种 K 线组合表明主力的操盘计划出现了问题，投入操盘的资金在逐步减少。

【操作技巧】

在操作上，杠杆交易投资者可以在出现十字星的当天卖出，耐心等待下一波行情启动时再买进。中长线投资者可以在股价回调到启动点的时候，分批买进。

【实战图谱】

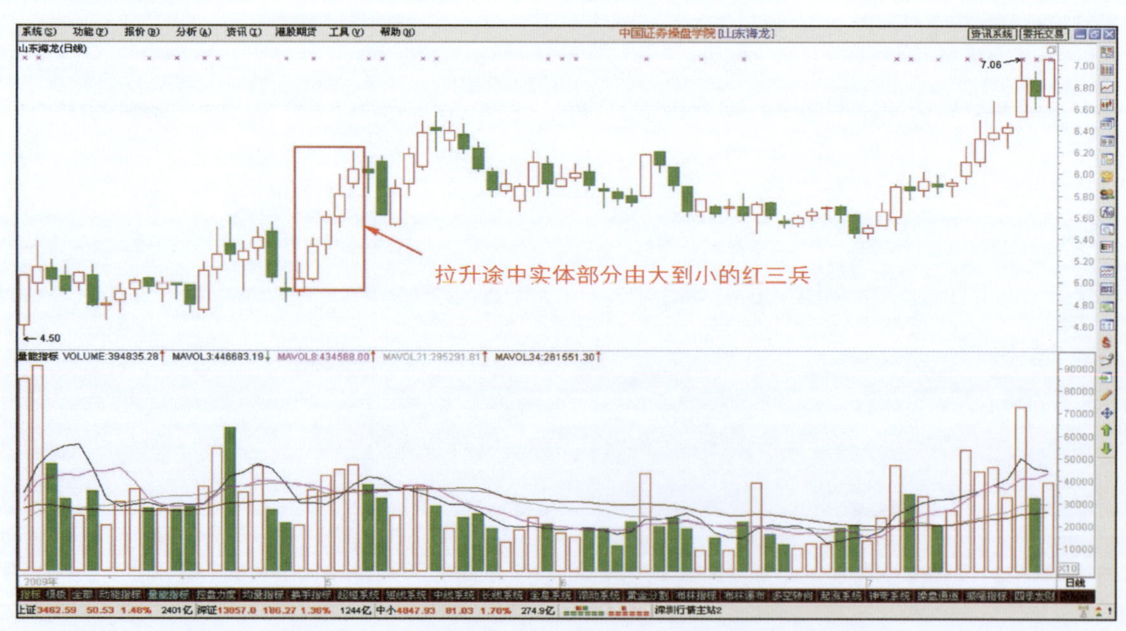

【图谱 54】拉升途中实体部分由大到小的红三兵示意图

自我训练题：打开通达信行情分析软件，在山东海化（000822）日线图中找出符合拉升途中实体部分由大到小的红三兵图形。

第 055 招　拉升途中两头小中间大的红三兵

【技术特征】

第一，股价在拉升的途中，首先拉出第一根小阳线，实体部分比较短小，第二天，主力机构加大操盘力度，股价快速上升，多波攻击，拉出一根阳线实体部分很大的大阳线，第三天，再次主力改变操盘计划，拉出一根小阳线或者中阳线，实体部分明显小于第二天的大阳线。

第二，这是典型的犹豫型操盘计划，主力在操盘的过程中思路不清，走势犹豫。

【操作技巧】

在操作上，杠杆交易投资者可以在收出小阳线的当天尾盘最后几分钟介入，也可以在第二天集合竞价时间段积极买进，第三天，一旦出现放量滞涨，立即卖出。

【实战图谱】

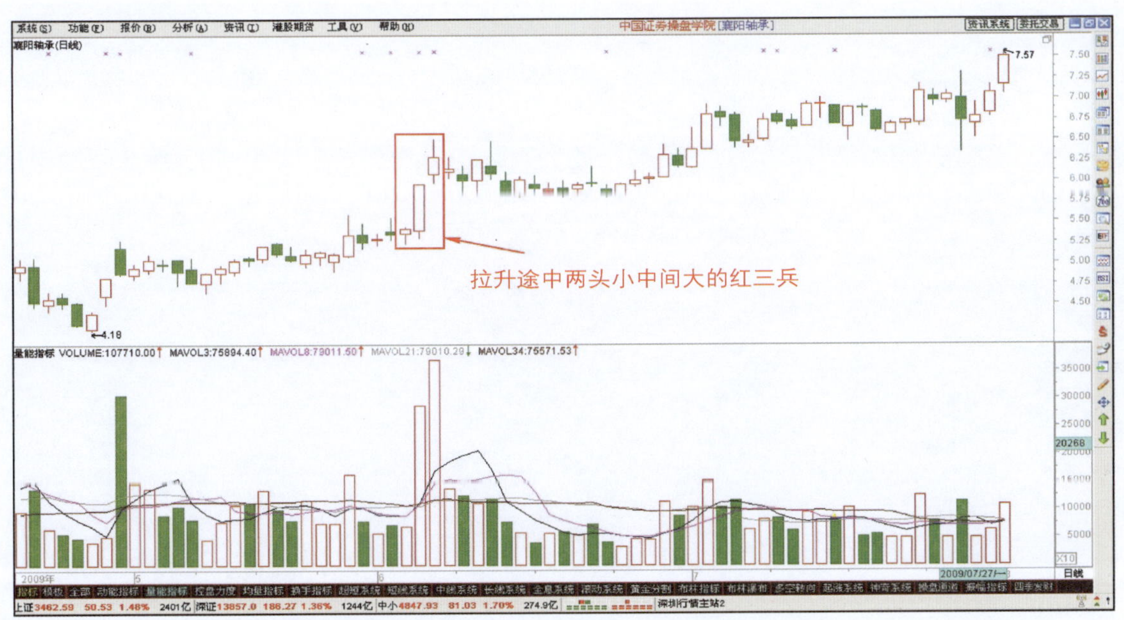

【图谱 55】拉升途中两头小中间大的红三兵示意图

自我训练题：打开通达信行情分析软件，在襄阳轴承（000678）日线图中找出符合拉升途中两头小中间大红三兵的图形。

第 056 式　拉升途中的阴夹阳

【技术特征】

第一，在股价拉升的途中，主力首先拉出一根大阴线，之后第二天，略微低开，拉出一根大阳线，第三天，股价跳空高开，一路震荡盘跌，收出一根大阴线或者中阴线，前后的阴线紧紧夹住中间的大阳线。

第二，这是典型的弱势整理定式，预示着随后将会有幅度较深的整理。

【操作技巧】

在操作上，激进的投资者可以在出现大阴线第一天的尾盘买进，在第二天收盘前卖出，也可以在第三天集合竞价时间段卖出。杠杆交易的投资者可以在第五天逢低买进。

【实战图谱】

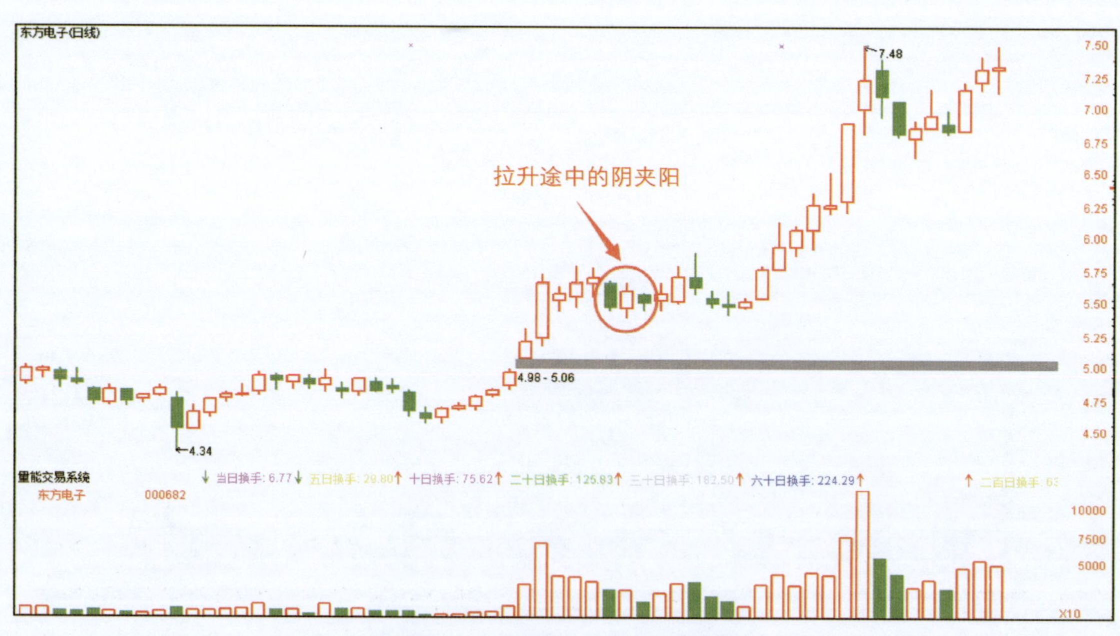

【图谱 56】拉升途中的阴夹阳示意图

自我训练题：打开通达信行情分析软件，在东方电子（000682）日线图中找出符合拉升途中阴夹阳的图形。

第 057 式　拉升途中的阳包阳

【技术特征】

第一，在股价拉升的途中，首先拉出一根小阳线或者中阳线，第二天，拉出一根平开或者低开的巨量大阳线，将昨天的损失全部扳回来，形成阳包阳的态势。

第二，这是典型的攻击性 K 线组合，表明主力的操盘计划并没有改变，股价将继续拉升，原来的趋势继续延续。

【操作技巧】

在操作上，激进的投资者可以在第二天集合竞价时间段买进第一仓，在盘中出现攻击性波形时找低点加码买进，杠杆交易的投资者可以在第二天尾盘买进。

【实战图谱】

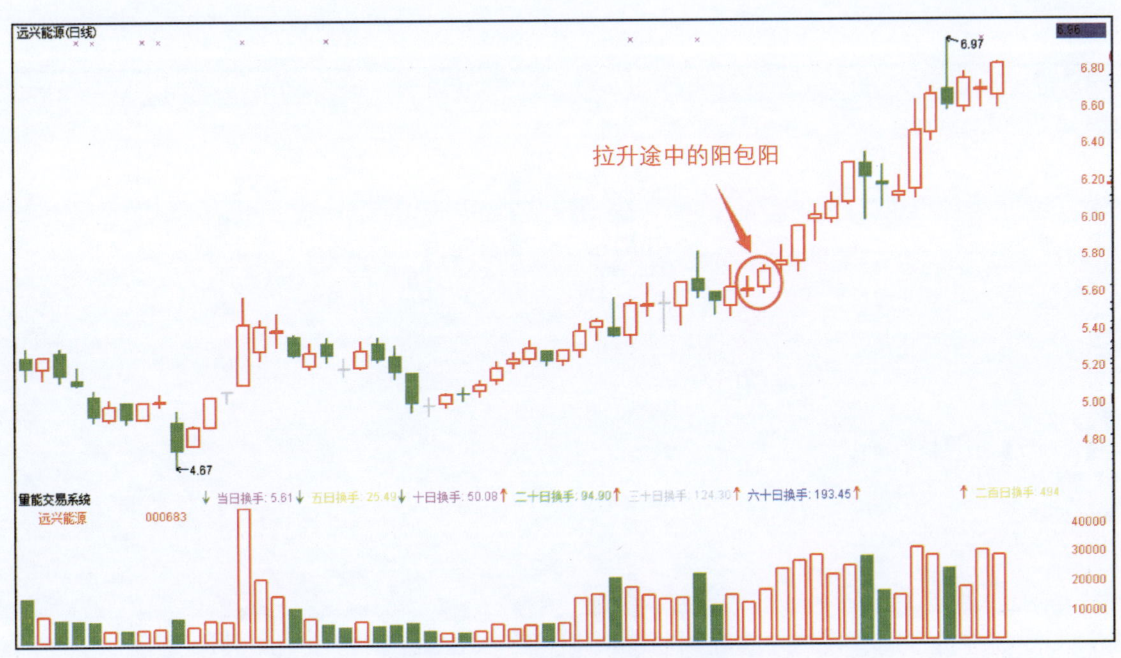

【图谱 57】拉升途中的阳包阳示意图

自我训练题：打开通达信行情分析软件，在远兴能源（000683）日线图中找出符合拉升途中阳包阳的图形。

第 058 式 拉升途中的虚假阳线

【技术特征】

第一，股价在拉升的途中，某一天主力刻意跳空低开高走，但收盘时故意压低收盘，走出一根当天收盘价低于前一天收盘价的小阳线或者中阳线。

第二，这是典型的多头行情下主力的娱乐行为，目的在于制造恐慌，引诱投资者卖出。

【操作技巧】

在操作上，投资者不可轻举妄动，首先要看清楚成交量的变化，如果是缩量低开小阳线，随后第二天却巨量高开，表明主力在快速清洗，可以在集合竞价的时候买进第一仓，杠杆交易的投资者可以在尾盘或者第二天买进。

【实战图谱】

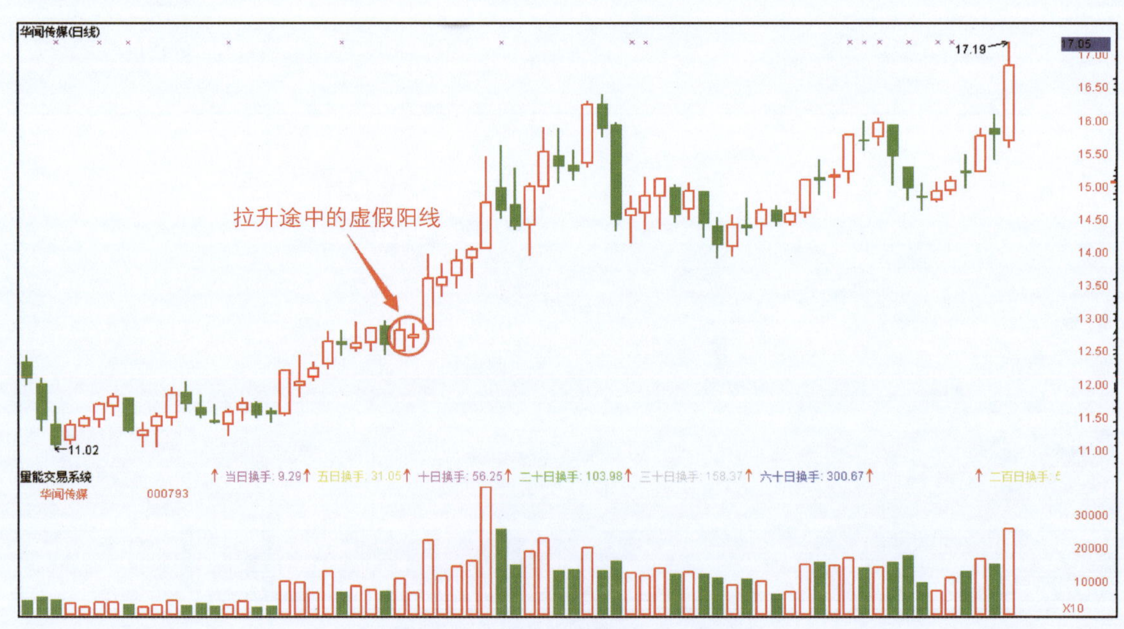

【图谱 58】拉升途中的虚假阳线示意图

自我训练题：打开通达信行情分析软件，在华闻传媒（000793）日线图中找出符合拉升途中虚假阳线的图形。

第三章　高位进场做空定式

第 059 式　盘整之后再下一层的向下跳空大阴线

【技术特征】

第一，在下跌趋势中，股价首先向下跳空拉出一根大阴线，然后横盘整理，整理之后，不但没有止跌回稳，反而再次向下跳空低开，拉出中阴线或者大阴线，表明股价当前处于下跌中继，新的一波大跌才刚刚开始。

第二，新的大阴线出现之后，短期内空头能量释放过多，股价将会短暂整理，随后弱势反弹，反弹高度有限。一旦反弹结束，将再次狂跌不止。

【操作技巧】

在操作上，杠杆交易投资者不要有任何侥幸心理，应当及时降低仓位，或者暂时持股不动，在随后的反弹中坚决逢高卖出，毫不犹豫。如果交易品种可以做空，在反弹中逢高做空。

【实战图谱】

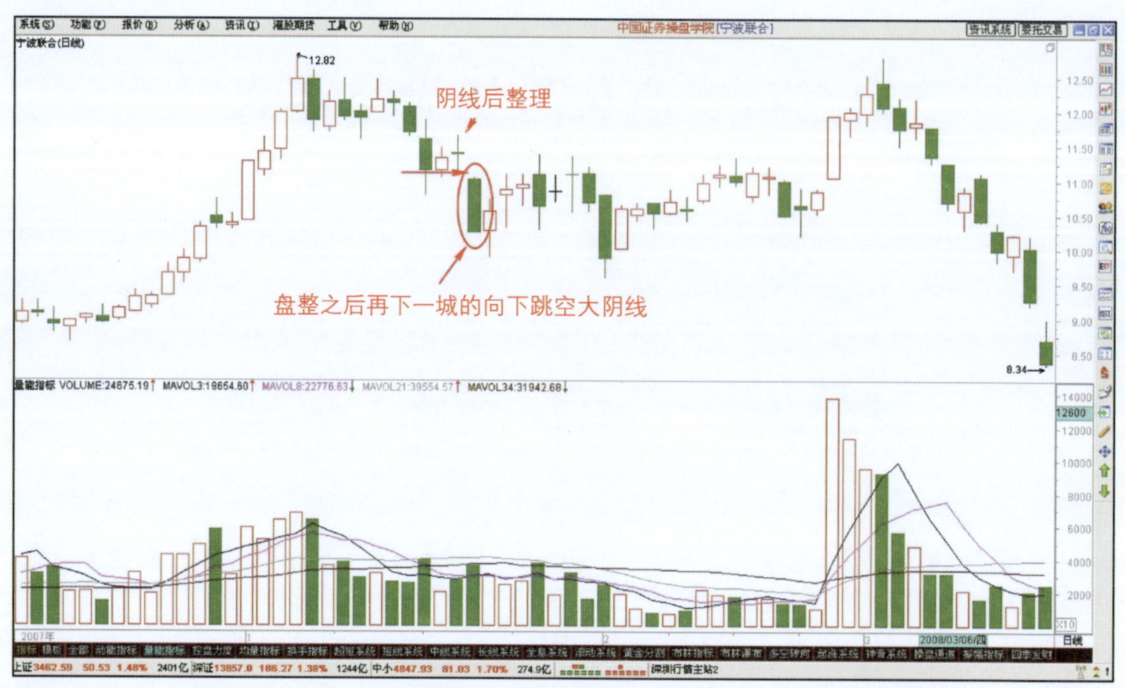

【图谱 59】拉升途中的虚假阳盘整之后再下一城的向下跳空大阴线示意图

自我训练题：打开通达信行情分析软件，在宁波联合（600051）日线图中找出符合拉升途中虚假阳盘整之后再下一层的向下跳空大阴线的图形？

第 060 式　高台跳水一字线之后再跳水

【技术特征】

第一，股价在下跌的初期，跌势比较缓慢，某一天股价受到重大利空的打击，直接以跌停的方式开盘，全天跌停板牢牢封死，直到收盘也没打开，在 K 线图上形成典型的一字线。第二天，股价继续直接低开低走，或者直接跌停，根本无法回补昨天的一字线形成的巨大缺口，表明下跌的趋势毫无转机。

第二，这是典型的空头行情，而且，这样的 K 线组合表明下跌的空间还很巨大！

【操作技巧】

在操作上，杠杆交易投资者应当立即挂单卖出，彻底清仓。如果当天没有逃命机会，第二天跳空低开时，杠杆交易投资者应该抓住机会，赶紧清仓。千万不可抱有任何幻想。如果交易可以品种做空，应逢高做空。

【实战图谱】

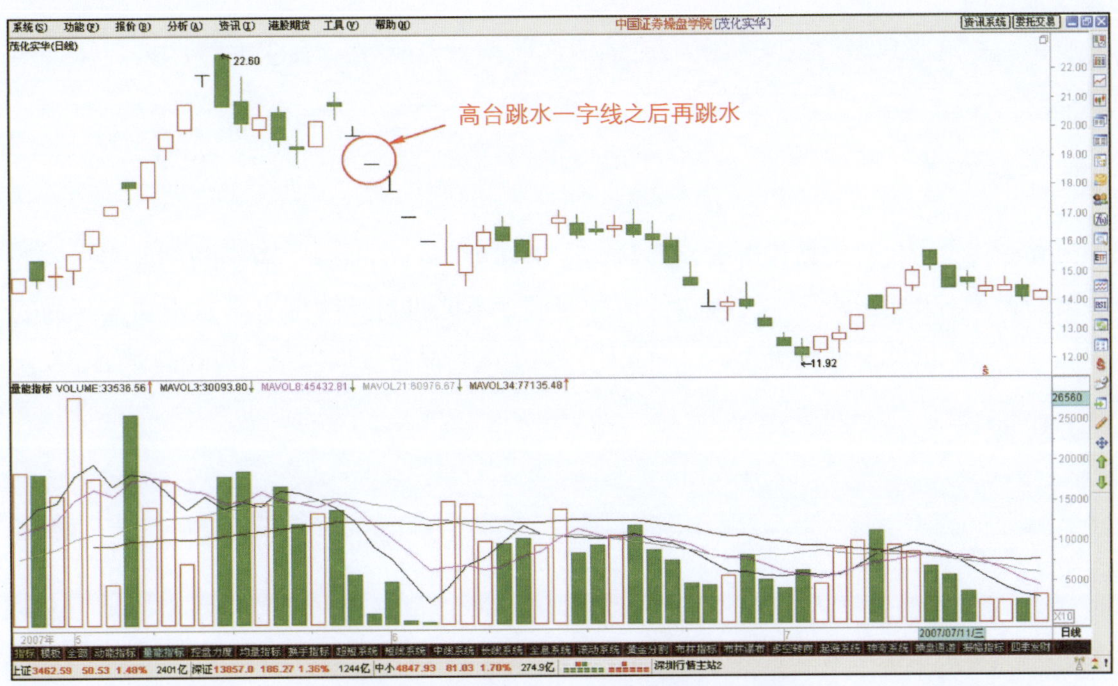

【图谱 60】高台跳水一字线之后再跳水示意图

自我训练题：打开通达信行情分析软件，在茂化实华（000637）日线图中找出符合高台跳水一字线的图形。

第 061 式　第二次向下跳空低开阴线

【技术特征】

第一，在盘头阶段结束后，股价首先是直接跳空低开低走，拉出一根大阴线，第二天，股价继续向下跳空低开低走，虽然盘中有所反弹，但最后还是拉出一根上影线很长的大阴线。

第二，这是典型的空头行情。连续两次跳空低开低走，表明大势已去，短期不可逆转。

【操作技巧】

在操作上，杠杆交易投资者在股价第一天跳空下行的时候，应果断彻底卖出，如果第一天来不及卖出，第二天跳空低走的时候，不能再对反弹抱有半点不切实际的幻想，唯一要做的就是彻底清仓，出局观望。如果交易品种可以做空，应逢高做空。

【实战图谱】

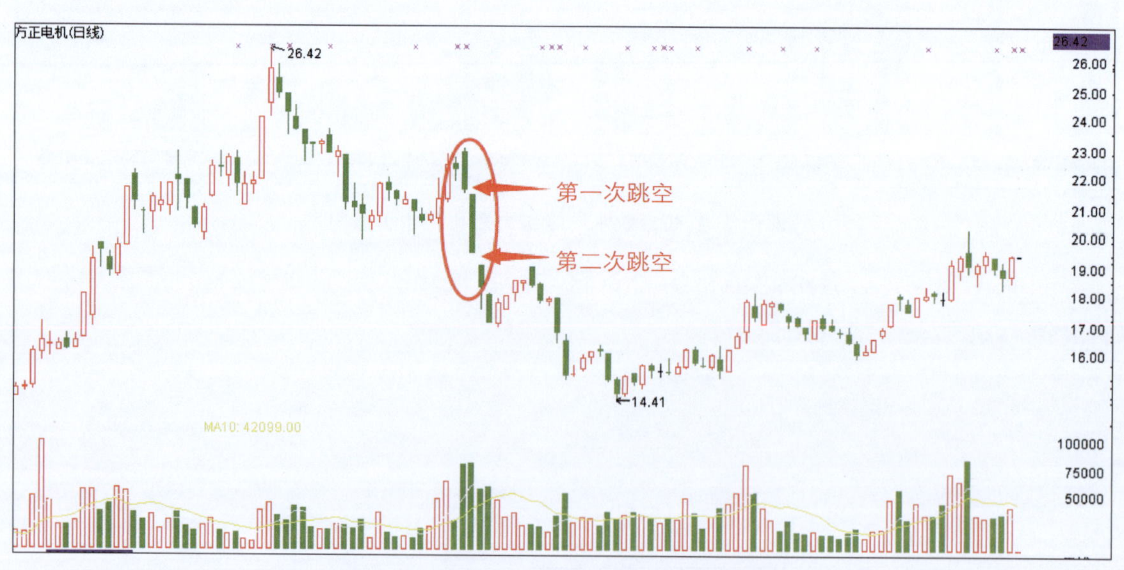

【图谱 61】第二次向下跳空低开阴线示意图

自我训练题：打开通达信行情分析软件，在方正电机（002196）日线图中找出符合第二次向下跳空低开阴线的图形？

第 062 式　阴阳交错盘头线

【技术特征】

第一，股价经过大幅度拉升之后，进入盘头阶段，为了出货方便，主力反复制造规律性走势，麻痹投资者。手段之一就是制造阴阳交错的盘头线。先跌后涨，再次重复，多次反复，最终跳空下行，一路下跌不止。

第二，阴阳交错的盘头线是主力机构出货的典型定式，可信程度很高。

【操作技巧】

在操作上，杠杆交易投资者应当及时卖掉，或者逢高分批出局。如果交易品种可以做空，应逢高做空。

【实战图谱】

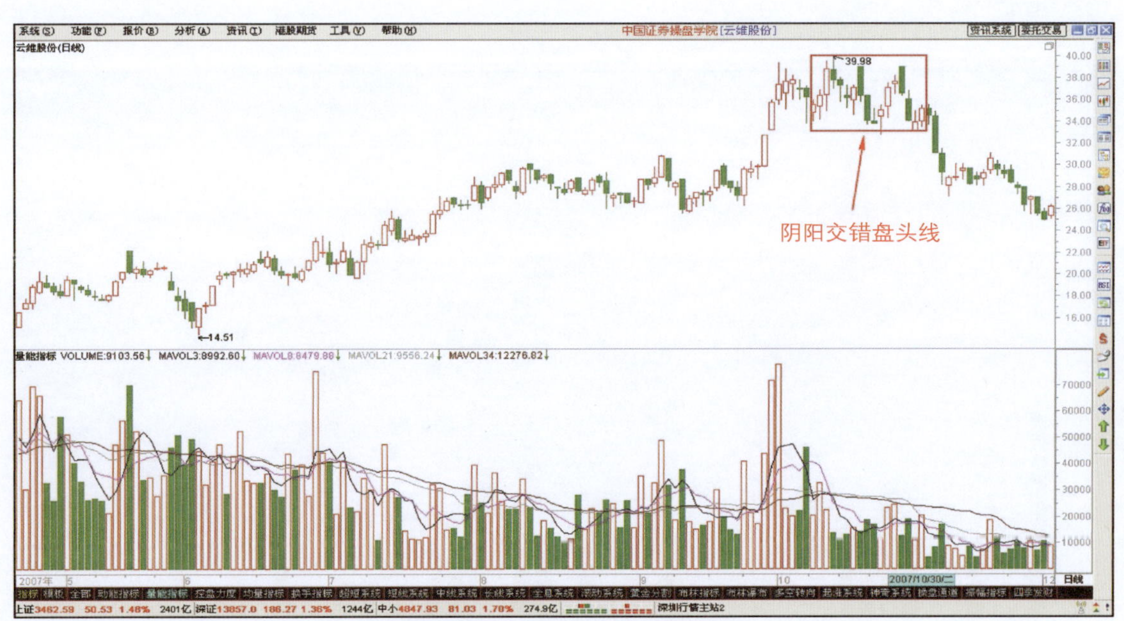

【图谱 62】阴阳交错盘头线示意图

自我训练题：打开通达信行情分析软件，在云维股份（600725）日线图中找出符合阴阳交错盘头线的图形。

第063式　下跌初期出现的渐大三连阴

【技术特征】

第一，股价在下跌的初期，跌势比较平缓，投资者还心存幻想，接下来主力机构加大操盘力度，连续拉出三根阴线，而且实体部分越来越大，形成典型的渐大三连阴，表明股价下跌的速度即将加速，随之而来的将是巨大幅度的下跌。

第二，下跌初期的渐大三连阴是典型的出货信号，表明主力已经不再愿意把守阵地。

【操作技巧】

在操作上，此时杠杆交易投资者要做的事就是逢高坚决卖掉所有筹码，持币观望。如果交易品种可以做空，应逢高做空。

【实战图谱】

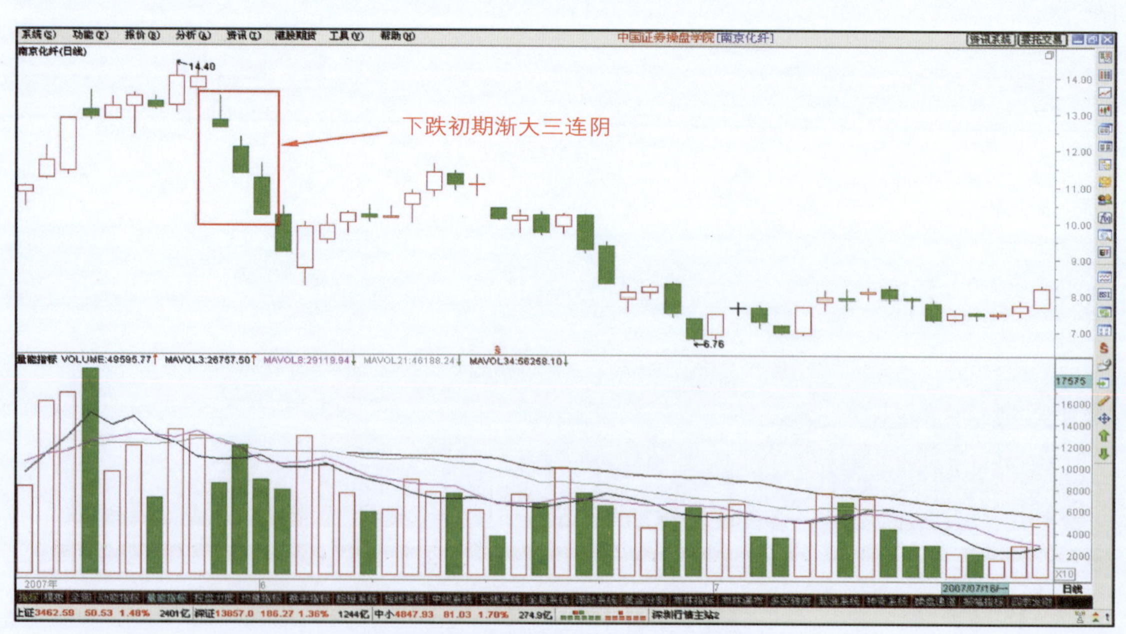

【图谱63】下跌初期渐大三连阴示意图

自我训练题：打开通达信行情分析软件，在南京化纤（600889）日线图中找出符合下跌初期渐大三连阴的图形。

第 064 式　下跌中期出现的跳水十字星

【技术特征】

第一，股价经过一轮下跌之后，跌势趋缓，随后出现 3～5 天的弱势反弹，给投资者卖出的机会。弱势反弹结束后，股价再次跳空低开，拉出一根跳水十字星。表明正在下跌的股价还将继续下跌，将进一步往下寻找支撑点。

第二，这是典型的下跌中继信号，一旦出现向下跳空的十字星，表明原先的下跌趋势短期内难以改变，除非有强大的外力作用，否则，股价继续跌跌不休。

【操作技巧】

在操作上，杠杆交易场外投资者需要继续保持观望，被套牢的投资者要当机立断，割肉出局，保存实力。留得青山在不愁没柴烧。如果交易品种可以做空，应逢高做空。

【实战图谱】

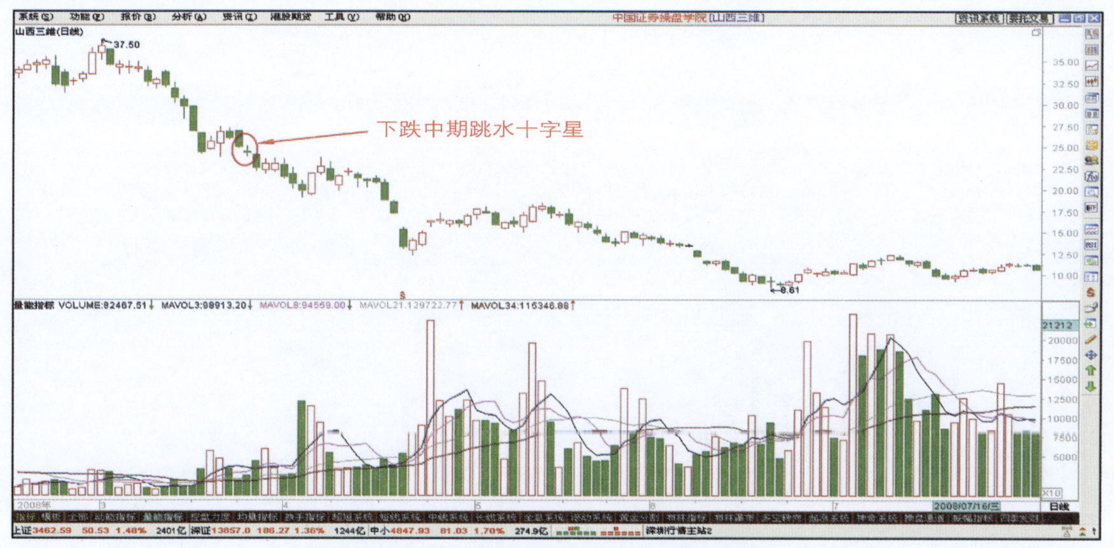

【图谱 64】下跌中期跳水十字星示意图

自我训练题：打开通达信行情分析软件，在＊ST 三维（000755）日线图中找出符合下跌中期跳水十字星的图形。

第 065 式　下跌中期出现的跳水上影线

【技术特征】

第一，在下跌的中期，主力利用集合竞价向下跳空大幅度低开，然后盘中逐波上攻，造成股价向上突破的假象，对敲拉抬，大肆出货，尾盘阶段大规模杀跌，股价回落到开盘价附近收盘，拉出一根很长的上影线。第二天直接低开低走，说明主力已经彻底放弃。

第二，下跌中期出现的跳水上影线是主力加大力度甩尾货的典型定式。

【操作技巧】

在操作上，杠杆交易场外投资者应保持观望，杠杆交易场内套牢的投资者应当利用反弹时机快速清仓，减少损失，千万不可加码买进，此时任何企图摊平成本的想法都是错误的！如果交易品种可以做空，应逢高做空。

【实战图谱】

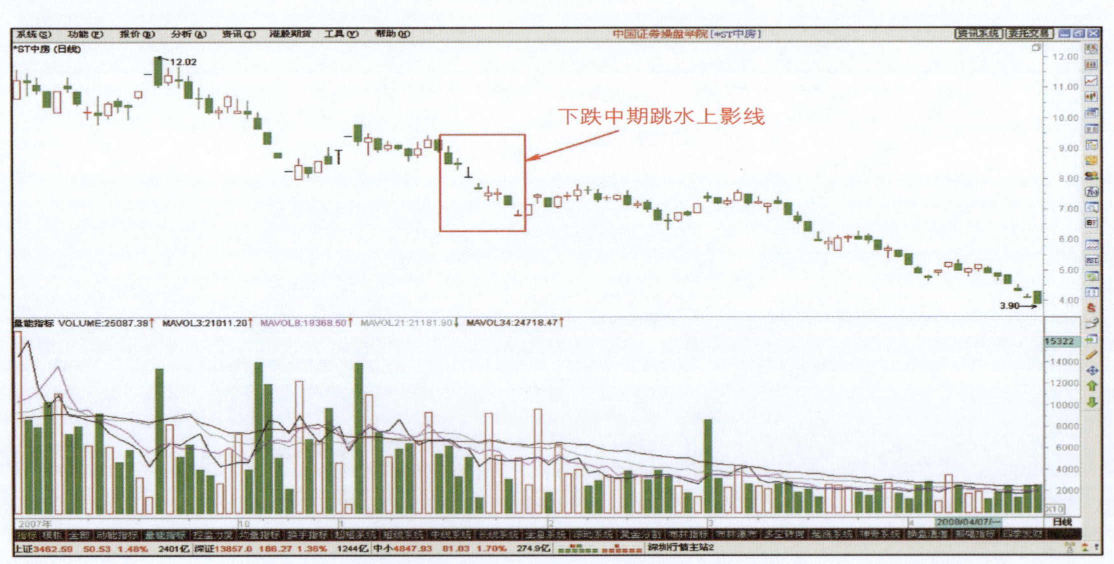

【图谱 65】下跌中期跳水上影线示意图

自我训练题：打开通达信行情分析软件，在＊ST 新都（000033）日线图中找出符合下跌中期跳水上影线的图形。

第 066 式　下跌中期出现的跳水下影线

【技术特征】

第一，股价下跌中期，在持续下跌之后，跌势趋缓，出现了貌似见底的情形。主力机构利用投资者的弱点，在盘中快速大幅度打压到跌停板附近，然后逐波上扬，对敲拉升，拉出很长的下影线。

第二，下跌中期出现的这种 K 线图形，属于典型的诱多信号。

【操作技巧】

在操作上，杠杆交易投资者千万不可冲动，需要仔细分析主力的操盘意图，研究盘口的波形和当前股价所处的位置，如果第二天不能强势高开放量上攻，套牢的投资者要尽快出局，如果交易品种可以做空，应逢高做空。

【实战图谱】

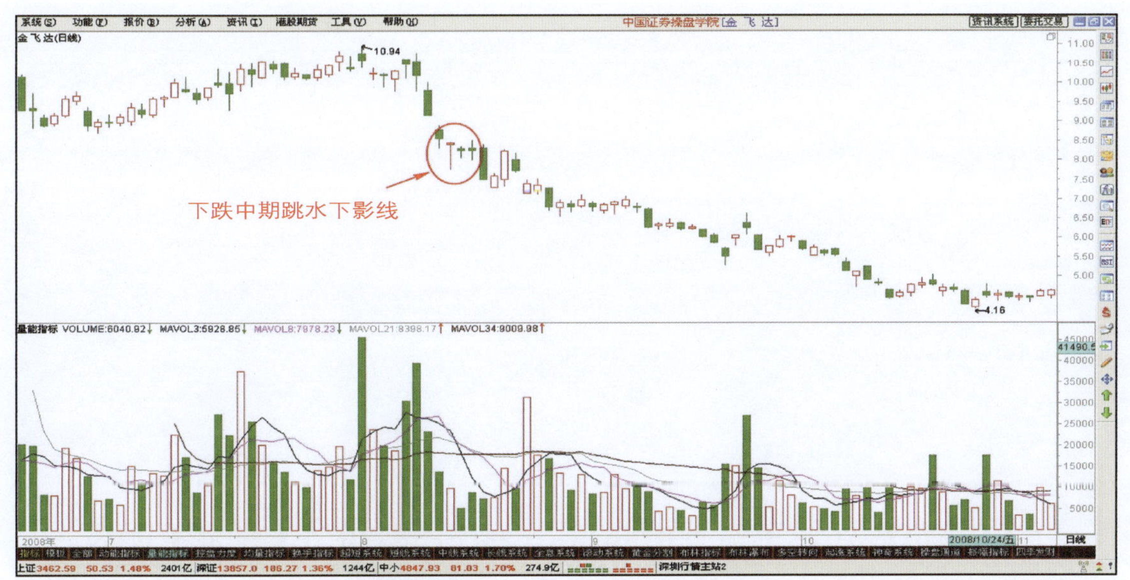

【图谱 66】下跌中期跳水下影线示意图

自我训练题：打开通达信行情分析软件，在金飞达（002239）日线图中找出符合下跌中期跳水下影线的图形。

第 067 式　下跌中期出现的弱势反弹阳线

【技术特征】

第一，在下跌中期，股价持续下跌，连续拉出几根大阴线，表明短期内空方的能量得到充分的释放，随后股价将会有所反弹。但是，反弹的力度不大，成交量也不配合，属于弱势反弹，反弹之后，股价将继续下跌。

第二，这种 K 线组合属于下跌中继弱势反弹，缩量的反弹预示着行情将很快结束。

【操作技巧】

在操作上，杠杆交易场外投资者千万不可冲动，要坚决持币观望，套牢的投资者要借助股价向上反弹的时机，割肉出局，减少损失。如果交易品种可以做空，应逢高做空。

【实战图谱】

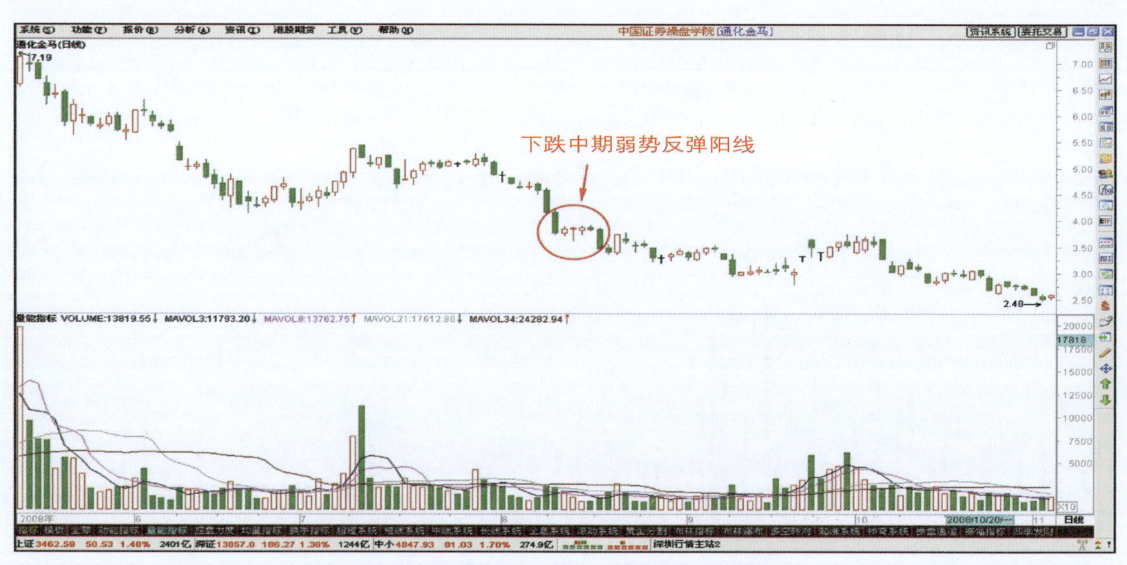

【图谱 67】下跌中期弱势反弹阳线示意图

自我训练题：打开通达信行情分析软件，在通化金马（000766）日线图中找出符合下跌中期弱势反弹阳线的图形。

第 068 式　下跌中期出现的虚假阳线

【技术特征】

第一，在股价下跌的中期，首先出现一根急跌的大阴线，随后股价跳空低开，收出一根中阳线，但收盘价低于昨天大阴线的收盘价，如果接下来连续出现小阳线反弹，但是收盘价却是一天比一天低，则更为可怕的下跌还在后头。

第二，这是下跌中期典型的诱多信号，表明股价反弹之后，将会出现更为猛烈的下跌。

【操作技巧】

在操作上，杠杆交易场外投资者在下跌趋势还没有逆转之前，要保持观望。杠杆交易套牢的投资者可以利用虚假的阳线卖掉，如果交易品种可以做空，应逢高做空。

【实战图谱】

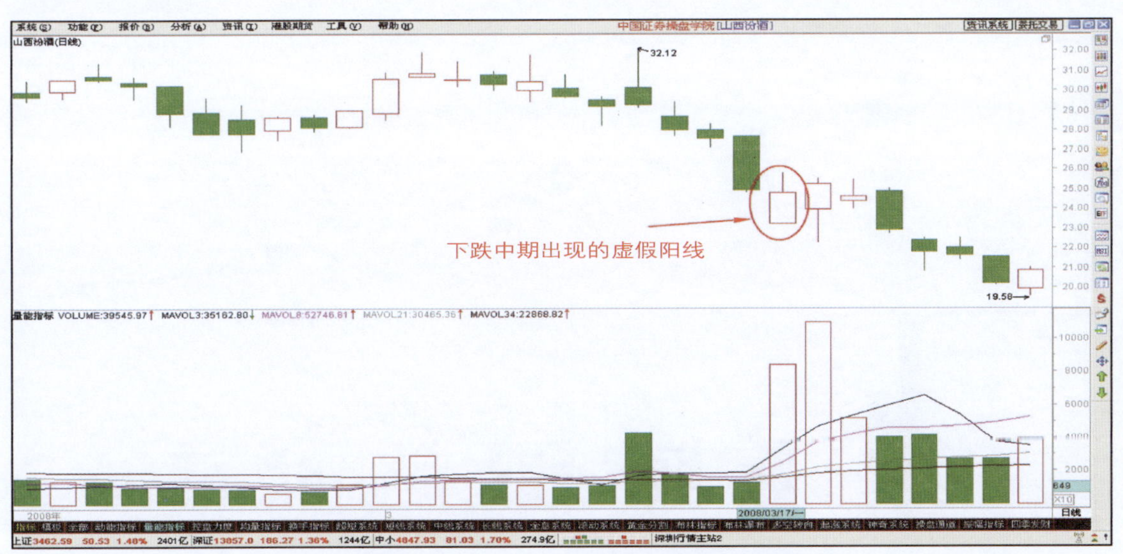

【图谱 68】下跌中期出现的虚假阳线示意图

自我训练题：打开通达信行情分析软件，在山西汾酒（600809）日线图中找出符合下跌中期出现虚假阳线的图形。

第 069 式　下跌中期出现的阴包阳

【技术特征】

第一，在下跌中期，股价首先是出现了一根或者几根阳线，大小不论，表明多头并没有死绝，还做垂死挣扎，试图反抗。第一天，拉出大阳线，第二天，只能拉出孕小阳线，表明后续做多能量不足，第三天出现跳空高开低走的大阴线，将第二天的阳线包起来，宣告反弹行情已经结束。

第二，这是下跌中期弱势反弹的经典定式，预示着股价还将继续下跌。

【操作技巧】

在操作上，杠杆交易场外投资者在下跌趋势还没有逆转之前，要保持观望。套牢的投资者可以利用第一天的大阳线卖掉筹码，如果交易品种可以做空，应逢高做空。

【实战图谱】

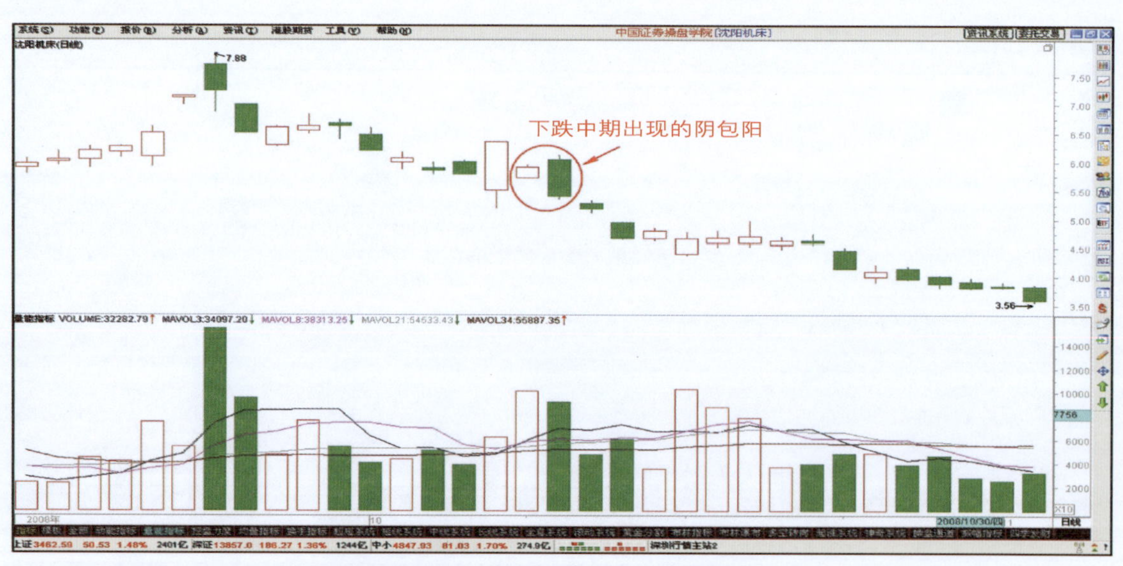

【图谱 69】下跌中期出现的阴包阳示意图

自我训练题：打开通达信行情分析软件，在沈阳机床（000410）日线图中找出符合下跌中期出现阴包阳的图形。

第 070 式　下跌中期出现的分手线

【技术特征】

第一，在下跌的中期，股价连续下跌之后，收出一根实体部分超过 5%的阳线，向上攻击的阳线给人一点幻想。但是，好景不长，第二天就直接跳空低开低走，低开的幅度超过 3%，将第一天买进的投资者全部套住。第一天的阳线与第二天的阴线酷似分道扬镳的恋人，从此各奔东西，不再相见。

第二，下跌中期出现的分手线属于典型的诱多成功信号，表明新的一轮下跌已经开始。

【操作技巧】

在操作上，杠杆交易场外的投资者千万不可买进，已经套牢的投资者需要当机立断，立即割肉出局，接下来，下跌的空间巨大，不要有任何幻想，如果交易品种可以做空，应逢高做空。

【实战图谱】

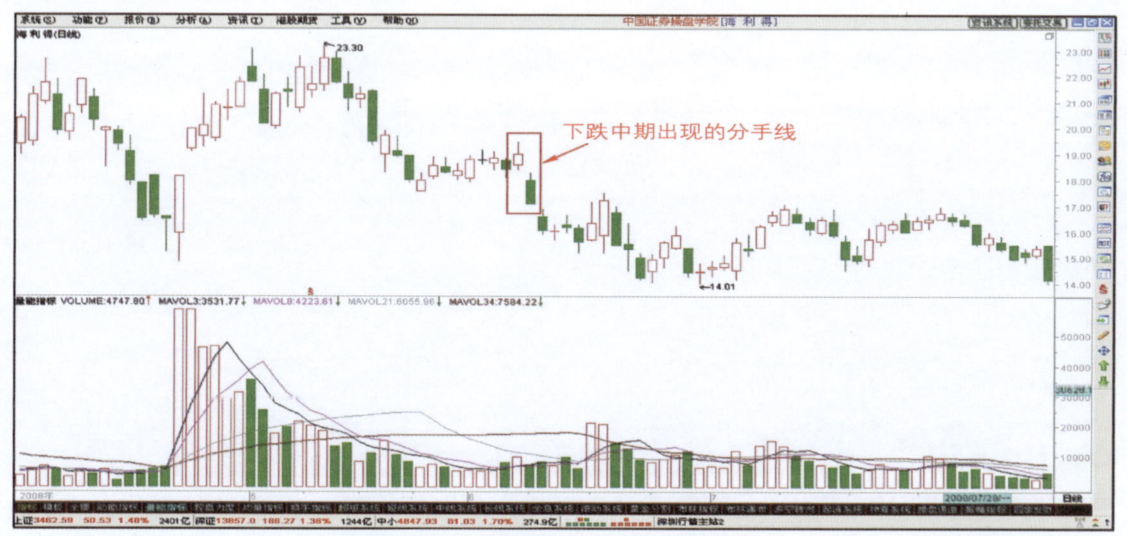

【图谱 70】下跌中期出现的分手线示意图

自我训练题：打开通达信行情分析软件，在海利得（002206）日线图中找出符合下跌中期出现分手线的图形。

第 071 式　下跌中期出现小阳线后低开下行

【技术特征】

第一，股价下跌中期，在连续拉出一串小阳线之后，再次拉出连续的大阴线，彻底吞没了前边的反弹成果。之后，在连续大阴线出现后，拉出一根小阳线，貌似止跌信号。第二天，股价直接跳空低开低走，一路下行。

第二，这种 K 线组合是很常见的反弹失败信号，预示着股价继续下跌。

【操作技巧】

在操作上，杠杆交易投资者在股价跳空低开时，应当立即卖出以便尽可能减少损失。杠杆交易场外的投资者千万不要冲动，轻易不要买进。如果交易品种可以做空，应逢高做空。

【实战图谱】

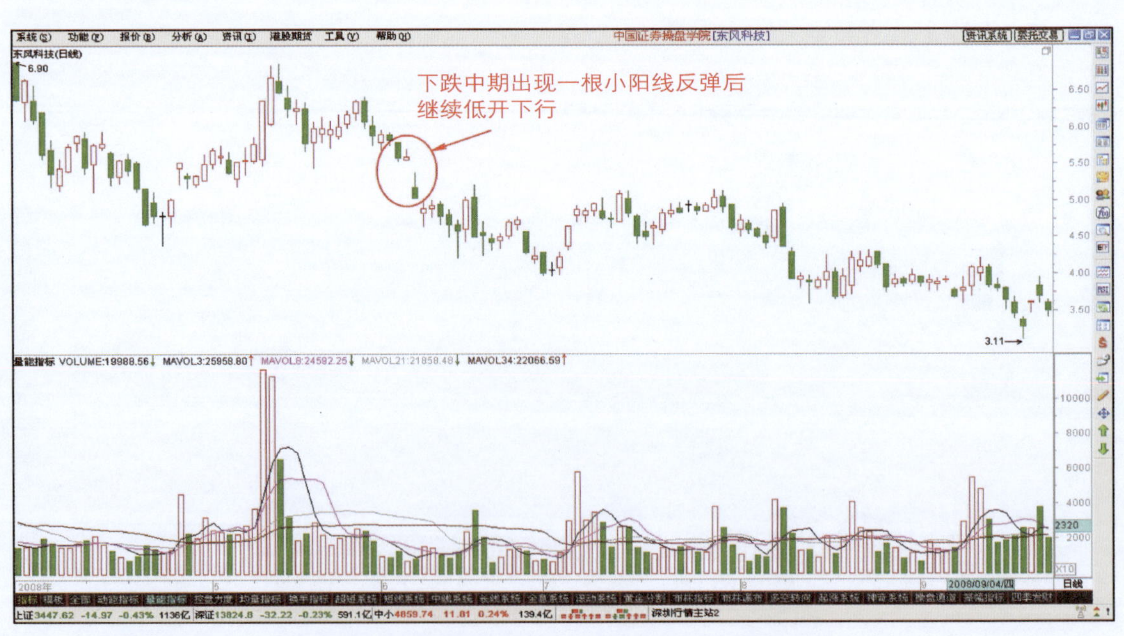

【图谱 71】下跌中期出现小阳线后低开下行示意图

自我训练题：打开通达信行情分析软件，在东风科技（600081）日线图中找出符合下跌中期出现小阳线后低开下行的图形。

第 072 式　下跌中期出现的阴包阳

【技术特征】

第一，在下跌的中期，股价连续下跌之后，短期内做空的动能已经得到了充分的释放，跌势趋缓，第一天，股价在前一根阴线的实体内开盘，小幅度震荡走高，最后收出一根小阳线，与前一根阴线形成阴孕阳组合形态。第二天，股价跳空高开低走，一路下行，收出一根大阴线，将第一天的小阳线全部吃掉。

第二，下跌途中出现的阴孕阳线表明多头反弹行情十分微弱，随后的阴包阳表明空头占据了绝对上风，下跌趋势难以在短期内逆转。

【操作技巧】

在操作上，杠杆交易投资者应该继续持币观望。套牢的投资者要止损出局。如果交易品种可以做空，应逢高做空。

【实战图谱】

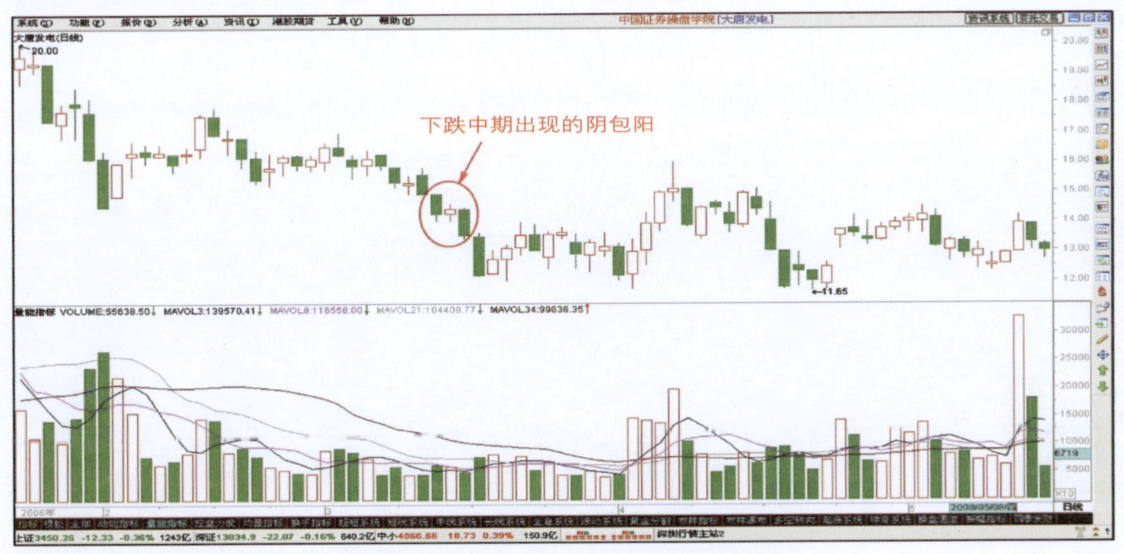

【图谱 72】下跌中期出现的阴包阳示意图

自我训练题：打开通达信行情分析软件，在大唐发电（601991）日线图中找出符合下跌中期出现阴包阳的图形。

第 073 式 下跌中期出现的覆盖线

【技术特征】

第一，在股价下跌的中期，股价首先连续反弹，但是多头很快就败阵下来，股价连续拉出 2 根阴线后，多头再次反击，走出阳包阴走势，第二天，股价跳空高开的时候，有许多卖盘蜂拥而出，将股价向下打压，最终在第一天阳线的实体 1/2 处收盘。

第二，下跌中期出现的覆盖线是反弹失败的信号，表明股价将继续下跌。

【操作技巧】

在操作上，杠杆交易套牢的投资者应该在出现阳线反弹的当天卖出，至少也应该在跳空高开的时候直接卖出，以便减少损失。杠杆交易场外投资者保持观望，如果交易品种可以做空，应逢高做空。

【实战图谱】

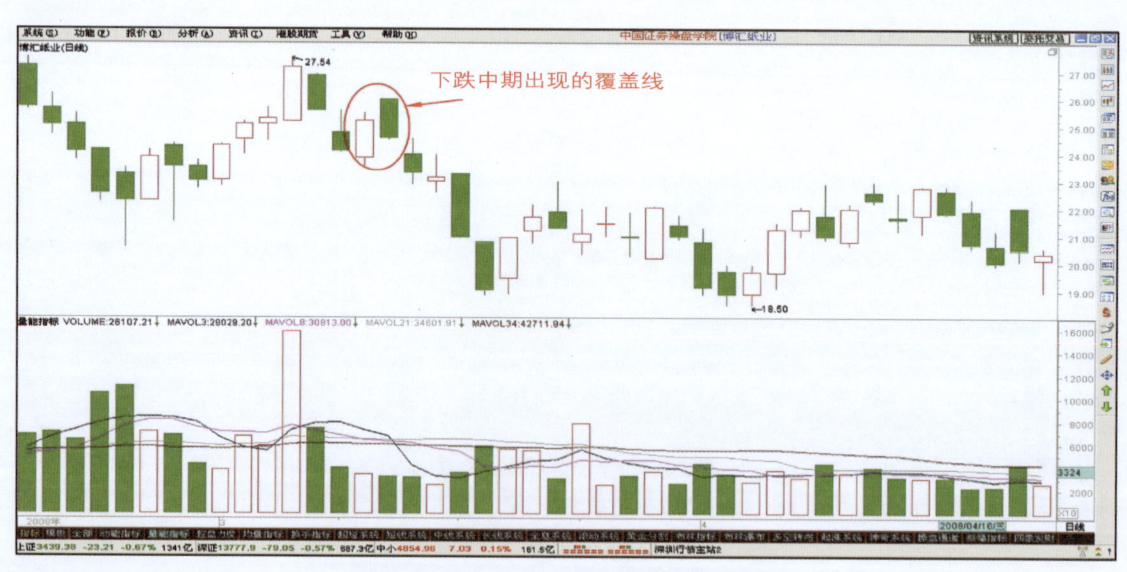

【图谱 73】下跌中期出现的覆盖线示意图

自我训练题：打开通达信行情分析软件，在博汇纸业（600966）日线图中找出符合下跌中期出现覆盖线的图形。

第 074 式　下跌中期出现的阴孕阴

【技术特征】

第一，在下跌中期，股价先是拉出一根大阴线，跌势凶猛，之后第二天，股价却跳高至昨天的大阴线实体内开盘，全天反复震荡，最终收出一根小阴线，走出一个阴孕阴组合。

第二，这种 K 线组合表明空头的实力消耗过多，短期内难以再次出现大跌，股价即将有所反弹，或者横盘整理。整理之后，股价将继续下跌。

【操作技巧】

在操作上，杠杆交易场外投资者继续观望。杠杆交易的投资者就不需要立即割肉，可以在接下来的小幅度反弹中高抛，减少损失。如果交易品种可以做空，应逢高做空。

【实战图谱】

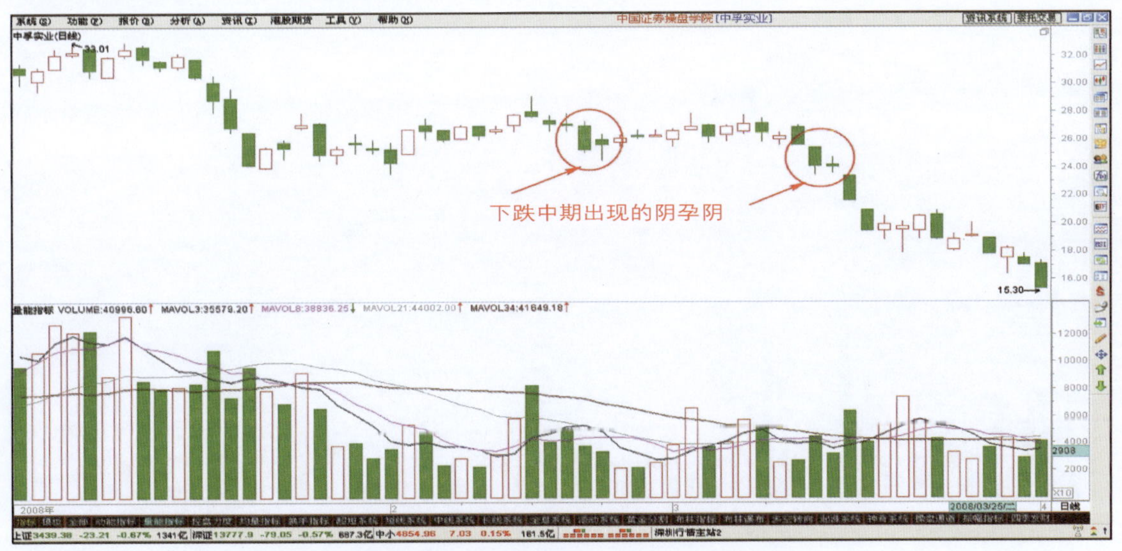

【图谱 74】下跌中期出现的阴孕阴示意图

自我训练题：打开通达信行情分析软件，在中孚实业（600595）日线图中找出符合下跌中期出现阴孕阴的图形。

第 075 式　下跌中期出现的并排阳线

【技术特征】

第一，在股价下跌的中期，股价连续下跌后，跌势趋缓，多头展开反击，连续收出两根并排的阳线来，形成下行途中的并排阳线。表明此时多方的攻击力度有限，无法发起强大的攻势，第三天，股价将继续下跌。

第二，下跌中期出现的并排阳线是典型的卖出信号，表明反弹即将失败，股价继续下跌。

【操作技巧】

在操作上，杠杆交易场外投资者千万不可轻举妄动，随意进场。杠杆交易套牢的投资者需要当机立断，割肉止损。随后的阴跌将是很漫长的，如果交易品种可以做空，应逢高做空。

【实战图谱】

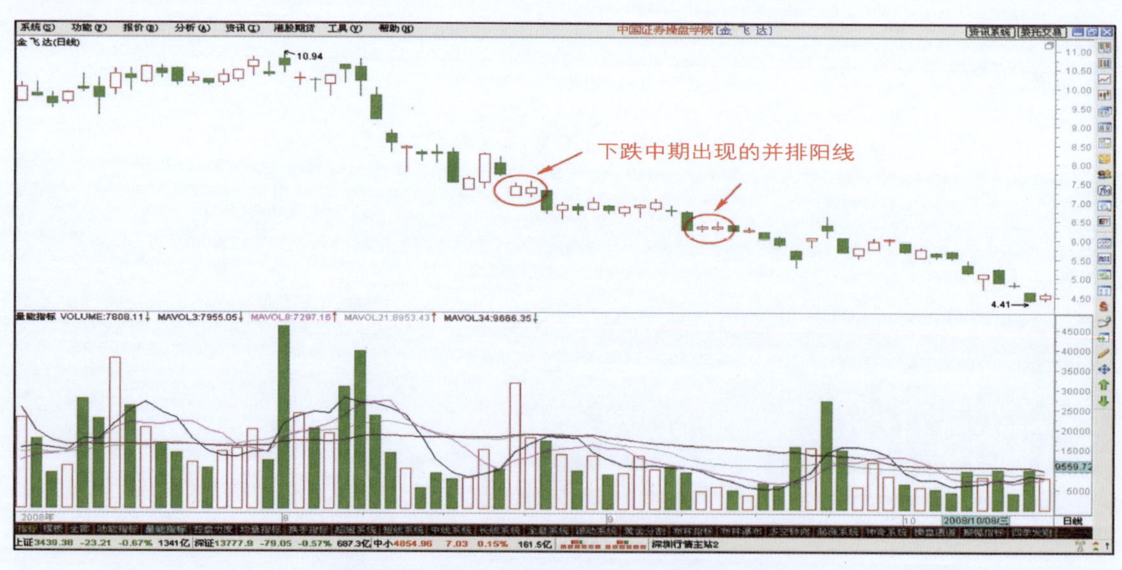

【图谱 75】下跌中期出现的并排阳线示意图

自我训练题：打开通达信行情分析软件，在金飞达（002239）日线图中找出符合下跌中期出现并排阳线的图形。

第 076 式　下跌中期出现的并排阴线

【技术特征】

第一，股价下跌的中期，经过一轮下跌之后，首先出现一根向下低开或者跳空低开的小阳线，预示着股价将继续大跌。但是实际上股价第二天并没有低开低走，而是平开或者略微高开，收出实体部分很小的小阳线或者小阴线，一连几天都是如此，构成了一连串并排阴线。

第二，下跌中期出现的并排阴线预示着股价下跌的速度有所放缓，喘息之后，如果多头不能迅速发动攻势，将会有更加猛烈的暴跌出现。

【操作技巧】

在操作上，杠杆交易场外投资者此时需要沉着冷静，谨慎观望。杠杆交易场内套牢的投资者可以分批逢高止损，尽量降低仓位，一旦再次向下突破，立即清仓。如果交易品种可以做空，应逢高做空。

【实战图谱】

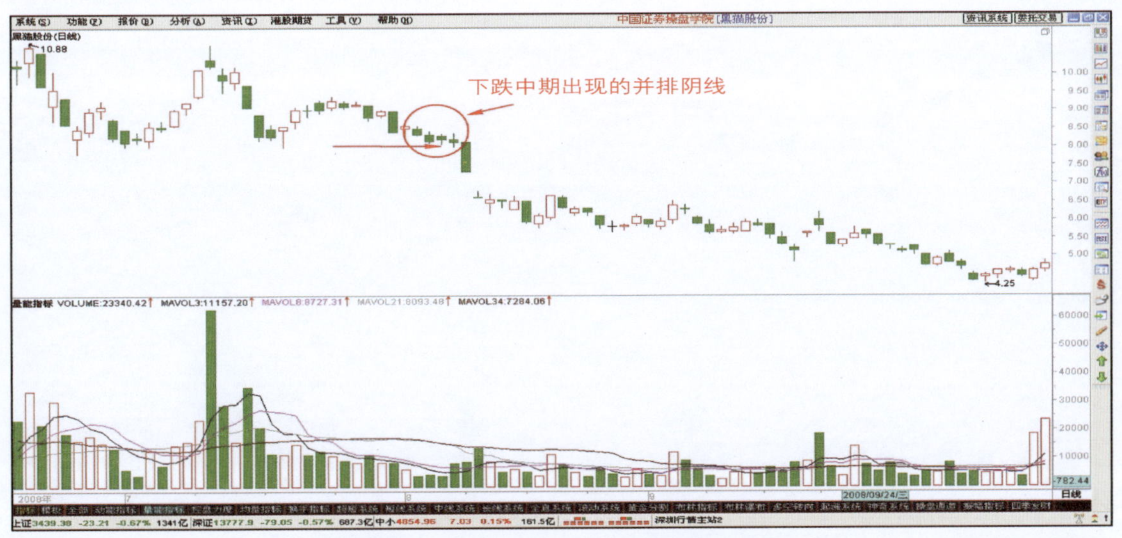

【图谱 76】下跌中期出现的并排阴线示意图

自我训练题：打开通达信行情分析软件，在黑猫股份（002068）日线图中找出符合下跌中期出现并排阴线的图形。

第 077 式 下跌中期出现的接二连三弱势反弹小阳线

【技术特征】

第一，在股价下跌的中期，多头不甘心于自己的失败，连拉两根甚至多根向上攻击的小阳线。但是，攻击的力度很微弱，连续几天都没有给空头造成致命的打击，一直不能有效收复失地，甚至不能站稳在前边破位下行大阴线的开盘价之上，说明多方攻击乏力。

第二，下跌途中出现的接二连三弱势反弹小连阳，仅仅是多头徒劳无功的抵抗，不堪一击。这种弱势反弹结束之后，股价将一泻千里，狂泻不止。

【操作技巧】

在操作上，杠杆交易投资者对明显处于下跌趋势的小反弹不要心存幻想，这样的小反弹不具备任何操作价值，应该保持观望。杠杆交易套牢的投资者尽快利用小反弹割肉出局。如果交易品种可以做空，应逢高做空。

【实战图谱】

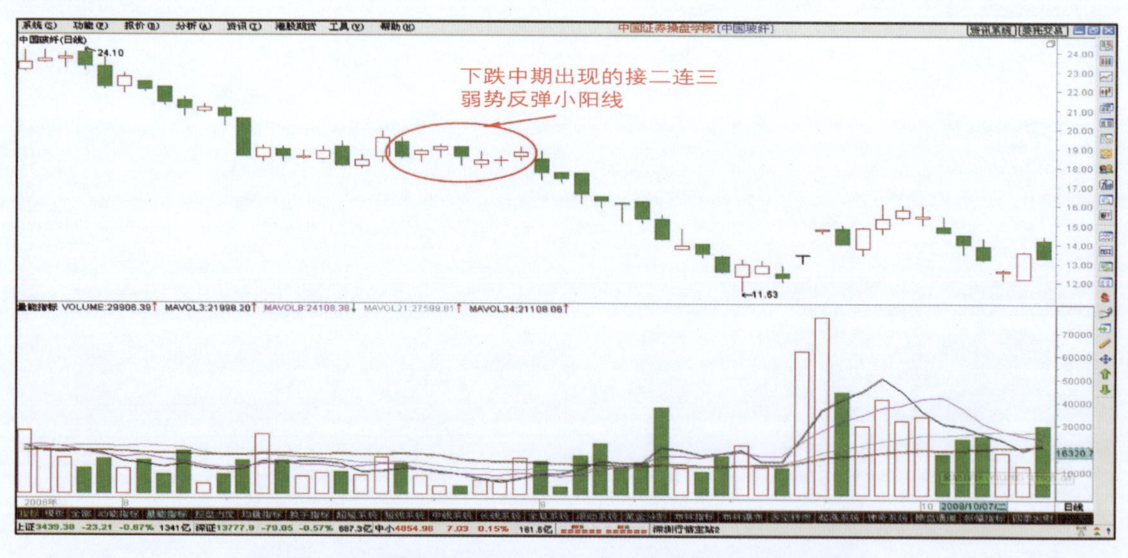

【图谱 77】下跌中期出现的接二连三弱势反弹小阳线示意图

自我训练题：打开通达信行情分析软件，在中国巨石（600176）日线图中找出符合下跌中期出现接二连三弱势反弹小阳线的图形。

第 078 式　下跌中期出现的下降三连击

【技术特征】

第一，在明显的下跌趋势中，股价连续下跌，连续拉出三根阴线，阴线实体部分可大可小，表明空头来势凶猛。随后多头以一根大阳 K 线顽强抵抗，成功狙击，一举收复了前面三根阴线所产生的跌幅，多头看似很强大，但是实际上消耗的能量过多，难以持久。

第二，这是下跌中期出现的典型的诱多信号。股价的反弹持续性很差，随后将继续下跌。

【操作技巧】

在操作上，杠杆交易场外投资者千万不要被这根大阳 K 线所迷惑，误以为新上升行情将要开始。实际上这是主力的诱多行为，不具备操作价值。杠杆交易套牢的投资者尽快割肉。如果交易品种可以做空，应在大阳高点逢高做空。

【实战图谱】

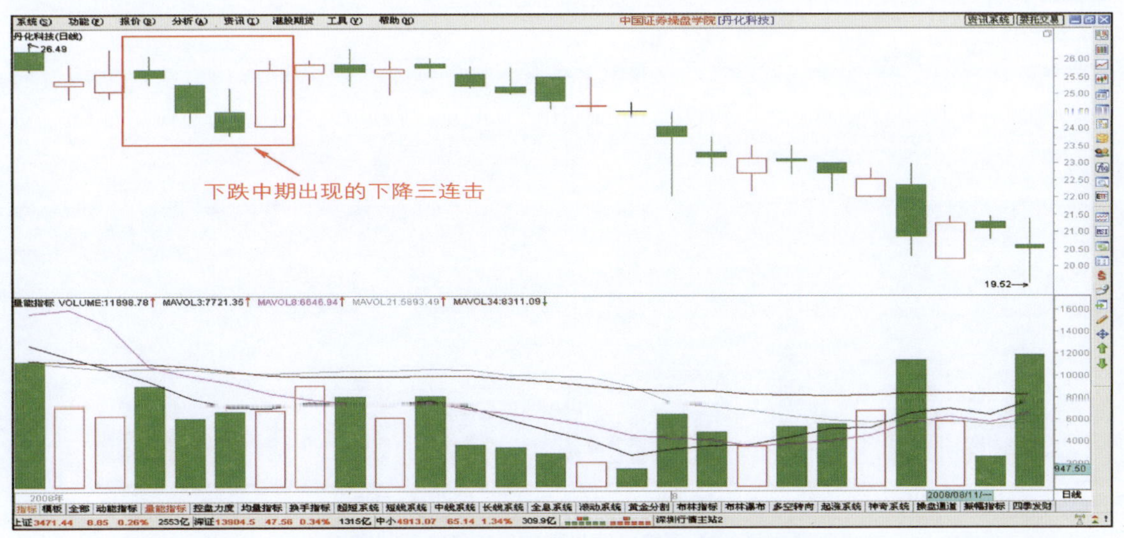

【图谱 78】下跌中期出现的下降三连击示意图

自我训练题：打开通达信行情分析软件，在丹化科技（600844）日线图中找出符合下跌中期出现下降三连击的图形。

第 079 式　下跌中期出现的抵抗红小兵

【技术特征】

第一，在下跌的中期，股价连续下跌之后，首先出现一根大阴线，跌势凶猛，随后多头展开了反击，连续拉出三根向上攻击的小阳线。但是，三根阳线的攻击力度很弱，根本无法收复失地，甚至无法超越前边大阴线的开盘价。

第二，下跌中期出现的抵抗性三个红小兵，属于下跌中继休整信号，随后股价继续下跌。

【操作技巧】

在操作上，杠杆交易投资者不要被三连阳迷惑。杠杆交易场外投资者在下跌趋势还没有扭转之前，继续保持观望。杠杆交易套牢的投资者也不要心存侥幸，尽快止损。如果交易品种可以做空，应逢高做空。

【实战图谱】

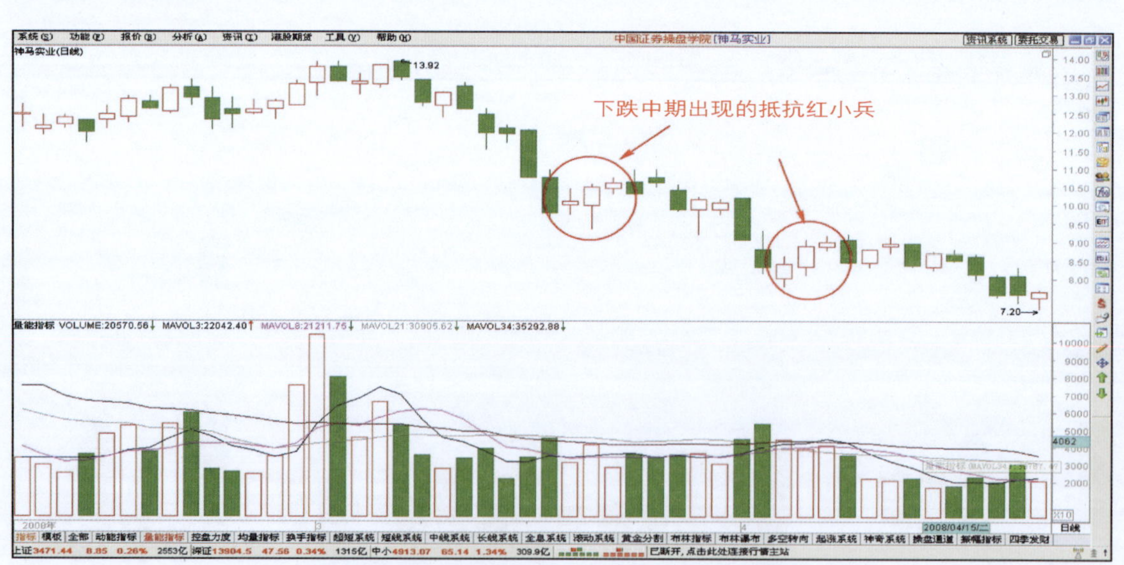

【图谱 79】下跌中期出现的抵抗红小兵示意图

自我训练题：打开通达信行情分析软件，在宁夏建材（600449）日线图中找出符合下跌中期出现抵抗红小兵的图形。

第 080 式　下跌中期出现的无效补缺线

【技术特征】

第一，在下跌中期，股价向下跳空低开低走，留下了明显的缺口，成交量急剧放大，表明恐慌盘蜂拥而出。第二天，股价巨量高开，反复震荡攀升，最后收出一根光头大阳线，一举回补前边的缺口，但是，耗费了很多能量，成交量也无法超过第一天阴线的成交量。

第二，这种 K 线组合属于下跌中期出现的反弹失败形态，多头错误估计形势，在错误的时间发起了错误的攻击，最后将败阵下来，股价将继续下跌。

【操作技巧】

在操作上，杠杆交易投资者原则上不参与这样的抵抗性反弹行情。杠杆交易套牢的投资者可以利用反弹的机会割肉出局，减少损失。如果交易品种可以做空，应逢高做空。

【实战图谱】

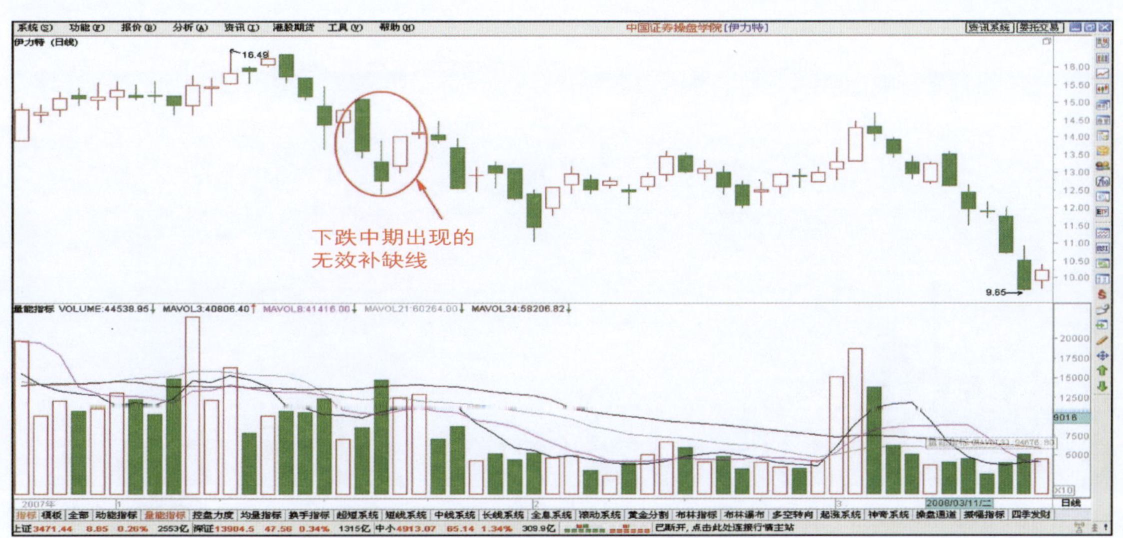

【图谱 80】下跌中期出现的无效补缺线示意图

自我训练题：打开通达信行情分析软件，在伊力特（600197）日线图中找出符合下跌中期出现无效补缺线的图形。

第 081 式　下跌中期出现的反弹切入线

【技术特征】

第一，在股价下跌的中期，股价连续下跌之后，拉出一根切入线，攻击的力度很弱，根本无法扭转下跌的趋势，第二天，股价高开低走，拉出一根大阴线，将第一天的切入线彻底覆盖，第三天，股价直接向下跳空低开低走，再创新低，开始新的下跌。

第二，这种 K 线组合是典型的下跌抵抗失败信号，股价将继续下跌。

【操作技巧】

在操作上，杠杆交易套牢的投资者要尽快割肉离场，避免更大的损失。杠杆交易场外的投资者保持观望，千万不可买进。如果交易品种可以做空，应逢高做空。

【实战图谱】

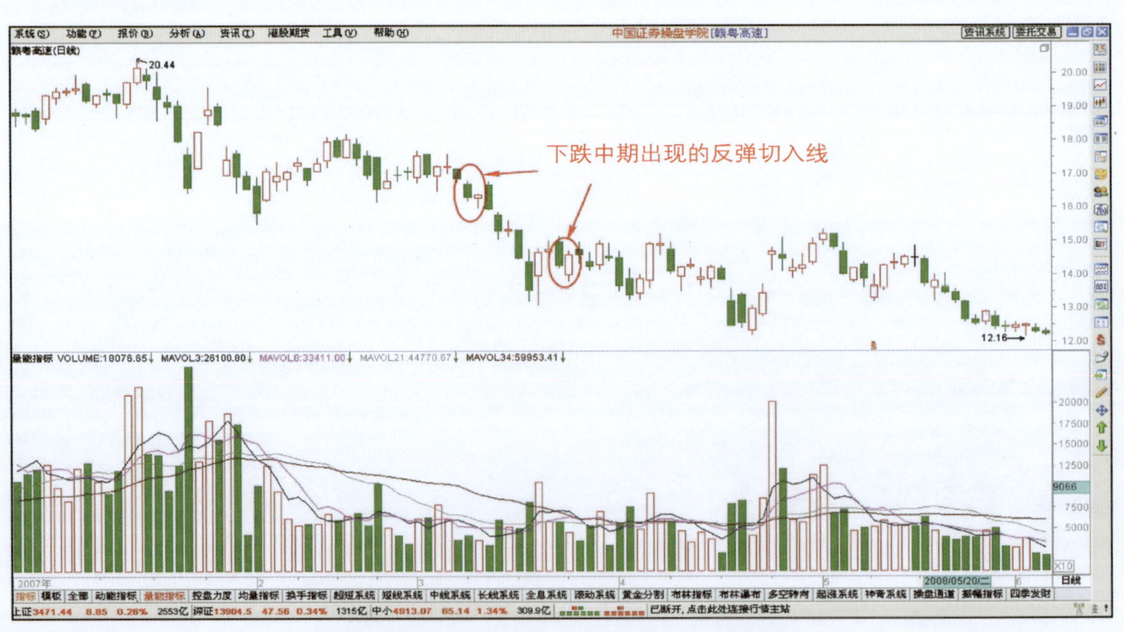

【图谱 81】下跌中期出现的反弹切入线示意图

自我训练题：打开通达信行情分析软件，在赣粤高速（600269）日线图中找出符合下跌中期出现反弹切入线的图形。

第 082 式 下跌中期出现的由大到小黑三兵

【技术特征】

第一，在下跌中期，由于受到突发性利空的冲击，股价连续暴跌，之后利空传闻得以纠正澄清，下跌的速度趋缓。空头的攻击力度也越来越小，出现由大到小的黑三兵走势。但是，仅仅是下跌的速度放慢，下跌的趋势并没有扭转。如果没有强大的利好刺激，股价在小幅度反弹之后，继续下跌。

第二，这是常见的消息刺激型 K 线组合，表明在下跌的趋势中投资者恐慌不已，一旦有什么风吹草动，抛盘就蜂拥而出。

【操作技巧】

在操作上，此时杠杆交易投资者不必急于介入，先观察，后分析，保持观望，谨慎对待。

【实战图谱】

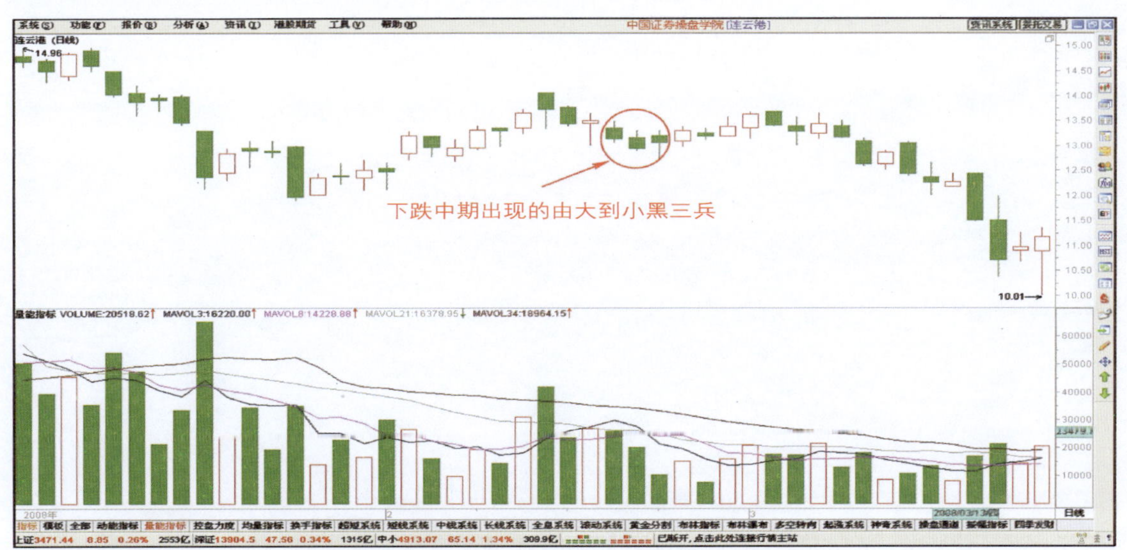

【图谱 82】下跌中期出现的由大到小的黑三兵示意图

自我训练题：打开通达信行情分析软件，在连云港（601008）日线图中找出符合下跌中期出现由大到小的黑三兵的图形。

第 083 式　下跌中期出现的中间大两头小黑三兵

【技术特征】

第一，在下跌中期，股价连续下跌之后，下跌的趋势有所放缓，之后出现小幅度反弹，反弹之后，继续下跌。第一天，先拉出一根小阴线，第二天，拉出一根大阴线，第三天，拉出一根带上下影线的小阴线。三根阴线构成了中间大两头小的黑三兵。

第二，这种 K 线组合是典型的走势犹豫信号，表明主力此时操盘思路混乱，去留难定。

【操作技巧】

在操作上，杠杆交易的投资者保持观望。激进的短线投资者可以轻仓参与反弹，快进快出，不可恋战。如果交易品种可以做空，应等反弹逢高做空。

【实战图谱】

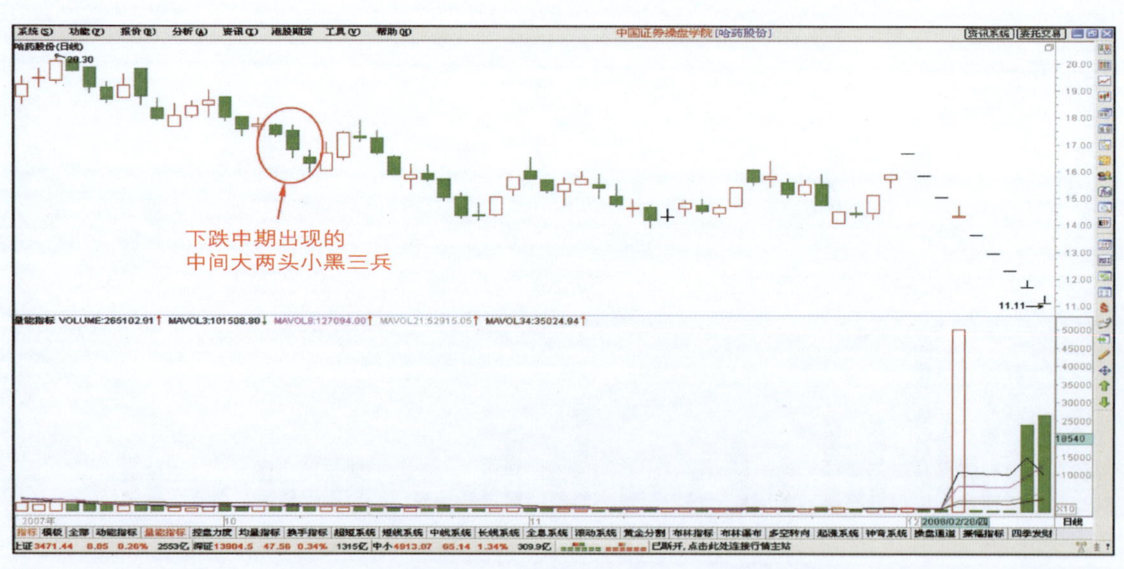

【图谱 83】下跌中期出现的中间大两头小黑三兵示意图

自我训练题：打开通达信行情分析软件，在哈药股份（600664）日线图中找出符合下跌中期出现中间大两头小黑三兵的图形。

第 084 式　下跌中期出现的阳夹阴

【技术特征】

第一，在下跌中期，股价首先是连续拉出一长串阴线，之后，走出抵抗性倒转锤头线，或者倒 T 线，表明下跌的趋势有所收敛，之后，第一天，收出一根小阳线，第二天，收出一根小阴线，实体部分与第一天的小阳线大致相当，第三天，收出一根中阳线。这三根 K 线组成了下跌中期出现的阳夹阴走势。

第二，这种下跌中期出现的阳夹阴走势是典型的机构悄悄进场信号。说明此时已经处于股价下跌的中后期，先知先觉的主力开始进场收集筹码，为最后一跌做砸盘准备。

【操作技巧】

在操作上，杠杆交易投资者可以考虑把它列入自选股跟踪分析，留意盘口的变化。杠杆交易套牢的投资者可以在随后的反弹中减仓。

【实战图谱】

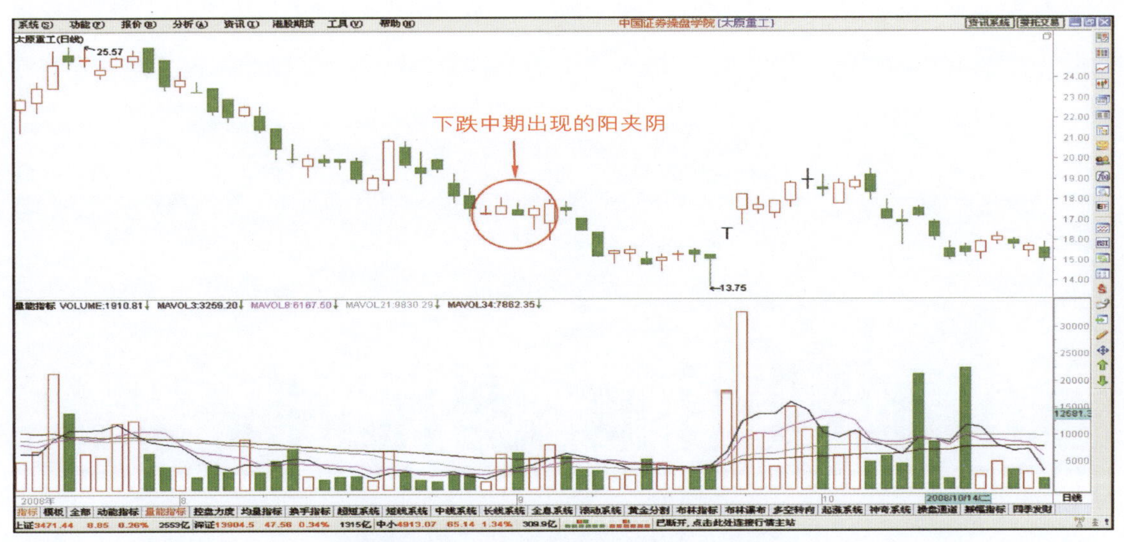

【图谱 84】下跌中期出现的阳夹阴示意图

自我训练题：打开通达信行情分析软件，在太原重工（600169）日线图中找出符合下跌中期出现阳夹阴的图形。

第 085 式　下跌中期出现的阴包阴

【技术特征】

第一，在下跌的中期，股价连续下跌之后，跌势趋缓，拉出一根小阴线，之后再拉出一根高开低走的大阴线，将前边的小阴线彻底包围起来。表明股价下跌的动能非常强大，更多的大阴线将会接踵而至，股价还将继续下跌。

第二，这种 K 线组合是典型的空头行情，股价仍远远未到反弹之时。

【操作技巧】

在操作上，杠杆交易套牢的投资者要尽快割肉离场，保住本金安全。杠杆交易场外的投资者坚决持币观望，千万不可进场，小心被套。如果交易品种可以做空，应逢高做空。

【实战图谱】

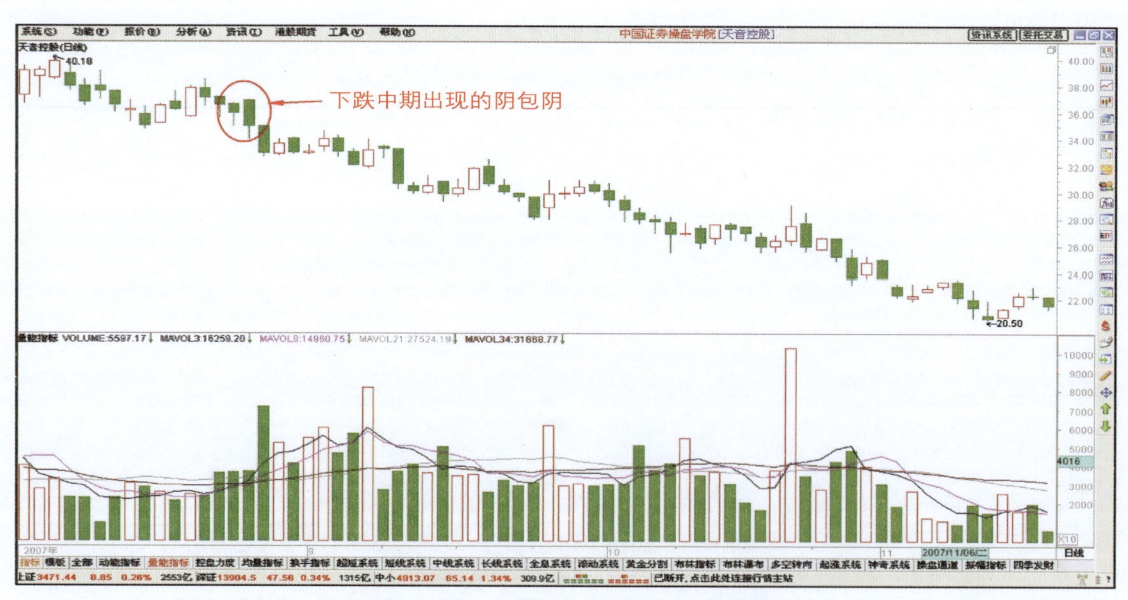

【图谱 85】下跌中期出现的阴包阴示意图

自我训练题：打开通达信行情分析软件，在天音控股（000829）日线图中找出符合下跌中期出现阴包阴的图形。

第 086 式 下跌中期出现的虚假阴线

【技术特征】

第一，在下跌中期，股价持续下跌之后，跌势趋缓，开始横盘整理，然后，跳空高开低走，最终收出一根小阴线或者中阴线，而股价实际上并没有下跌，而是还高于昨天的收盘价。

第二，下跌中期出现的虚假阴线是典型的反弹失败信号，说明反弹行情已经结束，第二天向下跳空低开低走，彻底宣告多头失败。

【操作技巧】

在操作上，杠杆交易场外投资者务必保持观望。杠杆交易套牢的投资者应该及时止损。如果交易品种可以做空，应逢高做空。

【实战图谱】

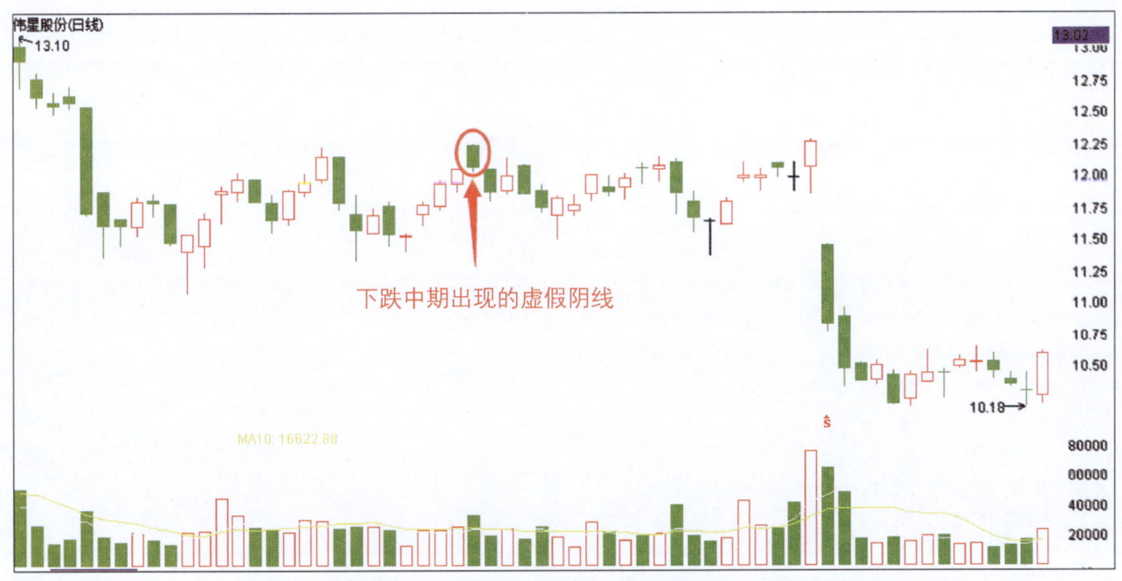

【图谱 86】下跌中期出现的虚假阴线示意图

自我训练题：打开通达信行情分析软件，在伟星股份（002003）日线图中找出符合下跌中期出现的虚假阴线的图形。

第 087 式　拉升末期多条并列阳线

【技术特征】

第一，股价经过大幅度拉升之后，进入盘头阶段，在高位横盘区域走出多条高点大致相同的阳线，股价无法创出新高，而是在同一价位徘徊，这是多方上攻乏力的明显迹象，预示着股价即将见顶回落。

第二，这是典型的盘头出货定式，如果股价每天低开高走，反复出现类似图形，更表明主力机构在暗中派发筹码。

【操作技巧】

在操作上，杠杆交易的投资者可以采取逢上影线卖出的策略，分批止赢。股价一旦跌穿并列阳线架构的出货平台，彻底清仓。如果交易品种可以做空，在跌穿并列阳线架构的出货平台时应逢高做空。

【实战图谱】

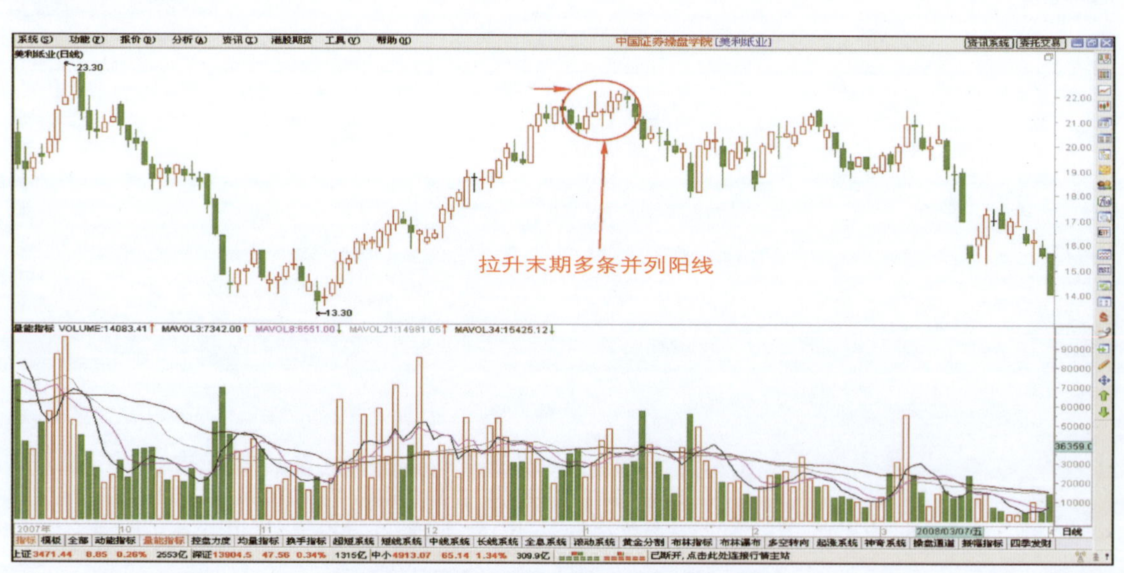

【图谱 87】拉升末期多条并列阳线示意图

自我训练题：打开通达信行情分析软件，在美利纸业（000815）日线图中找出符合拉升末期多条并列阳线的图形。

第 088 式　拉升末期多条并列阴线

【技术特征】

第一，在拉升末期，股价每天高开低走，低点大致相同，高点错落凌乱，架构了多条并列阴线。如此连续的反复盘头，表明主力不断出货，一旦有效跌穿并列阴线平台，将狂泻不止，一去不回。

第二，拉升末期出现的高位并列阴线是典型的卖出信号，可信程度很高。

【操作技巧】

在操作上，杠杆交易投资者可以逢高卖出。一旦股价放量下跌，彻底清仓。如果交易品种可以做空，应逢高做空，在股价放量下跌时，加仓做空。

【实战图谱】

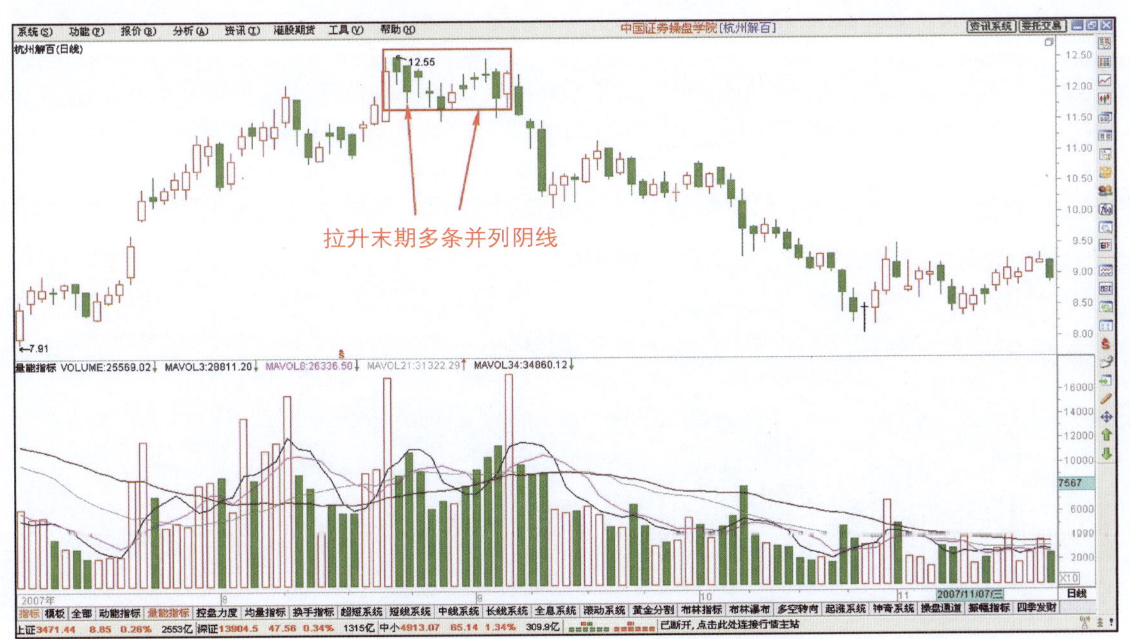

【图谱 88】拉升末期多条并列阴线示意图

自我训练题：打开通达信行情分析软件，在杭州解百（600814）日线图中找出符合拉升末期多条并列阴线的图形。

第 089 式　拉升末期看似强大的反攻线

【技术特征】

第一，在拉升末期，主力开始有计划的边拉边出，第一天跳空高开，第二天低开，第三天高开，如此反复，刻意划出貌似强大的反攻线，迷惑中小投资者。实际上，主力却在马不停蹄地出货，瞒天过海。

第二，这是典型的卖出定式，是主力出货的惯常手法。

【操作技巧】

在操作上，激进的投资者可以跟随主力反复做差价，高抛低吸，滚动操作。杠杆交易的投资者可以逢高减磅，分批止盈。

【实战图谱】

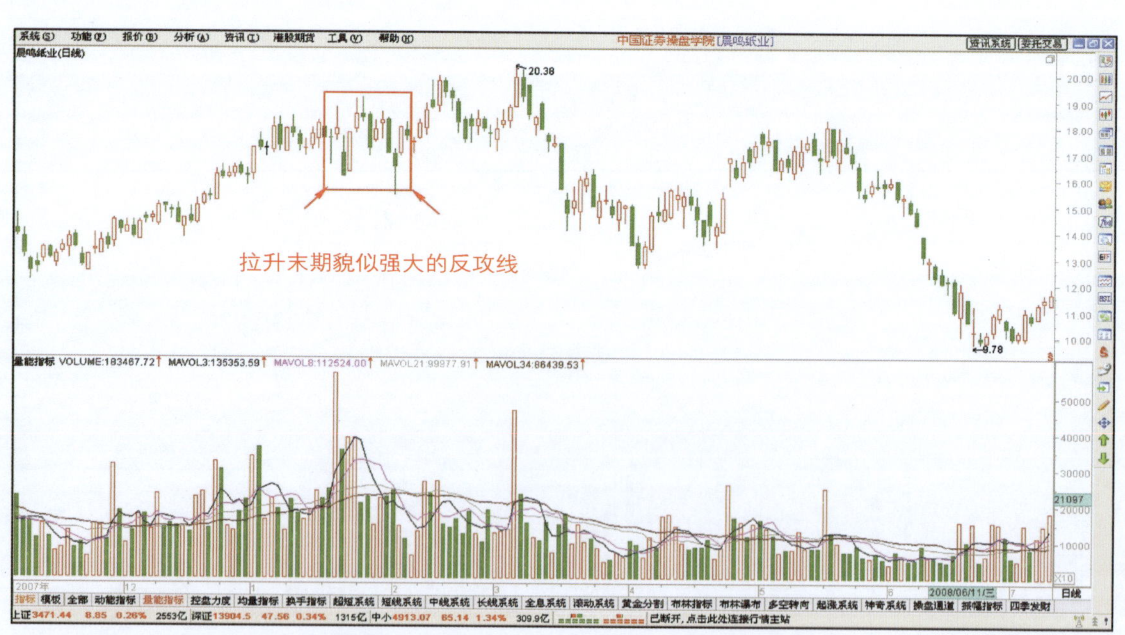

【图谱 89】拉升末期貌似强大的反攻线示意图

自我训练题：打开通达信行情分析软件，在晨鸣纸业（000488）日线图中找出符合拉升末期看似强大的反攻线图形。

第 090 式　盘头阶段向上跳空高开低走大阴线

【技术特征】

第一，在盘头阶段，股价在高位横盘整理，股价小阴小阳交错出现，之后，突然大幅度向上跳空高开，逐波盘跌，之后出现瀑布波，一泻千里。最终收出光头光脚的大阴线。表明主力出货心切，接下来，股价暴跌不可避免。

第二，这是典型的高位巨量长阴出货定式，可信程度很高。

【操作技巧】

在操作上，杠杆交易投资者应该在盘中寻找高点积极卖出，不可犹豫。因为主力去意已决，千万不要心存幻想，如果来不及卖出，在随后的反弹中坚决出局。如果交易品种可以做空，应在反弹中逢高做空。

【实战图谱】

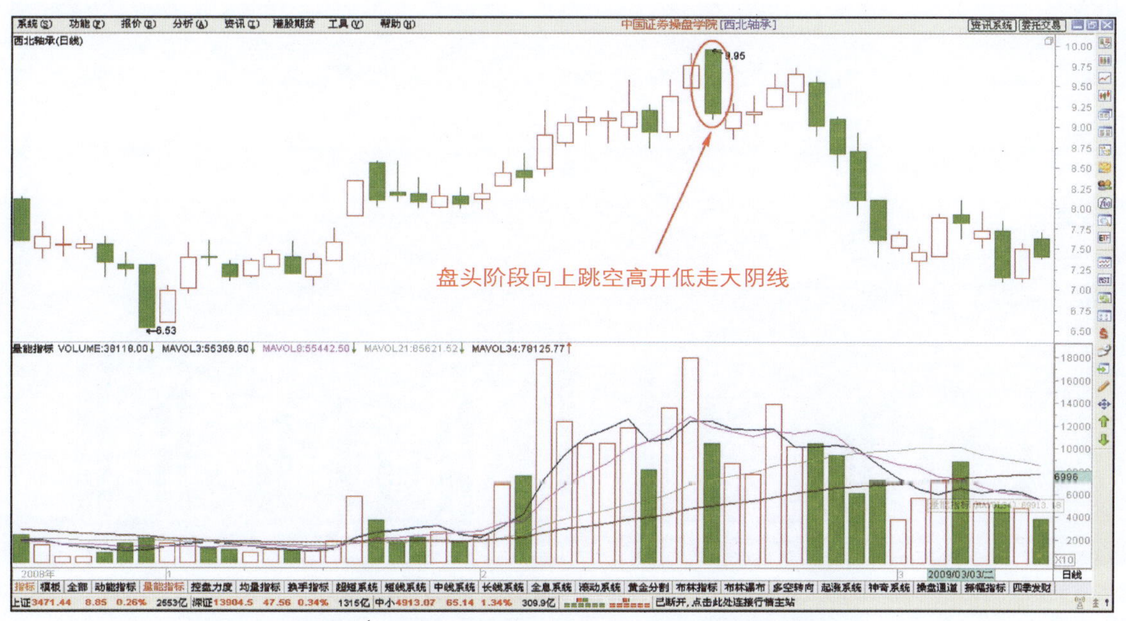

【图谱 90】盘头阶段向上跳空高开低走大阴线示意图

自我训练题：打开通达信行情分析软件，在西北轴承（000595）日线图中找出符合盘头阶段向上跳空高开低走大阴线的图形。

第 091 式　盘头阶段出现的长上影线

【技术特征】

第一，在盘头阶段，股价在高位横盘整理，股价平开或者小幅低开，盘中反复做出攀升的样子，出现很多假升波形，尾盘压低收盘，收出很长的带量上影线。

第二，高位带量长上影线是典型的卖出信号，可信程度很高，不可大意。

【操作技巧】

在操作上，杠杆交易的投资者应当逢高卖出。激进的短线投资者可以反复套利，一旦股价有效跌穿高位整理平台，彻底清仓。如果交易品种可以做空，应在有效跌穿高位整理平台逢高做空。

【实战图谱】

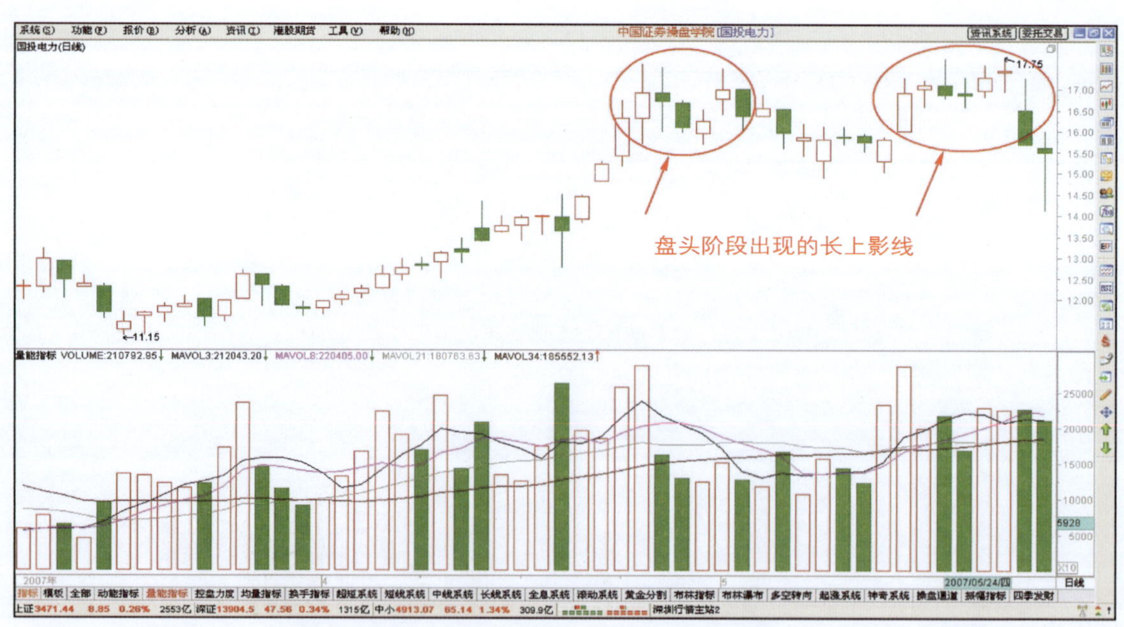

【图谱 91】盘头阶段出现的长上影线示意图

自我训练题：打开通达信行情分析软件，在国投电力（600886）日线图中找出符合盘头阶段出现长上影线的图形。

第 092 式　盘头阶段出现的长下影线

【技术特征】

第一，股价盘头阶段，主力为了加大出货力度，经常在盘中压低出货，手法之一就是快速打压到跌停位置，之后慢慢爬升，边拉边出，尾盘拉高收盘，留下一根下影线很长的小阴线或小阳线，给人支撑力度很强的感觉。

第二，盘头阶段出现的长下影线是典型的卖出信号。

【操作技巧】

在操作上，杠杆交易投资者应当逢高出局，一旦股价向下破位，坚决清仓。如果交易品种可以做空，应在反弹中逢高做空，在向下破位后加仓做空。

【实战图谱】

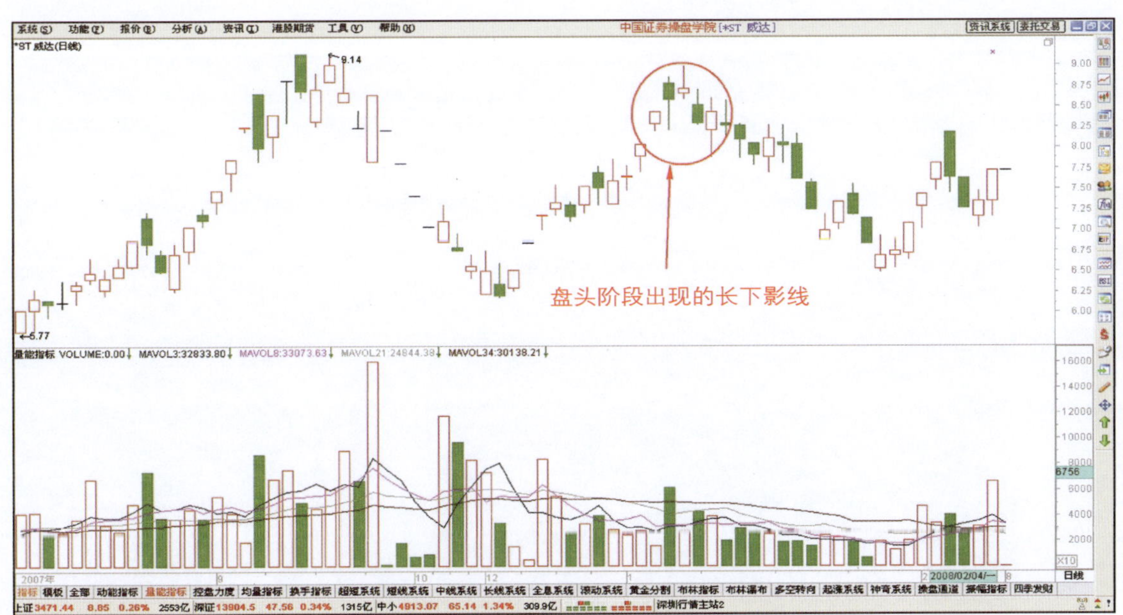

【图谱 92】盘头阶段出现的长下影线示意图

自我训练题：打开通达信行情分析软件，在伊利股份（600890）日线图中找出符合盘头阶段出现长下影线的图形。

第 093 式　盘头阶段出现的犬牙交错线

【技术特征】

第一，当股价经过大幅度的拉升后，在高位盘头阶段，主力出货的力度很大，导致股价大幅度下跌，构筑第一个顶部，之后拉出一条大阳线，略作整理之后，再次在大致相同的价位拉出一根大阳线，构成酷似犬牙的交错线，之后继续反弹，完成第二个顶部架构。

第二，高位犬牙交错的阳线是典型的卖出信号，可信程度比较高。

【操作技巧】

在操作上，杠杆交易投资者可以根据自己的偏好，采取分批止盈的原则卖出，短线投资者可以在高位双头的第一个低点轻仓套利，在第二个高点卖出。如果交易品种可以做空，应在第二个高点逢高做空。

【实战图谱】

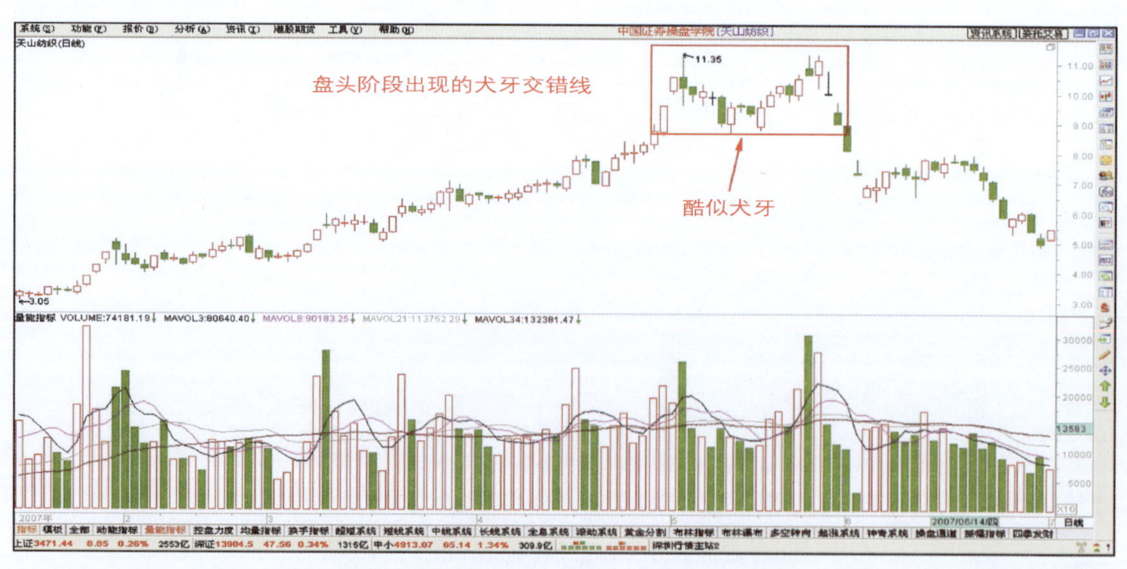

【图谱 93】盘头阶段出现的犬牙交错线示意图

自我训练题：打开通达信行情分析软件，在天山纺织（000813）日线图中找出符合盘头阶段出现犬牙交错线的图形。

第 094 式　拉升阶段末期出现的三只乌鸦

【技术特征】

第一，在拉升末期，股价连续下跌，出现最经典的三连阴走势，表明短期内顶部已经成立，主力出货的愿望十分强烈，不惜以长阴杀跌的方式出货。

第二，拉升末期出现三只乌鸦，是经典的卖出信号，可信程度很高。

【操作技巧】

在操作上，杠杆交易投资者在第一天就要逢高卖出，如果来不及卖出，第二天、第三天也要坚决逢高出局，不可犹豫。如果交易品种可以做空，应逢高做空。

【实战图谱】

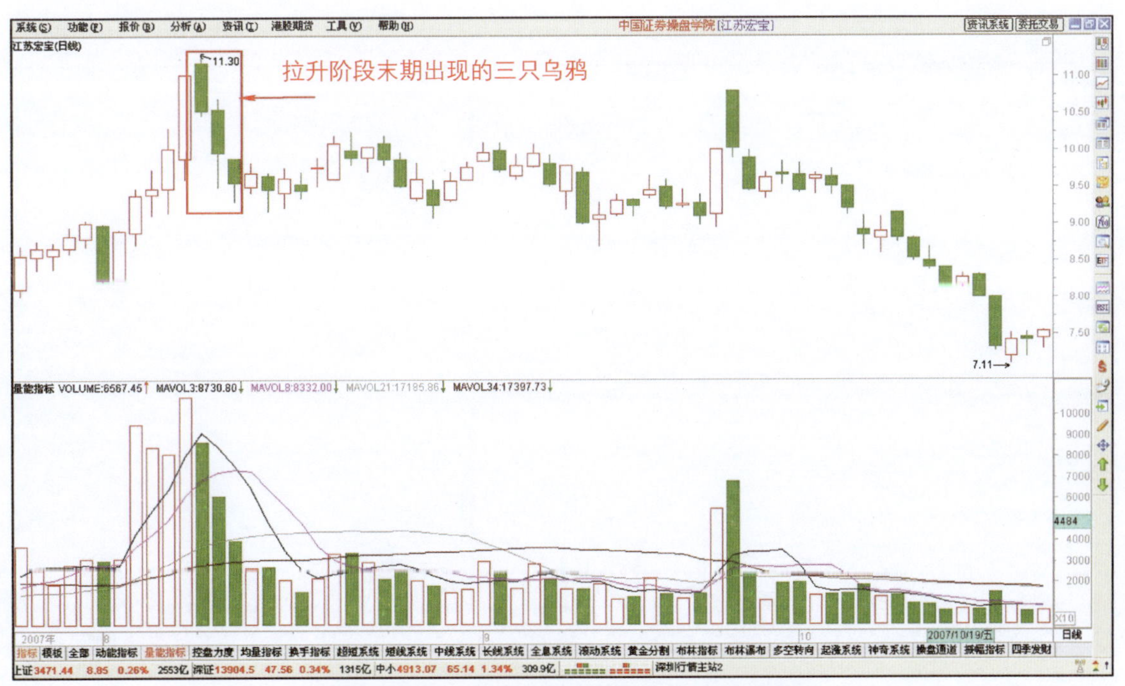

【图谱 94】拉升阶段末期出现的三只乌鸦示意图

自我训练题：打开通达信行情分析软件，在长城影视（002071）日线图中找出符合拉升阶段末期出现三只乌鸦的图形。

第 095 式　盘头阶段末期出现的吊颈线

【技术特征】

第一，盘头阶段，股价在高位横盘整理，某一天，股价平开或者略微低开之后，大幅打低，甚至直接打到跌停板位置，尾市拉高收盘，留下很长的下影线。在 K 线图上，构成了典型的吊颈线。

第二，盘头阶段末期出现高位吊颈线是典型的卖出信号，可信程度很高。

【操作技巧】

在操作上，杠杆交易投资者要及时卖出，不可犹豫。如果交易品种可以做空，应逢高做空。

【实战图谱】

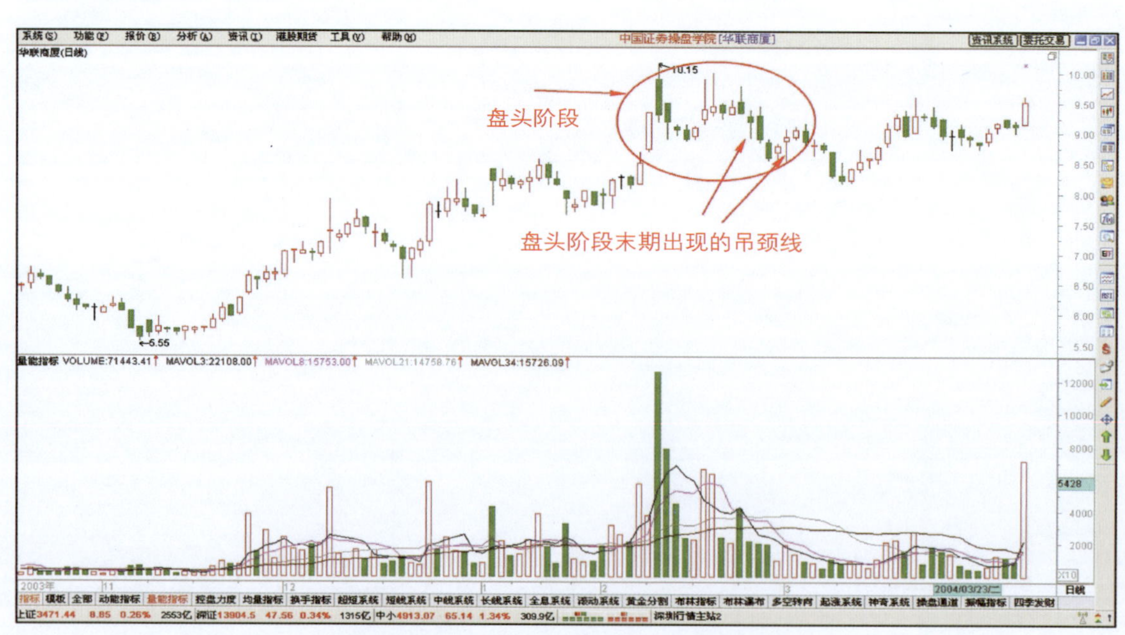

【图谱 95】盘头阶段末期出现的吊颈线示意图

自我训练题：打开通达信行情分析软件，在华联综超（600361）日线图中找出符合盘头阶段末期出现吊颈线的图形。

第 096 式　盘头阶段末期大阴线破位向下

【技术特征】

第一，盘头阶段，股价在高位横向整理，盘久必跌。某一天，股价向下跳空大幅低开低走，从此结束了高位盘整，彻底破位下行。最终收出一根大阴线，宣告头部成立。

第二，盘头阶段末期出现的向下破位大阴线是典型的卖出信号，可信程度很高。

【操作技巧】

在操作上，杠杆交易投资者在向下跳空的时候，就要立即卖出。如果交易品种可以做空，在向下跳空的时候应逢高做空。

【实战图谱】

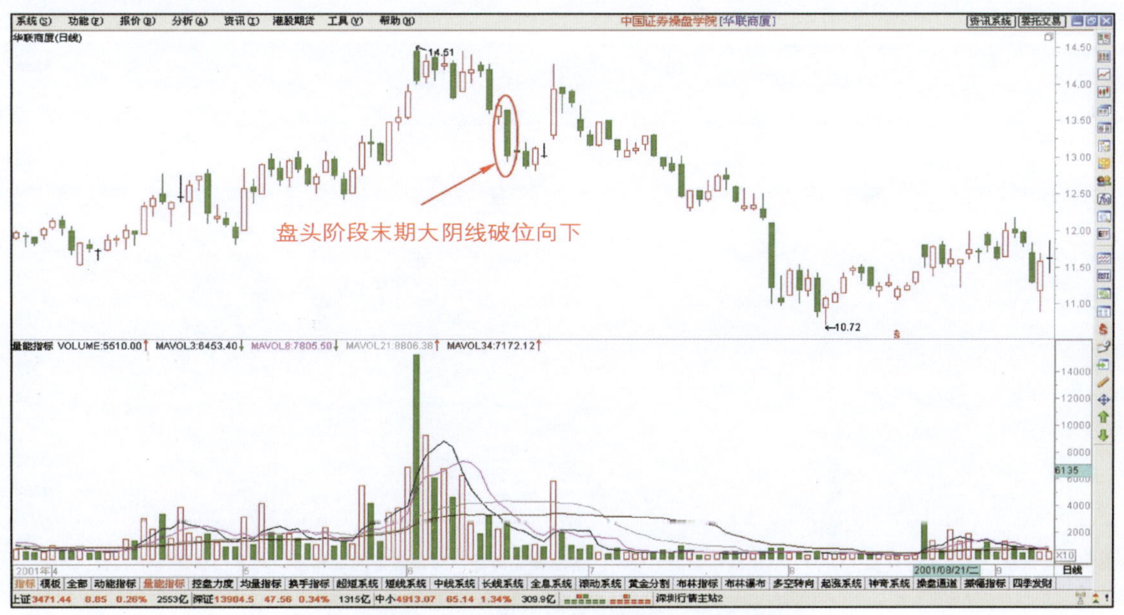

【图谱 96】盘头阶段末期大阴线破位向下示意图

自我训练题：打开通达信行情分析软件，在华联综超（600361）日线图中找出符合盘头阶段末期大阴线破位向下的图形。

第097式 盘头阶段末期出现的黑三兵

【技术特征】

第一，盘头阶段，股价在高位盘整一段时间之后，连续拉出三根阴线，阴线实体越来越大，这是最典型的大调整开始信号，表明股价将从此进入下跌周期。原先的趋势将彻底转变。

第二，盘头阶段末期出现黑三兵，是最经典的卖出信号，可信程度很高。

【操作技巧】

在操作上，杠杆交易投资者只有一个选择，那就是赶快清仓出局。如果交易品种可以做空，应逢高做空。

【实战图谱】

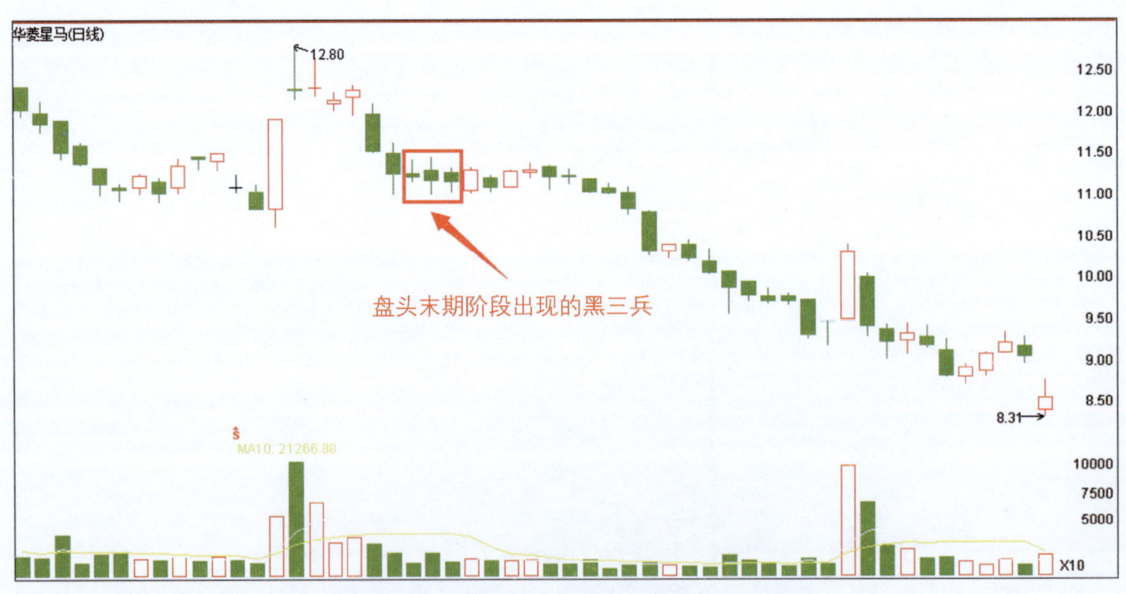

【图谱97】盘头阶段末期出现的黑三兵示意图

自我训练题：打开通达信行情分析软件，在华菱星马（600375）日线图中找出符合盘头阶段末期出现的黑三兵图形。

第 098 式　盘头阶段小幅盘升之后大阴线向下

【技术特征】

第一，在盘头阶段，股价首先是快速冲高，回落整理后，再次小幅盘升。随后，出现一根巨量长阴线，彻底吞没了小幅攀升的股价，从此一路下跌，趋势彻底逆转。

第二，这是典型的主力诱多出货定式，一旦出货完毕，股价将一泻千里。

【操作技巧】

在操作上，杠杆交易投资者务必认清形势，一旦长阴杀跌，坚决出局观望。如果交易品种可以做空，一旦长阴杀跌，应逢高做空。

【实战图谱】

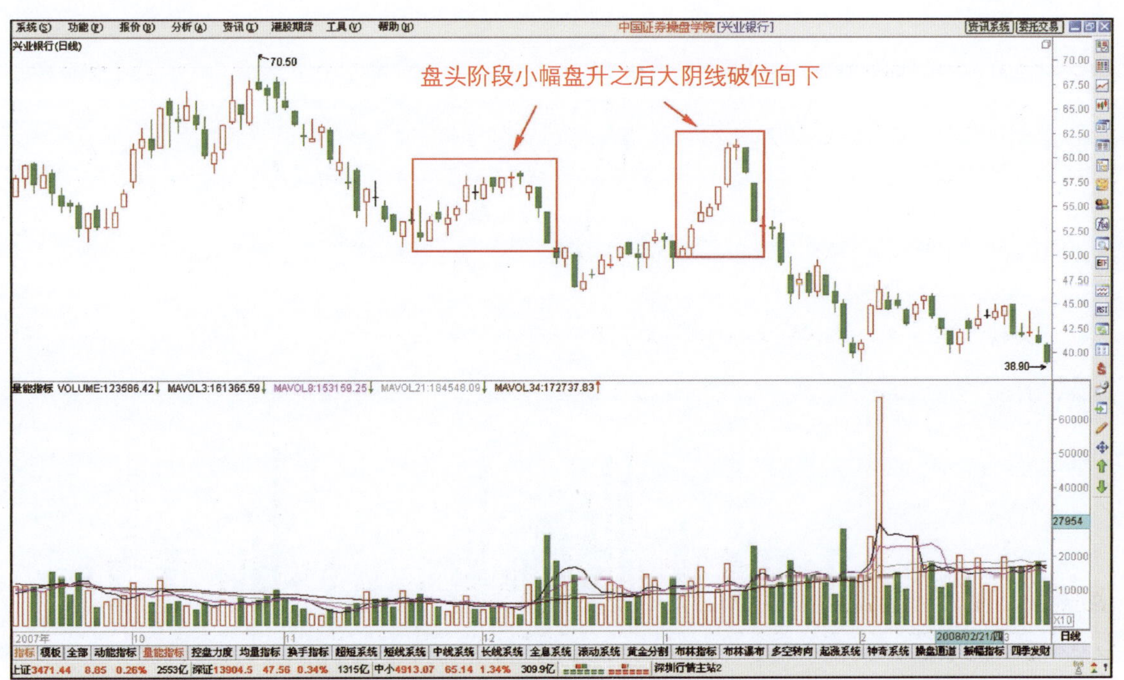

【图谱 98】盘头阶段小幅盘升之后大阴线向下示意图

自我训练题：打开通达信行情分析软件，在兴业银行（601166）日线图中找出符合盘头阶段小幅盘升之后大阴线向下的图形。

第 099 式　盘头阶段末期出现多条破位大阴线

【技术特征】

第一，在盘头阶段，出货心切的主力采用连续多根阴线的方式甩货，直接猛烈地下跌，不给投资者任何出逃的机会。表明行情已经彻底结束，接下来每一次反弹都是逃命机会。

第二，盘头阶段末期出现多条破位大阴线，表明主力已经彻底放弃。

【操作技巧】

在操作上，杠杆交易投资者别无选择，唯一要做的就是坚决卖出。如果交易品种可以做空，应逢高做空。

【实战图谱】

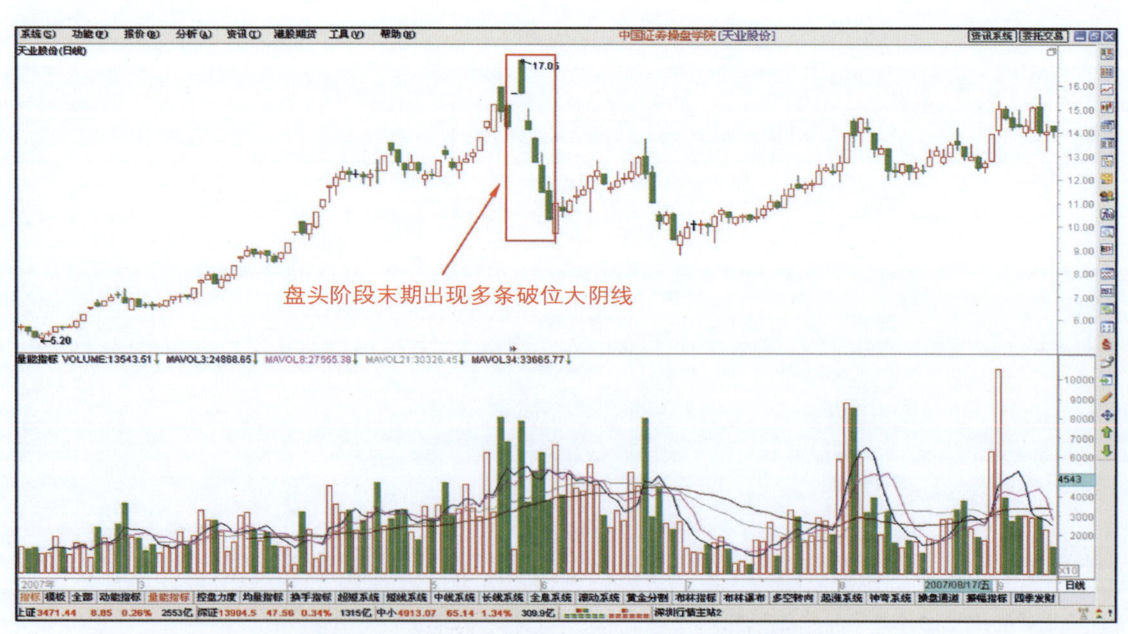

【图谱 99】盘头阶段末期出现多条破位大阴线示意图

自我训练题：打开通达信行情分析软件，在天业股份（600807）日线图中找出符合盘头阶段末期出现多条破位大阴线的图形。

第 100 式　拉升末期出现的大炮线

【技术特征】

第一，在拉升末期，首先拉出一根大阳线，第二天，直接在昨天的收盘价附近巨量开盘后，急速上冲，快速拉升至涨停板附近，然后逐波下跌，最后跌到了昨天的开盘价附近，构成酷似大炮线的 K 线图形。

第二，拉升末期出现的大炮线是典型的卖出信号，可信程度很高。

【操作技巧】

在操作上，杠杆交易的投资者可以在当天上攻不能封住涨停板的时候，迅速卖出。一般投资者至少也要在一路盘跌的时候，即时卖出。如果交易品种可以做空，在一路盘跌的时候应逢高做空。

【实战图谱】

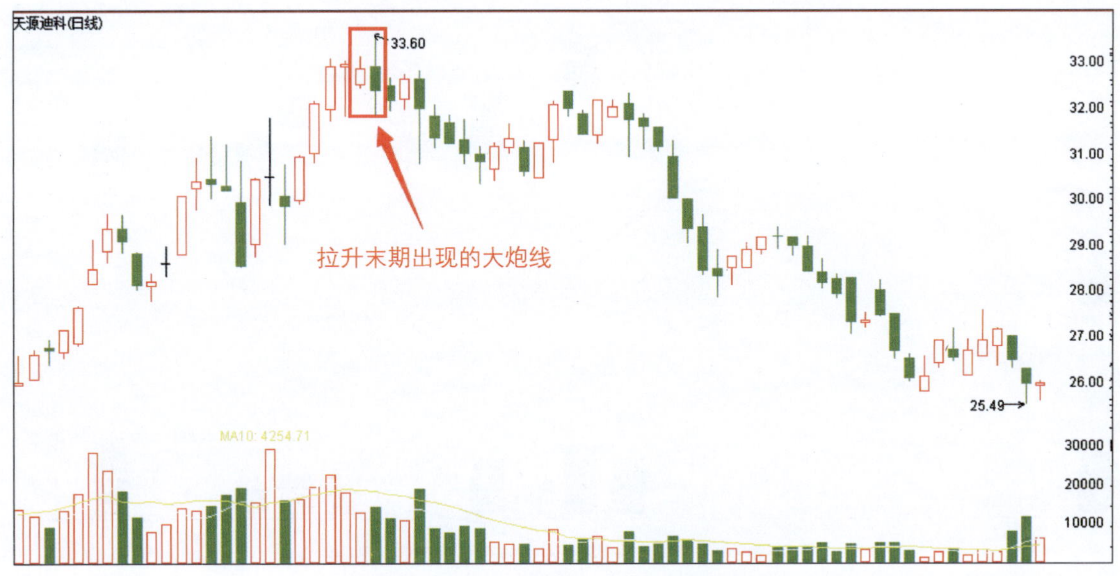

【图谱 100】拉升末期出现的大炮线示意图

自我训练题：打开通达信行情分析软件，在天源迪科（300047）日线图中找出符合拉升末期出现大炮线的图形。

第 101 式　拉升末期出现的赶顶三大阳

【技术特征】

第一，在拉升末期，股价加速拉升，连续收出三根跳空高开大阳线，股价跳三空，气数已尽，表明短期内升幅过大，主力耗费能量过多，接下来，下跌不可避免。当然，如果上市公司的基本面发生了积极变化，比如注入优质资产之类，另当别论。

第二，拉升末期出现的赶顶三大阳属于典型的加速赶顶信号，可信程度比较高。

【操作技巧】

在操作上，杠杆交易的投资者可以在盘中逢高分批止盈，一旦第二天出现低开低走的大阴线，说明股价调整开始，要迅速出局。

【实战图谱】

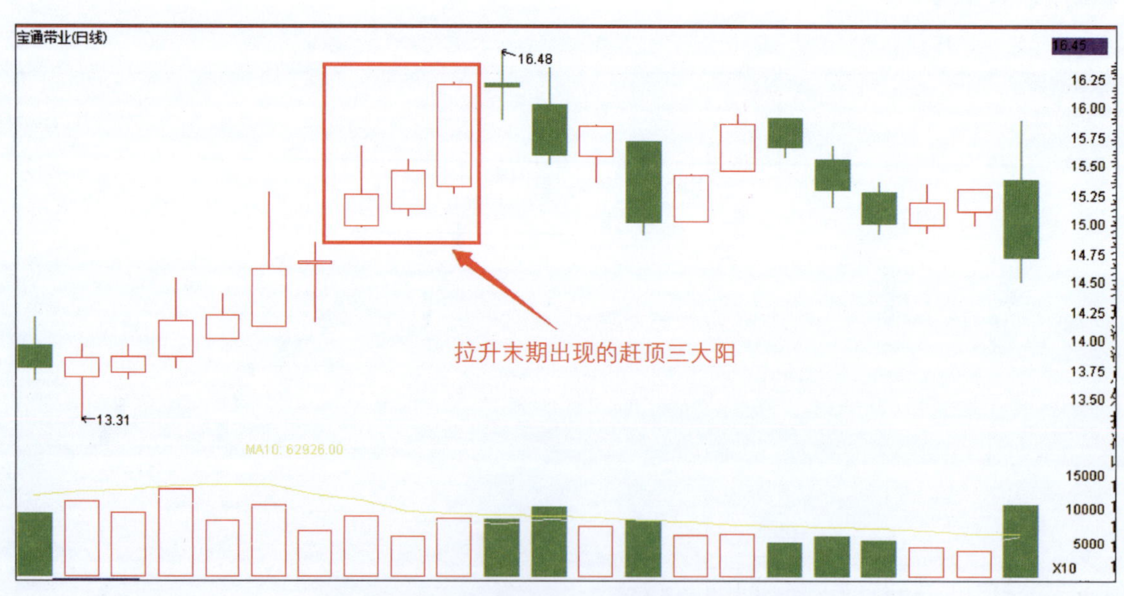

【图谱 101】拉升末期出现的赶顶三大阳示意图

自我训练题：打开通达信行情分析软件，在宝通带业（300031）日线图中找出符合拉升末期出现赶顶三大阳的图形。

第 102 式　拉升末期出现的连续跳空阳线

【技术特征】

第一，在拉升末期，出现连续跳空阳线，表明某些突发性利好消息正在刺激股价，或者是控盘主力刻意制造飙升行情，以便迅速出货。不管是哪种情况，都需要高度重视。

第二，拉升末期出现连续跳空阳线，属于极端强势行情。

【操作技巧】

在操作上，杠杆交易投资者要敢于持股待涨，此时要敢赚，轻易不要出局。一旦出现高位放量滞涨，则坚决卖出，绝不恋战。如果交易品种可以做空，在出现高位放量滞涨的时候应逢高做空。

【实战图谱】

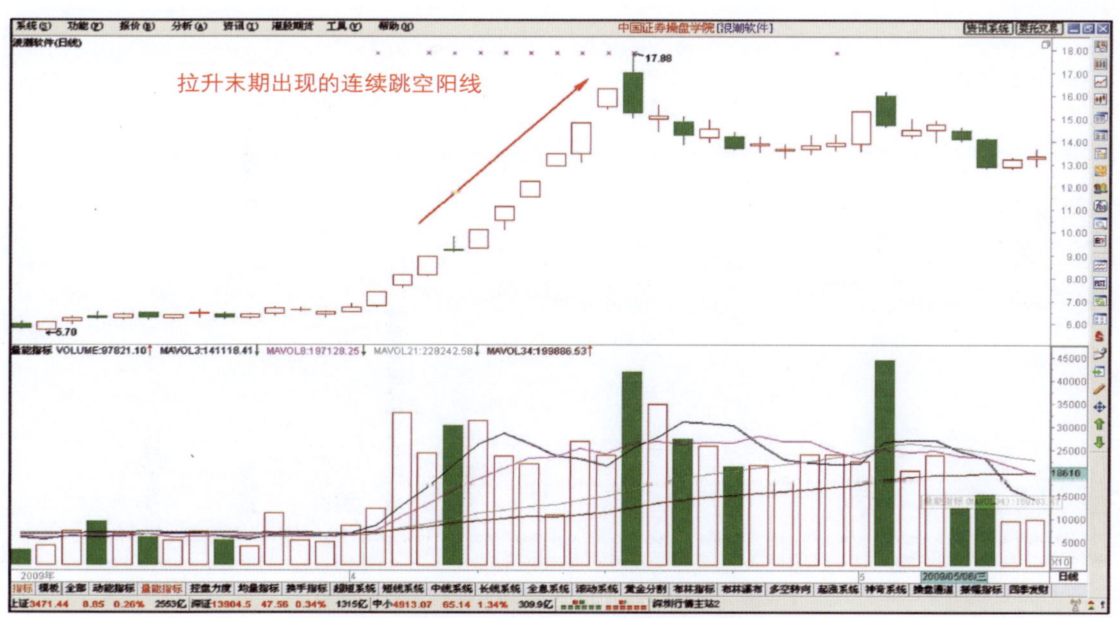

【图谱 102】拉升末期出现的连续跳空阳线示意图

自我训练题：打开通达信行情分析软件，在浪潮软件（600756）日线图中找出符合拉升末期出现连续跳空阳线的图形。

第 103 式　拉升末期出现的孤独十字星

【技术特征】

第一，在拉升末期，股价涨幅已大，甚至出现了非常严重的超买，此时，股价再度巨量跳空高开，快速上攻，无奈买盘不济，只好逐波盘跌，最终收出一根十字星，第二天，向下跳空低开低走，拉出一根阴线或者小阳线，预示着行情即将结束。

第二，拉升末期出现的孤独十字星是典型的卖出信号，可信程度很高。

【操作技巧】

在操作上，杠杆交易投资者别无选择，唯一要做的，就是尽快清仓出局。如果交易品种可以做空，应逢高做空。

【实战图谱】

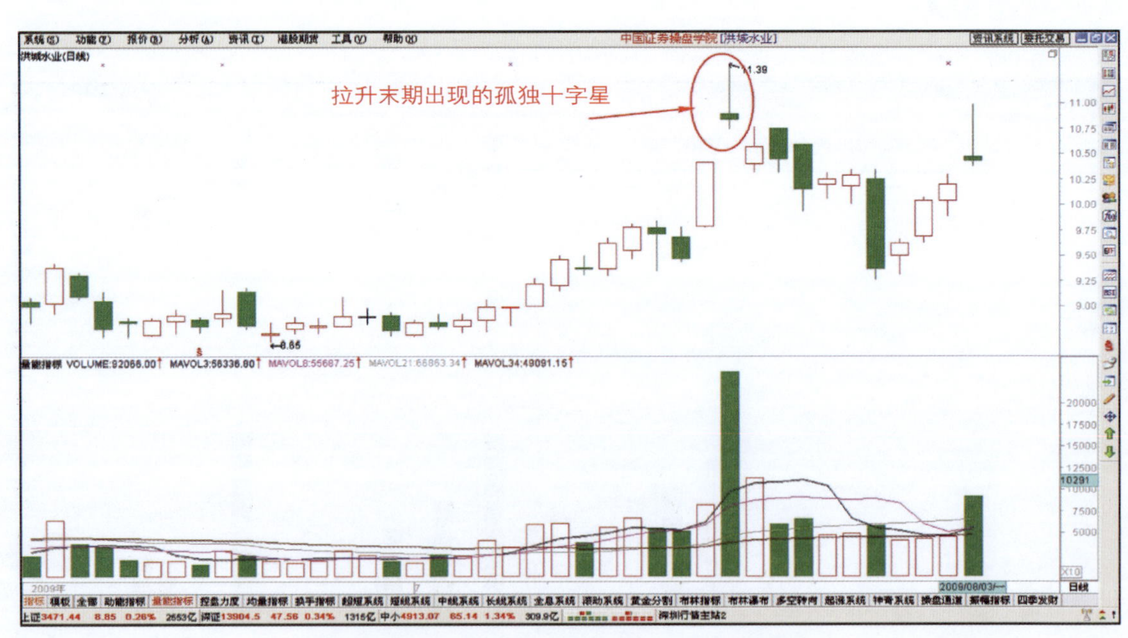

【图谱 103】拉升末期出现的孤独十字星示意图

自我训练题：打开通达信行情分析软件，在洪城水业（600461）日线图中找出符合拉升末期出现孤独十字星的图形。

第 104 式　拉升末期出现的孤独射击线

【技术特征】

第一，在拉升末期，股价涨幅已经十分巨大，严重超买，第一天，股价再度巨量跳空高开，快速上攻，无奈买盘不济，只好逐波盘跌，最终收出一根靶星线，也叫射击之星，第二天，向下跳空低开低走，拉出一根阴线或者小阳线，预示着行情即将结束。

第二，拉升末期出现的孤独射击线是典型的卖出信号，可信程度很高。

【操作技巧】

在操作上，杠杆交易投资者别无选择，唯一要做的，就是尽快清仓出局。如果交易品种可以做空，应逢高做空。

【实战图谱】

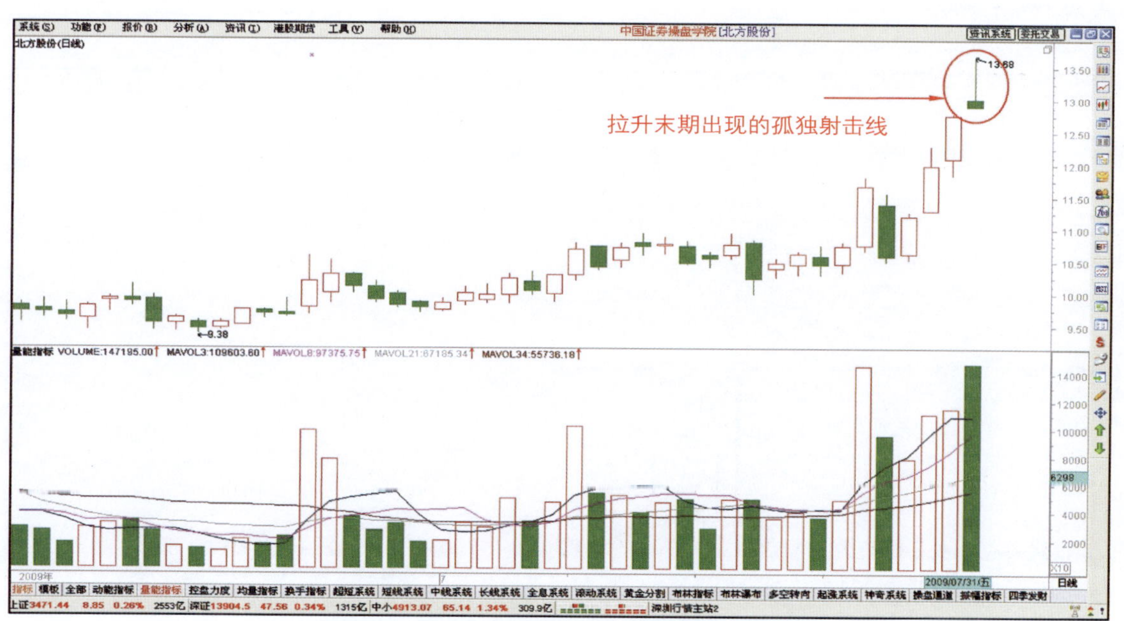

【图谱 104】拉升末期出现的孤独射击线示意图

自我训练题：打开通达信行情分析软件，在北方股份（600262）日线图中找出符合拉升末期出现孤独射击线的图形。

第 105 式　拉升末期出现的孤独吊颈线

【技术特征】

第一，在拉升末期，股价在高位飞速飙升，市场进入十分疯狂的状态，严重超买，再严重超买，反复警示风险，也无法阻止股价飙升。有一天，股价天量涨停开盘，之后一路狂跌，直奔跌停板，还是被狂热的投资者推回高位，形成了一根孤独的吊颈线。

第二，拉升末期出现的孤独吊颈线属于非常典型的卖出信号，可信程度很高。

【操作技巧】

在操作上，杠杆交易投资者别无选择，立即清仓卖出。尾盘拉高是投资者最后的出局良机，此时千万不要有丝毫犹豫。否则，后果将不堪设想。如果交易品种可以做空，应在尾盘拉高时逢高做空。

【实战图谱】

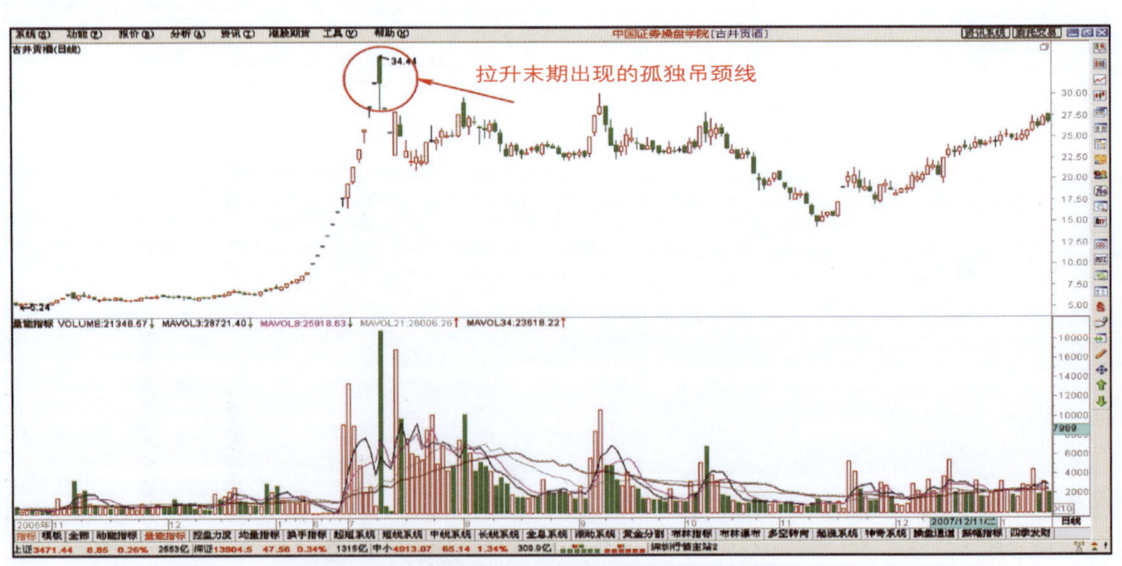

【图谱 105】拉升末期出现的孤独吊颈线示意图

自我训练题：打开通达信行情分析软件，在古井贡酒（000596）日线图中找出符合拉升末期出现孤独吊颈线的图形。

第 106 式　拉升末期出现的尽头阳线

【技术特征】

第一，股价在拉升末期，首先拉出一根带有较长上线的大阳线或者中阳线，随后拉出一根实体部分被包孕在昨天阳线实体内或者上影线内的小阳线，构成典型的孕出线或者尽头阳线（不要过于拘泥于图形）。表明拉升的动能不济，股价即将下跌。

第二，拉升末期出现的尽头阳线是典型的卖出信号，可信程度比较高。

【操作技巧】

在操作策略上，杠杆交易投资者可以逢高卖出，不要贪婪，落袋为安。如果交易品种可以做空，应逢高做空。

【实战图谱】

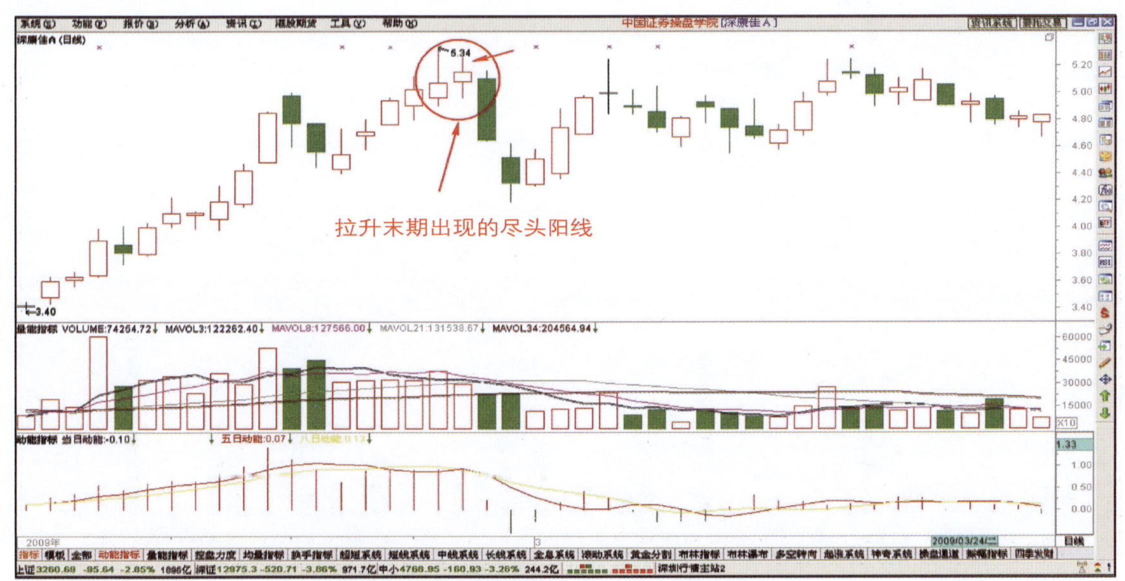

【图谱 106】拉升末期出现的尽头阳线示意图

自我训练题：打开通达信行情分析软件，在深康佳 A（000016）日线图中找出符合拉升末期出现尽头阳线的图形。

第 107 式 拉升末期出现的绝顶孤独大阴线

【技术特征】

第一，拉升末期，股价大幅度跳空高开，高开的幅度超过 7%，之后一路下跌，拉出一根大阴线。第二天低开低走，再收出一根大阴线或者小阴线，昨天的大阴线构成了一根孤独的大阴线。

第二，拉升末期出现的绝顶孤独大阴线是典型的卖出信号，可信程度很高。

【操作技巧】

在操作上，杠杆交易投资者应该及时卖掉所有底仓，空仓出局。如果交易品种可以做空，应逢高做空。

【实战图谱】

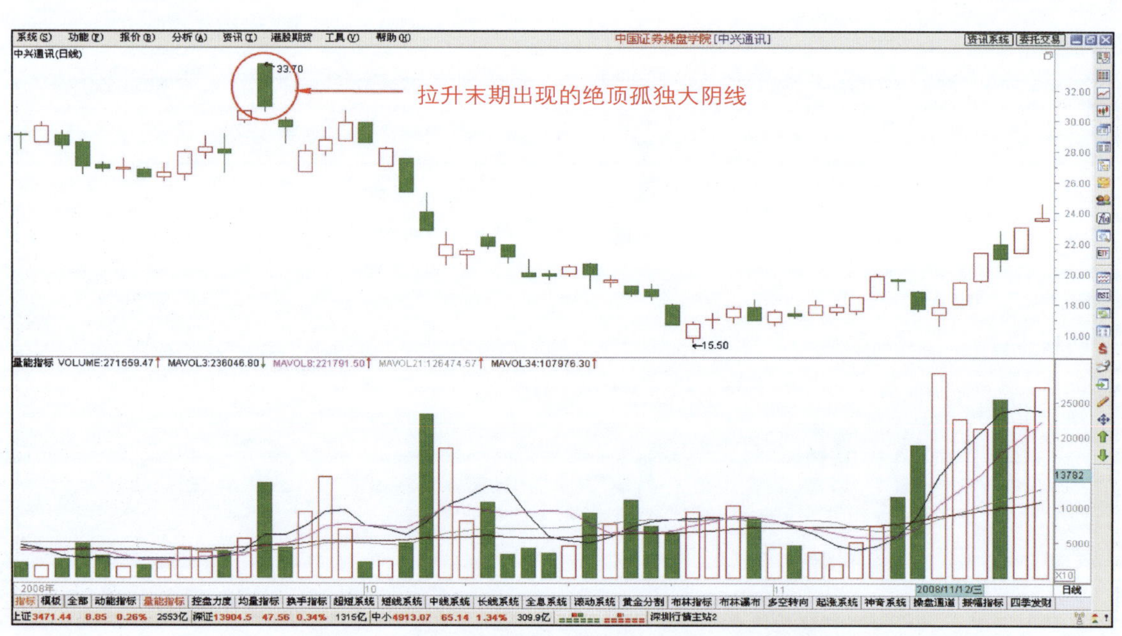

【图谱 107】拉升末期出现的绝顶孤独大阴线示意图

自我训练题：打开通达信行情分析软件，在中兴通讯（000063）日线图中找出符合拉升末期出现绝顶孤独大阴线的图形。

第 108 式　拉升末期出现的绝顶孤独大阳线

【技术特征】

第一，在拉升末期，股价加速上升，在高位拉出跳空高开高走的大阳线，第二天，风云突变，股价直接向下跳空低开低走，甚至直接跌停开盘，留下一根绝顶孤独大阳线。

第二，拉升末期出现的绝顶孤独大阴线是典型的卖出信号，可信程度很高。

【操作技巧】

在操作上，杠杆交易投资者要坚决清掉所有筹码，第二天大幅低开时，立即应果断出局。如果交易品种可以做空，第二天大幅度低开时应逢高做空。

【实战图谱】

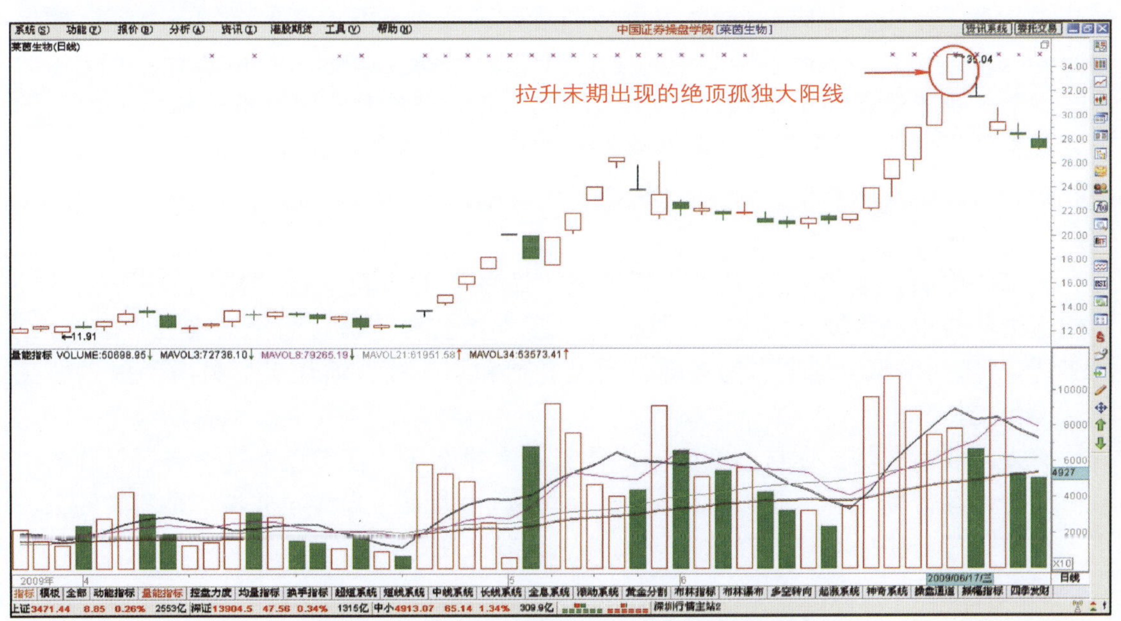

【图谱 108】拉升末期出现的绝顶孤独大阳线示意图

自我训练题：打开通达信行情分析软件，在莱茵生物（002166）日线图中找出符合拉升末期出现绝顶孤独大阳线的图形。

后　记

并不是每个人都能做好杠杆交易，如果你的能力与潜质可以让你本金交易翻倍，那么你是有慧根的。有学员问：周老师，是不是我不应该一味追求杠杆带来的倍增收益啊？我说，是的。要不要做杠杆交易，要根据你个人情况来决定，不要冲动。

当然，在这个无论是股票、现货、期货还是外汇都采用杠杆交易的市场，我们要不要学会杠杆交易呢？

无疑是很有必要的。如果你的技术能够做到今天买进，明天涨停，如果你的技术能够做到现在买进，1 小时后就能获利，杠杆交易是你的最佳选择。当然，如果周一买进，在周五就能获得 10%以上的利润，那你也是杠杆交易的高手。

一般情况下，我不太赞成持仓时间过长，因为那样容易离开市场，成不了职业交易高手。能在短时间内赚取利润，大可以通过杠杆放大利润，获取倍增的收益。如果时间 3～5 周左右，资金收益在 20%以上，我是很认同的，毕竟杠杆也放大了风险。

本书汇集了笔者多年来杠杆交易的实战技术精髓和大量的分类图解，书中一招一式都是精简易学实用的技巧和手法。希望大家一定要多学习、多实战、多总结、多收集相关图形案例和信息资料、多去寻找规律、多领悟心得、多在实战中领悟技术的要点和精髓。然后也可以在笔者的技术交流群中多交流、多分享、共同提升。

本书的出版，笔者要感谢“广东经济出版社”的编辑主任罗振文老师的协助，感谢编辑赖芳琨的帮助。再者，还要感谢“深圳市前海速腾石油化工投资有限公司”的王祥，“志尚财富”的李志尚老师、杨飞老师和“深圳石油化工交易所”提供的技术和平台支持。

有人问我，老师，你自己都已经成功了，为什么还要在市场里这么辛苦工作？

我说，在市场交易，是人生乐趣的一部分，和大家一起共同进步，是我的使命。

我的理想与快乐都建立在这里，离开它，我无所适从。

朋友释然。

信息时代拉进了笔者与大家的距离，以书会友，相遇相识乃是一种缘分。

在此，笔者祝福广大读者在投资中财源滚滚、收益丰厚！

周培仁

2015 年 1 月 18 日

附录一　值得信赖的杠杆交易平台

小投资，小风险，大投资，大风险。如何避险？如何选择？选择和努力哪个更重要，努力一定有结果，但不一定有好的结果，选择不对，努力白费。只有正确的选择才能大于努力。在杠杆交易中，选择正规的平台，选择优秀的老师团队，更有利于在操作过程中进行自我防卫，这是投资者面临的最重要的选择。

目前市场上有 P2P 平台、股票配资平台、现货白银平台以及原油平台等，五花八门，数不胜数。投资者在选择合作平台时一定要擦亮眼睛，防止上当受骗。在选择时尽量选择背景实力雄厚、有省政府批文的大型交易平台，不要贪图一点小便宜最终吃大亏。

股票配资交易平台——志尚财富，它是深圳志尚资产管理有限公司旗下的一家面向全国的专业互联网配资借贷平台。志尚财富以多年的资产管理服务和专业配资风控经验，依托先进的技术开发水平，通过安全、快捷、高效的操作流程，不断为用户提供安全、高效、便捷的线上配资理财服务。深圳志尚资产管理有限公司经深圳政府批注并成立于深圳前海自由贸易试验区，注册资金一亿元人民币，业务范围遍及北京、上海、广州等地。在合肥设有分公司，作为一家专业的互联网金融信息服务机构，志尚财富以普惠金融的梦想及互联网金融创新的基因凝聚了充满阳光、活力和进取精神的金融管理及电子商务等业界一流的专业团队。拥有领先的风险管控能力和先进、安全的互联网开发技术，结合多年综合的金融、电商及服务经验，通过科学、严谨、安全、高效的运作流程，为广大金融投资者提供专业的配资咨询、资金匹配、风险控制等金融信息服务。志尚财富平台自成立以来，一直秉承“用心点亮你的金库”的经营理念，树立以客户利益为中心的服务理念，以诚信为根本，以技术为基数，通过不断提高自身的服务业务水平，为广大的配资者提供资金资源，为广大投资者提供可靠的配资服务，不断提升客户对安全、信任、专业、财富四个方面的满意度。随着互联网金融的发展和中国个人信用体系的健全，先进的理念和创新的技术将给民间借贷带来历史性的变革，志尚财富将是这场变革的梦想践行者。

我们用心创建一个安全、高效、诚信、透明的互联网金融服务平台，规范个人的借贷行为，让借款人财富增长，让投资者增加投资渠道，实现多方互利共赢。

现货白银交易平台——无锡君泰商品交易中心凭借专业的行业背景和科学的管理方法，愿与各方有志之士共同努力营造适合中国国情的贵金属订单交易体系。对广大投资者真正做到“公开，公平，公正”。愿为中国贵金属行业的成熟和发展，做出楷模标兵。交易中心实行会员制的组织形式，会员要在中华人民共和国境内注册登记，从事贵金属业务的金融机构、从事白银等贵金属及其制品的生产、冶炼、加工、批发的企业法人，必须是具有良好资信的单位。交易中心依托贵金属现货专一经营的理念，配置专业的管理运营团队，采用科学交易模式服务于中国地区广大客户，提供适合中国特色的贵金属现货交易专业化的服务，采取最新模式完全一对一挂牌成交，交易时间及交易价格与国际市场接轨。交易中心根据《中华人民共和国公司法》《中华人民共和国合同法》《中华人民共和国电子签名法》等国家法律、法规，参照中华人民共和国《大宗商品电子交易规范》，以银行对资金实行第三方监管，利用电子商务平台，通过互联网直接在线报价、配对，以网上销售、电子购物的方式实现交易。遵循“合法经营，真诚守信”的原则组织白银等贵金属现货及电子交易。

石油投资交易平台——深圳石油化工交易所致力于搭建立足中国、面向世界的集产品定价中心、交易中心、资讯中心、金融中心与供应链管理中心于一体的国家级、国际化的要素交易平台。2012 年底，深圳石油化工交易所被列入国家财务部、商务部批准的前海深港现代服务业合作区综合试点企业和项目。2013 年 1 月 9 日深圳石油化工交易所成功举行了首个交易日启动仪式，标志着深圳石油化工交易所石油化工产品现货正式开市交易。深圳石油化工交易所秉承“易得其所、能动天下”的核心发展理念，以“平等、透明、规范、安全”为宗旨，以“诚信、专业、创值、创新”的服务精神，引进先进的交易管理系统与现代企业管理方式，服务至上、勇于创新，旨在为入市交易商提供专业性、综合性服务。

附录二　无锡君泰贵金属交易中心（简介）

无锡君泰贵金属交易中心http：//www.jtpme.cc（以下简称“交易中心”）成立于2011年7月。在工商行政管理局登记注册，实行自律性管理的公司制法人。位于富庶的长三角中心——江苏省无锡市，是一家大型专业的贵金属交易中心。

交易中心凭借专业的行业背景和科学的管理方法，愿与各方有志之士共同努力营造适合中国国情的贵金属订单交易体系。对广大投资者真正做到“公开、公平、公正”。愿为中国贵金属行业的成熟和发展，做出楷模标兵。

交易中心实行会员制组织形式，会员由在中华人民共和国境内注册登记、从事贵金属业务的金融机构、从事白银等贵金属及其制品的生产、冶炼、加工、批发的企业法人，并具有良好资信的单位组成。

交易中心依托贵金属现货专一经营的理念，配置专业的管理运营团队，采用科学交易模式服务于中国地区广大客户，提供适合中国特色的贵金属现货交易专业化的服务，采取最新模式完全一对一挂牌成交，交易时间及交易价格与国际市场接轨。

交易中心根据《中华人民共和国公司法》《中华人民共和国合同法》《中华人民共和国电子签名法》等国家法律、法规，参照中华人民共和国《大宗商品电子交易规范》，以银行对资金实行第三方监管，利用电子商务平台，通过互联网直接在线报价、配对，以网上销售、电子购物的方式实现交易。遵循“合法经营，真诚守信”的原则组织白银等贵金属的现货及电子交易。

企业宗旨：

“发展企业、贡献国家、回报股东、服务社会、造福员工”

——尊重并维护利益相关者的权利。

企业愿景：

“推进金融改革创新，建立有中国特色的贵金属场外交易市场”

——我们以建设世界一流企业为目标。

企业精神：

“以人为本”

——管理过程中以人为出发点和中心，围绕着激发和调动人的主动性、积极性、创造性展开，以实现人与企业共同发展的一系列管理活动。

企业作风：

“精细严谨、务实创新 ”

——保持精确高效、富有创造性的科学态度。

经营理念：

“诚信规范、合作共赢”

——与有共识的各方协力共进。

附录三　深圳石油化工交易所（简介）

深圳石油化工交易所致力于搭建立足中国、面向世界的集产品定价中心、交易中心、资讯中心、金融中心与供应链管理中心于一体的国家级、国际化的要素交易平台。2012 年底，深圳石油化工交易所被列入国家财务部、商务部批准的前海深港现代服务业合作区综合试点企业和项目。2013 年 1 月 9 日深圳石油化工交易所成功举行了首个交易日启动仪式，标志着深圳石油化工交易所石油化工产品现货正式开市交易。深圳石油化工交易所秉承“易得其所、能动天下”的核心发展理念，以“平等、透明、规范、安全”为宗旨，以“诚信、专业、创值、创新”的服务精神，引进先进的交易管理系统与现代企业管理方式，服务至上、勇于创新，旨在为入市交易商提供专业性、综合性服务。

附录四　深圳市前海速腾石油化工投资有限公司（简介）

深圳市前海速腾石油化工投资有限公司（以下简称“速腾石油”）是深圳石油化工交易所第283号综合会员。注册资本1000万元，主要经营石油投资、投资咨询、现货交割等业务。

公司拥有行业内经验丰富的管理团队以及高素质的人才队伍，敏锐地把控行业动态，及时地掌握市场信息，为客户提供最安全、最快捷的投资体验。

面向国内外广大投资者提供全天候石油化工产品电子交易服务、投资咨询和管理服务，在石油化工投资行业具有先进的运营模式，国际化的管理团队、标准化的服务体系和全面的风险控制能力，为投资者提供安全、快捷、高效的投资渠道和专业、多元、个性化的投资方案。

石油化工行业一直是世界经济的支柱，我国对石化产品更是有着海量的现实和潜在市场需求。面对这样具备远大发展前景和潜在机遇的行业，速腾秉承“专注、正气、创新、共赢”的服务理念以及务实、专业的服务体系将继续以客户至上为宗旨，为客户提供全方位综合服务方案，积极抓住市场发展机遇，致力于打造中国最专业的石油投资服务平台。

发展战略：

速腾凭借雄厚的综合实力、深厚的行业背景，为投资者持续提供超越期待的更加专业、多元、全面的综合服务，致力于成为最值得投资者信赖的投资服务平台。面对我国日益增长的投资需求，公司将始终坚持打造专业的石油投资服务平台的发展战略，恪守“谨慎稳健，严控风险”的行业原则，追求卓越进步，与广大客户共享辉煌的未来。

速腾管理：

速腾具有规范、高效、稳健的管理体系，高度重视内部管理体制建设，完善了

规范经营、高效运作、稳健发展的制度化管理体系。目前，公司内部架构设置合理，管理制度、绩效体系、激励奖励等机制齐全，部门分工明确，运作健康、高效。

周培仁
2015 年 1 月 18 日

互动交流：

技术交流 QQ：737217151
理财洽谈 QQ：591269162
深圳市前海速腾石油化工投资有限公司：http：//www.ybtxpex.com/